前　行　博　士　文　库

戴建兵 主编

——国家、地方与民众——1956年河北省工资改革研究

郑京辉 著

中国出版集团有限公司
華文出版社

图书在版编目（CIP）数据

国家、地方与民众：1956 年河北省工资改革研究 / 戴建兵主编；郑京辉著. -- 北京：华文出版社，2024.5
ISBN 978-7-5075-5827-2

Ⅰ. ①国… Ⅱ. ①戴… ②郑… Ⅲ. ①工资改革－研究－河北－1956 Ⅳ. ①F249.272.2

中国国家版本馆 CIP 数据核字（2024）第 020689 号

国家、地方与民众：1956 年河北省工资改革研究

主　　编：戴建兵
著　　者：郑京辉
责任编辑：潘　婕
出版发行：华文出版社
地　　址：北京市西城区广安门外大街 305 号 8 区 2 号楼
电　　话：总 编 室 010-58336239　发 行 部 010-58336267
　　　　　责任编辑 010-63429159
邮政编码：100055
网　　址：http://www.hwcbs.cn
经　　销：新华书店
印　　刷：三河市航远印刷有限公司
开　　本：710mm×1000mm　1/16
印　　张：19.25
字　　数：280 千字
版　　次：2024 年 5 月第 1 版
印　　次：2024 年 5 月第 1 次印刷
标准书号：ISBN 978-7-5075-5827-2
定　　价：78.00 元

前行博士文库

为推动中国特色哲学社会科学创新发展，支持从事社会科学研究青年才俊的成果出版，河北师范大学晏梁学智中心推出“前行博士文库”。“前行博士文库”收录中国哲学社会科学领域的优秀博士（后）论文，包括马克思主义理论、法学、历史学、哲学、中共党史党建学、文学、社会学、政治学、教育学、经济学以及国际关系研究等，入选文库的作者以新近毕业的博士及博士后成员为主。河北师范大学始终严把质量关，聘请校内外专家匿名评审，致力于推出有造诣、有独特见解的博士（后）论文，将“前行博士文库”打造成为中国哲学社会科学领域优秀博士（后）论文的重要学术平台，为加快构建中国特色哲学社会科学贡献力量，面向全国青年哲学社会科学工作者征稿。

目　录

绪 论

一、论题缘由

工资福利关系人们的生活水平与质量，特别是在计划经济时期，工资是人们的主要收入来源。社会主义制度下的工资问题，是一个关系到人们生活和国家经济建设的重大问题。新中国成立后，党和人民政府十分重视工资工作，把工资问题作为经济生活中的重大问题来研究，把工资工作列入劳动、人事、工会工作的主要内容来督促、指导；从而在改革旧的工资制度，建立适应社会主义不断发展变化的生产关系，体现按劳分配原则的新工资制度方面，进行了大量而有益的探索与努力，取得了很大的成绩。在我国社会生产力发展过程中，工资正发挥着愈来愈重要的经济杠杆作用。但是，回顾中国半个多世纪工资工作的历史，看到的却是一个曲折、复杂的过程。

新中国成立后，我国进入国民经济恢复时期，党和政府采取了一系列有效措施抑制通货膨胀、提高职工工资水平、稳定城市居民生活，在此基础上，对工资制度进行了清理、调整、改革。这一时期，个人消费品分配方式与当时生产资料所有制形式和经济调节方式一样表现出明显的多样化特点，解放时间不同、工作任务不同的地区和部门实行不同的分配制度。这对于保证城市居民的基本生活需要、稳定社会秩序、恢复生产，发挥了一定作用。但这种多元的分配制度本身有许多互不相容的因素，这必然引起分配秩序的混乱，且与统一全国财经工作的要求不相适应。1950 年 8 月，中央劳动部、全国总工会联合召开全国工资准备会议，讨论了《工资条例草案》等文件。根据中央决定，从 1951 年开始，由各大行政区分别组织实施工资改革：划分产业、企业类别，确定相应的工资标准；推行计件工资制和奖励工资制；确定以“工资分”为统一的工资计算单位。在这个尚不完备的体制下，大多机关、企事业单位进行过一次或几次工资调整，个人收入也有明显增加，这对国民经济恢复工作起到了推动作用。但此次工资改革平均主义较为严重，且在不同地区、不同部门、不同企业之间存在分配不公和分散主义倾向。1953 年后，中共中央逐步建立起定期升级制度；扩大计件工资范围，推行单项奖励制度；对国营建筑企业实行统一 7 级工资制；1955 年，国家机关工作人员又由供给制、包干制、工资制并存转变为全部实行工资制。这一阶段的工资改革与调整，为建立社会主义工资制度创造了条件。1956 年，我国随即开始了第二次工资制度改革：取消工资分制度，实行货币工资制；取消地区物价津贴，建立工资区类别制度；调整工资关系，提高部分工资标准。此外，国营企业干部和工人实行基本相同的工资制度和不同的工资标准；国家机关实行统一的职务等级工资制；事业单位实行统一的职务、职称等级工资制，职务、职称与工资等级相应。

1956 年的工资制度改革，在我国社会主义经济管理史上占有重要位置，改革后初步建立起了社会主义工资制度。在当时条件下，这些制度比较适当地处理了经济发展和人民生活的关系，比较合理地规定了不同地区、不同部门、不同行业、不同劳动者之间的工资关系，比较充分地体现了脑力劳动与体力劳动、复杂劳动与简单劳动的差别，对于有效调动广大职工的积极性，推动社会主义事业的发展，起到了重要作用，广大职工的生活水平也有明显提高。但这一工资制度也存在一些不完善之处：工资标准过多、过繁；国家对企、事业单位职工工资实行一级分配，管理权力过度集中；某些工资制度照搬外国经验，脱离我国实际；一些工资关系不合理。对上述问题，有的当时就有所察觉，并加以适当解决；有的则有待于在实践中进一步发现、校正。遗憾的是，此后经济政治生活的大起大落，没有为它的进一步完善提供机会。1957—1966 年，随着经济建设中急于求成、急于过渡思想上升到主体地位，新工资制度的合理方面逐渐被否定，逐步形成了工资管理权限高度集中和平均主义分配机制。尽管在 3 年调整时期曾一度恢复奖励制度和计件工资，但“文化大革命”随之而来，社会主义分配原则被破坏，按劳分配成为必须消灭的“资产阶级法权”，到处端“铁饭碗”，吃“大锅饭”。与此同时，分配管理权更为集中。在长达 10 年的时间里，绝大多数职工货币工资处于冻结状态。“文化大革命”结束后，随着拨乱反正，国家也开始从克服过去弊端出发，以改革平均主义分配制度和高度集中的管理体制为目标着手工资领域的改革探索。1985 年，中共中央、国务院决定分别对国营企业和国家机关、事业单位的工资制度进行根本改革，重新确立了按劳分配的社会主义分配原则。

简而言之，新中国成立以来半个多世纪，工资发展历史可以概括为以下几个阶段：1949—1957 年为“制度初创期”，这一时期经 1952 年第一次全国性工资改革，初步改变了旧中国遗留下来的分配制度，之后经 1956 年第二次全国性工资改革，初步建立起我国以按劳分配为主要原则的社会主义工资制度；1958—1976 年为“制度重创期”，其中 1958—1966 年可理解为工资管理权限高度集中和平均主义分配机制形成阶段，而 1966—1976 年则是社会主义分配原则严重破坏阶段；1978—1992 年为“制度重建期”，1985 年我国开始全面经济体制改革，工资制度改革既是其中重要内容之一，也是新中国成立后第三次全国性工资改革，经此次改革，按劳分配为原则的工资体制重新得以确立；1992 年至今为“市场经济体制探索期”，这一时期随着市场经济体制改革与探索，与我国社会主义经济的所有制结构相适应，逐步形成了以按劳分配为主体、多种分配方式并存的分配体制。

新中国成立 70 多年来，我国社会主义工资制度构建经历了一个长期与曲折的探索历程。虽然我们在建立和完善社会主义工资制度与工资形式的理论和实践上取得了丰富的经验，但还不能说已经解决好贯彻按劳分配、克服平均主义和社会分配不公等工资问题。例如，贫富差距悬殊、生活成本不断攀高及工资收入增长缓慢，以及如何实现社会公平、如何实现改革开放初邓小平所提出的“共同富裕”等诸多关系人民群众生活的现实问题亟待解决。故此，对过往历史的反思与总结就显得尤为重要。特别在新中国成立制度初创时期，短短几年内进行了两次全国性工资制度改革，其间且不断地进行制度调整。其改革所面临的局面极为复杂，对如何革除旧中国混乱不合理的工资制度，如何改革解放区沿袭下来的供给制，如何贯彻执行“各尽所能、按劳分配”的社会主义原则，如何发挥工资的经济杠杆与激励作用，如何兼顾效率与公平，如何实施劳资两利的工资制度，如何避免平均主义等重大问题都进行了深入的探讨与实践。特别是 1956 年的工资制度改革，初步建立起了我国社会主义工资制度，虽然仍有不完善的地方，但无疑为之后工资制度改革打下良好的基础。这些都是我们深化分配制度改革留下的宝贵经验财富。目前对此研究虽多有涉及，但仍有较大深入的空间。正鉴于此，该书以新中国初期工资福利制度改革为背景，选取 1956 年河北省工资改革为研究对象，努力在前人研究基础上补偏救弊，以期剖析呈现改革复杂面相及真正伟大之处。

二、学术回顾与反思

（一）学术回顾

工资问题是关系国计民生的大问题。新中国成立以来，我国工资制度经历了一系列的改革与调整：20 世纪 50 年代进行了两次全国工资改革，1985 年国家又对工资制度进行了第三次全国性改革。有关工资问题的研究也主要集中在 20 世纪 50 年代与 80 年代这两个阶段。

1.1950 年至 1978 年

20 世纪 50 年代是我国社会主义建设的重要时期，经过反复探索与实践，社会主义各项制度初具模型，其中工资福利制度即是这一时期改革的重要内容，围绕这一改革实践，相关研究也颇为活跃。

（1）一批苏联译著陆续翻译出版。这一时期，很多政府机构和科研院所都设有编译部门进行有组织的编译工作。例如，中央燃料工业部编译室译《苏联电业的劳动工资计划》；中国人民大学国民经济计划教研室译《苏联国民经济工资计划》（布列也夫著，中国人民大学出版社，1953 年）；铁道部翻译处译《修建工程的工资组织》（米金著，人民铁道出版社，1953 年）；化学工业设计院翻译科译《化学工业的技术定额、劳动组织和工资组织》（波戈斯金著，重工业出版社，1956 年）等。总体而言，这一时期所译论著有以下特点：

其一，组织性与计划性。中华全国总工会、中央燃料工业部、化学工业设计院等社会组织、国家机关及高等院校，很多都成立了专门的翻译科室进行工资与工作相关的翻译活动。中华全国总工会即成立了俄文翻译室，编译了一系列苏联工资著作，如《苏联工业中的工资及群众生产工作》（马基连科·戈列金著，工人出版社，1950年）、《工资问题》（苏联工会工作者手册，工人出版社，1953年）、《苏联工会群众生产与工资工作教程》（瓦·维·库良普科讲授，工人出版社，1954年）、《苏联工业中的工资及其形式》等。

其二，翻译内容涉及领域广泛。具体包括苏联工资制度概况介绍、工资法规、工资理论常识，以及邮电、建筑、化工各行业中诸多工资工作相关问题的介绍。如《苏联工业中的工资及其形式》一书介绍了苏联工业中的工资形式及其历史发展，其任务之一即“阐明目前苏联工业中工人、领导人员、工程技术人员和职员的工资形式与制度”①。《苏联电业的劳动工资计划》一书则以介绍苏联电力工业的劳动工资计划与劳动工资制度为主。②

其三，翻译活动直接服务于现实工资改革实践。新中国初期，我国社会主义改造中诸多改革都以苏联为模本，其中工资福利制度改革总体上亦是效仿了苏联模式。这从以上译著即可窥见一斑。从时间上来看，这些译著翻译于第一次与第二次全国工资改革期间。可以说在某种程度上，这批译著为当时我国各部门工资福利制度改革工作的开展起了重要的参考与指导作用。如《苏联电业的劳动工资计划》中所言：“新民主主义的工资工作在我国还是一个新的工作，我们需要虚心地学习苏联关于工资工作的先进经验与研究我国燃料工业的具体条件，才能逐渐做好我国燃料工业的工资工作。”“凡从事企业管理、技术工作、工资工作以及工会工作的同志们，都需要认真学习与仔细研究这一门新的学问。”③通过这些译著亦可略窥当时工资改革中的一些问题。

（2）随着国内分配制度改革不断推进，有关改革理论与现实问题探讨、工作经验总结的论著不断涌现。例如，中华全国总工会工资部编、工人出版社出版的《目前各地工资调整的情况及其主要经验》（1951年）、《加强工

---

① 马涅维奇著，中华全国总工会俄文翻译室编译：《苏联工业中的工资及其形式》，工人出版社，1954年版，前言。

② 谢利越斯托夫著，中央燃料工业部编译室译：《苏联电业的劳动工资计划》，燃料工业出版社，1951年版，前言。

③ 谢利越斯托夫著，中央燃料工业部编译室译：《苏联电业的劳动工资计划》，燃料工业出版社，1951年版，前言。

会工资工作》(1955年)、《群众工资工作》(1955年)、《工会工资工作经验》(1957年);中南工资改革委员会总办公室编《怎样作工资工作》(中南工人出版社,1952年);中国共产党中央中南局城工部编《当前劳动工资问题》;国家统计局刊印的内部研究统计资料《关于全国工业职工工资问题》(1956年6月25日印发)、《职工工资改革后的市场动态》(1956年9月6日印发)等。此外,"大跃进"期间也有一些探讨工资问题的论著,不再一一列举。

这批论著主要集中在我国工资制度改革与调整最为频繁的20世纪50年代,多为单位组织编著。从论著内容上看,既有法令、法规等资料汇编,又有工资相关问题的理论研究;既有部门工作经验总结,又有改革中现实问题的探讨。如《当前劳动工资问题》指出:"将全区一年来有关工资工作方面的指示、言论及部分基层单位的经验和总结,综合汇集,以供各个企业及有关领导机关和全体的工资工作者的参考、研究,以推进和提高全区的劳动工资工作,还是非常必要的。材料的选择大体包括三类,一是关于劳动工资计划的,一是关于计件工资的,再一类是关于奖励制度的,因为这都是目前厂矿迫切需要加强与推行的工作。这就是我们汇编这个小册子的主要意义。"[①] 又如《加强工会工资工作》将1954年12月中华全国总工会召开的第一次全国工会工资工作会议主要文件汇编成书,供工会各级组织学习参考,[②]其内容主要为长春、沈阳、绥化、北京等地工矿企业工资工作经验总结。这批论著在某种程度上反映了当时许多部门工资改革开展实施情况,是研究那一时期工资问题的重要参考资料。

(3)一些与工资制度改革相关的调查报告及学术论文发表,但其关注焦点主要是20世纪50年代末期人民公社实行工资制和供给制相结合的分配制度问题。例如,胡绳的《从供给制说起》(《学术月刊》1958年第11期)、李成蹊的《论工资制和供给制相结合的分配制度——从一个人民公社的分配制度说起》(《学术月刊》1959年第2期)、凡兵的《关于供给制的意义和按劳分配问题——与何畏同志商榷》(《经济研究》1959年第3期)等。围绕着这

① 中国共产党中央中南局城工部编:《当前劳动工资问题》,湖北人民出版社,1954年版,编者的话。

② 中华全国总工会工资部编:《加强工会工资工作》,工人出版社,1955年版,编者的话。

一问题，学术界有着截然不同的看法并展开了激烈的争论。一部分学者赞成工资制和供给制相结合的分配制度，高度赞扬供给制，在肯定供给制具有优越性的前提下，认为可以将工资制与供给制相结合，但最终要取消工资制与按劳分配。另一部分学者则持相反意见，认为废除供给制是正确的，供给制不适应新的经济情况，改供给制为工资制是一种历史的必然趋势。这批论文主要反映了"大跃进"时期初建的按劳分配为原则的社会主义工资制度所受到的冲击，但政治性色彩较为浓厚。此外，除以上对供给制的论争，也有少量关于工资制度评论及部门工作经验总结类文章，如刘毅的《评"工业企业工资的理论与实践"》(《劳动》1956 年第 1 期)、地方国营泸州市印刷厂的《我们厂是怎样进行工资改革的》(《劳动》1956 年第 9 期)、余实的《怎样搜集与整理劳动工资综合统计资料》(《统计工作》1958 年第 5 期)等。进入 20 世纪六七十年代，受"文化大革命"的影响，各项研究工作进展缓慢。

2. 1978 年至今

20 世纪 80 年代，国家进行了第三次全国工资制度改革，随后又进行了一系列国企改革，相关研究也随之复兴。

(1) 西方工资福利制度研究兴起。与新中国初期不同，这一时期研究对象不再局限于苏联，而是关注整个欧美等发达资本主义国家工资福利制度的介绍与比较研究。例如，刘有锦、劳保忠等编《外国工资概况》(劳动出版社，1982 年)；张仲福著《德意志联邦共和国工资制度》(中国社会科学出版社，1988 年)；宋详瑞编《各国公职人员工资福利制度》(北京大学出版社，1989 年)；袁守启著《中国与外国劳动工资社会保险制度比较》(中国广播电视出版社，1993 年)等。这类研究论著颇多，不过论及中国特别是新中国初期工资福利制度的极少，只散见于部分序言或章节中。如宋详瑞一书有"中国工资制度"一章，其中介绍了 1949 年至 20 世纪 80 年代新中国工资制度、工资管理体制、职工福利事业的历史沿革，以及工资制度的主要原则、定级与晋级基本依据等内容。又如袁守启一书中"中国工资制度"一章有工资制度发展历史一节，其余所论主要是改革开放后工资制度问题。

(2) 一些工资福利文件资料汇编出版。例如，冶金工业部劳动工资司编、冶金工业出版社出版的《工资福利文件选编》，前三册收集了新中国成立前30年有关工资福利工作的主要文件，每册一个专题，分别为工资奖励部分、劳保福利部分、工资标准部分，先后于1980年、1981年在其系统内部出版发行。中国社会科学院、中央档案馆编纂的新中国经济档案资料选编[①]均按专题立卷，设有劳动工资和职工保险福利卷，收集整理了包括劳动关系、劳动力就业与组织管理、劳动保护、职工工资、职工保险与福利等方面文件资料。又如国家统计局社会统计司编的《中国劳动工资统计资料1949—1985》（中国统计出版社，1987年）一书有人数、职工工资、劳保福利、劳动生产率、生活水平等几部分，其中“人数”一章有职工人数、城镇个体劳工者人数等统计资料，“职工工资”一章有职工工资总额、职工平均工资两节，“劳保福利”一章有劳保福利费用、离休退休退职职工人数、职工福利设施等内容。不过，该书虽收录了部分新中国初期工资福利资料，但仍以改革开放后统计资料为主体。此外，另有大量改革开放后现行工资福利法规文件选编，在此不再赘述。

（3）以经济学视角探讨工资福利理论及相关现实问题的论著大量涌现。工资福利是经济学领域的重要研究内容之一，有关理论及各类专题研究成果颇多。例如，悦光昭著《劳动工资改革问题研究》（劳动人事出版社，1988年）；解书森、陈冰著《中国工资改革研究》（重庆出版社，1989年）；杨时旺主编《工资理论与工资改革》（陕西人民出版社，1993年）；陈红霞著《社会福利思想》（社会科学文献出版社，2002年）；高启杰著《福利经济学》（社会科学文献出版社，2012年）；张军著《中国的工资：经济学分析》（中国人民大学出版社，2012年）等。其中如杨时旺一书分别介绍了工资制度与按劳分配规律、劳动差别和工资差别、计量劳动的社会尺度、社会主义制度下的最低工资标准、工资标准与地区因素、超额劳动与奖金、劳动报酬同企业经营成果相结合、在发展生产的基础上逐步提高工资水平、我国工资改革的迫切性、对我国工资制度模式的探讨等内容。此外，许多硕士、

① 分别为《1949—1952中华人民共和国经济档案资料选编：劳动工资和职工福利卷》（中国社会科学出版社，1994年）、《1953—1957中华人民共和国经济档案资料选编：劳动工资和职工保险福利卷》（中国物价出版社，1998年）及其续编《1958—1965中华人民共和国经济档案资料选编：劳动就业和收入分配卷》（中国财政经济出版社，2011年）。

博士学位论文也以现行工资福利制度为题展开了深入研究，如林原的《经济转型期中国最低工资制度研究》（北京交通大学 2007 年博士学位论文），李姗姗的《中国工资调整指数研究》（辽宁大学 2009 年博士学位论文），宋晓舒的《我国现阶段国有企业工资制度研究》（吉林大学 2013 年博士学位论文）等。

（4）有关新中国人民生活变迁及财经史相关研究。如王丙乾著《中国财政 60 年回顾与思考》（2009 年）、宋新中主编《当代中国财政史》（1997 年）等经济史论著中对这一时期民众生活多有论述。李庆山主编《新中国百姓生活 60 年》（2009 年）从饮食、穿戴、居住、出行、教育、医疗、社保、文娱、体育等方面记录了新中国 60 年改革成就及人民生活变迁。朱汉国等著《20 世纪的中国：走向现代化的历程（社会生活卷 1949—2000）》（2010 年）记述了 20 世纪中国社会生活变迁场景。论文方面，如张志永、戴建兵的《政治情感与生活压力的冲突与调适：改革开放前一名普通职工的工作与生活》（2019 年）以退伍转业职工梁福为个案记述了其改革开放前生存境遇，总结了这一时期职工家庭生活特点；宋学勤的《社会主义改造与工人福利问题探析：以北京市为中心的考察》（2017 年）等一些论文从不同视角亦论及这一时期民众生活及工资改革相关问题。此外，部分硕博论文如梁丽辉的《新旧更迭中的巨变：建国初期天津工人研究（1949—1956）》（南开大学 2012 年博士学位论文）、吴文俊的《上海失业问题及其治理研究（1949—1957）》（苏州大学 2017 年博士学位论文）从社会救济、社会保障等不同视角亦论及这一时期工资改革与民众生活相关问题。

（5）有关工资福利制度史的研究论著陆续出版发行。关于新中国工资福利制度史研究笔者从以下两方面简要论述。

一是侧重工资福利制度改革变迁研究。此类论著主要以新中国工资分配制度变迁为研究对象，或以时间为线索，或以某一特定群体、工资问题为对象按专题展开，从不同视角梳理了新中国成立以来我国历次工资改革与调整的历史脉络。如《新中国工资史稿》一书以时间为序，分别介绍了新中国成立前我国分配制度、社会主义工资制度建立、“大跃进”时期的工资工作、调整时期的工资工作、“文化大革命”时期的工资工作、改革开放后工资发展及全面改革等。[①]《三十五年职工工资发展概述》则以专题展开，分别介绍了新中国成立后30余年职工工资水平的增长变化，职工工资制度的沿革，职工升级制度的演变，奖励、计件工资制的起伏发展，津贴制度的起伏发展等。[②]此外，又如严忠勤主编的《当代中国的职工工资福利和社会保险》（中国社会科学出版社，1987年），徐颂陶、刘嘉林等编著《中国工资制度改革》（中国财政经济出版社，1989年），李唯一著《中国工资制度》（中国劳动出版社，1991年），陈少平主编《国家机关和事业单位工资制度变革》（中国人事出版社，1992年）等。

二是有关工资福利制度史的专题研究。此类专题主要集中在以下几个方面。

其一，侧重供给制等工资制度问题研究。例如，曹尔阶的《关于低工资供给制分配方式和总需求膨胀的初步研究》(《经济研究》1988年第10期)，罗平汉的《人民公社供给制探析》(《当代中国史研究》2000年第3期)，林盼的《既要效率，也求均等：20世纪60年代半计件工资制的实施》(《中国经济史研究》2019年第1期)、《激励政策的实践效果与基层回应：以“大跃进”时期工资制度改革为中心》(《中国经济史研究》2021年第6期)，以及徐鹏的《苏联经验与本土实践：中华人民共和国成立前夕旅大地区对工人工资制度的探索》(《史林》2020年第3期)、《一九五六至一九五七年北京的第二次工资改革实践》(《党史研究与教学》2021年第3期）等。相对大多数学者在供给制向等级工资制转变问题上完全持肯定态度不同，杨奎松通过数据分析，认为中国共产党在中国革命过程中长期注意坚持在其内部实行尽可能平等的分配体制，受当时环境及意识形态因素的影响而形成了战争期间带有军事共产主义性质的供给制；但中国共产党成为执政党以后，未能把这种相对而言可以体现其平等理念的分配制度坚持下去，而逐渐转向了以森严的等级制为标志的职务等级工资分配制度。[③]此外，侯桂红的《人民政府时

① 庄启东、袁伦渠等:《新中国工资史稿》，中国财政经济出版社，1986年版。

② 么树本编著:《三十五年职工工资发展概述》，劳动人事出版社，1986年版。

③ 杨奎松:《从供给制到职务等级工资制：新中国建立前后党政人员收入分配制度的演变》，《历史研究》2007年第4期。

期专区专署制度研究 1949—1966 年：以河北省为例》一文虽以新中国初期专区专署制度为研究对象，但其中也论及专区干部的薪酬、工资与福利问题，如包括：包干供给制和职务等级工资制，专区干部的工资薪酬与福利保障，以及制度的弊端等。[①] 而方夕旺一文以新中国初期上海市党政人员为个案，分别从供给制实施始末、上海市的推行情况、供给制党政干部构成及其生活状况、供给制优点与不足四个方面对这一时期供给制进行了较为系统的研究。[②]

其二，侧重新公私合营企业改造研究。例如，王榕、刘毅等的《深谙国情实事求是的范例——记陈云同志领导新公私合营企业的工资改革》(《中共党史研究》1991 年第 2 期)，张忠民的《20 世纪 50 年代上海新公私合营企业的工资改革》(《当代中国史研究》2011 年第 5 期)，王毅的《全行业公私合营后私方放弃定息问题研究（1956—1966）：以杭州市公私合营企业为例》(《中国经济史研究》2022 年第 4 期)，陶丽《建国初期上海私营企业年奖制度改革研究 1949—1955 年》(上海师范大学 2012 年硕士学位论文)，郭竹静的《建国初期上海申新纺织企业的恢复发展与社会主义改造研究》(上海师范大学 2012 年硕士学位论文）等。其中，陶丽一文以 1949—1955 年上海私营工商企业年奖制度改革为研究主题，着重阐述了年奖制度改革实施过程中酝酿试行、积极推进至最后改革完成三个阶段的递进和嬗变，并对各个阶段政策变化、具体实施重点、难点及相应推进措施，以及改革的实际成效、经验和启示作了梳理归纳。郭竹静一文通过个案研究一窥上海地区资本主义工商业社会主义改造的全貌。其中第二章“一五时期”申新企业改革与改进中论及生产技术改革、工时改革以及工资改革；第四章阐述了合营以后，申新企业发生的改变，包括生产水平的提高、工人福利提高和劳动条件的改善、工资改革、合营后的进一步改造等内容。又如张忠民一文以 1956 年上海新合营企业推行的工资改革为主题，论述了改革中领导组织形式，工资水平与

① 侯桂红：《人民政府时期专区专署制度研究 1949—1966 年：以河北省为例》，首都师范大学 2009 年博士学位论文。

② 方夕旺：《建国初期供给制研究——以上海市党政机关人员为个案的考察（1949—1955）》，华东师范大学 2010 年硕士学位论文。

工资增长指标，新工资等级、变相工资、计件工资、保留工资诸问题。

其三，侧重新中国分配制度及福利制度研究。关于新中国初期分配制度研究主要集中在“大跃进”时期人民公社分配制度问题上。例如，邓智旺的《人民公社初期分配制度研究》（广西师范大学 2001 年硕士学位论文），周彪的《人民公社分配制度的形成——以江苏为例》（《社会科学研究》2002 年第 6 期），吴志军的《一九五八年：变动中的人民公社分配制度——以徐水共产主义试点为中心》（《中共党史研究》2006 年第 4 期），辛逸的《简论大公社的分配制度》（《中共党史研究》2007 年第 3 期）等。此外，武力、温锐的《新中国收入分配制度的演变及绩效分析》一文将新中国收入分配制度和政策的演变历程划分为 1949—1978 年、1978—2006 年两个阶段，分别论述其特点，从而提出：新中国收入分配变化的轨迹经历了一个由旧中国收入水平极低、分配极不平等到通过革命手段达到过度平均，然后又由这种过度平均通过改革走向拉开收入差距的“否定之否定”过程。[①] 又如，李金莲的《新中国成立后的育婴福利政策与乳妇命运》（《商丘师范学院学报》2012 年第 4 期）、马连禄的《人民解放军福利工作的历史回顾》（《军事历史》1992 年第 2 期）以某一群体为切入点探讨了新中国初期福利问题。

此外，另有一些如教师、公务员、城市下层贫民等某一社会群体研究中很多亦会涉及工资福利相关问题。例如，徐彬的《1956 年一级教授评定之研究》论述了 1956 年在知识分子政策调整与工资改革时代背景下一级教授评定的标准、实施、构成分析，及评定过程中出现的人事纠纷等问题。[②] 李燕的《上海市公务人员工资及生活状况考察 1930—1956 年》一文从 20 世纪 30 年代至 50 年代公务人员一系列工资制度或政策入手，在考察不同阶段物价水平的基础上，揭示这一时期上海市公务人员生活状况及其变化情况。[③]

① 武力、温锐：《新中国收入分配制度的演变及绩效分析》，《当代中国史研究》2006 年第 4 期。

② 徐彬：《1956 年一级教授评定之研究》，南京师范大学 2007 年硕士学位论文。

③ 李燕：《上海市公务人员工资及生活状况考察 1930—1956 年》，华东师范大学 2007 年硕士学位论文。

（二）反思与展望

综观目前工资福利制度的研究，虽取得诸多成果，但更多关注的是当今现实问题，而关于新中国初期社会主义工资福利制度的专题研究十分有限，且主要集中在供给制及人民公社分配制度等几个方面，缺乏对这一阶段工资福利制度建设的整体关注。具体而言，这一时期工资福利研究有如下不足。

1. 对新中国初期工资福利制度整体关注不足

目前的新中国工资福利研究，多为经济学领域所研究的对象，更多关注的是改革开放后相关现实问题，对新中国初期的工资福利制度研究虽取得一些成果，但整体关注不够，研究内容的广度与深度仍待加强。改革开放后，虽然出现多部工资分配制度变迁论著，但侧重整体脉络梳理，所论内容较为简略，且新中国初期的工资制度部分只是作为其中章节予以介绍，篇幅有限。如《国家机关和事业单位工资制度变革》第一编介绍新中国成立后各时期工资制度，第二编介绍奖励制度、津贴补贴制度和地区工资类别制度，第三编介绍高等学校和中等专业学校毕业生、军队转业人员等几类人员的工资处理办法。虽论及新中国初期工资制度改革，但其内容更多是对相关法规文件的梳理。又如《中国工资制度改革》主要是对改革开放后工资分配制度的探讨。

此外，专题研究方面亦十分有限，且主要集中在供给制及人民公社分配制度等几个方面。这与新中国初期工资福利制度建设在中国当代史上所应有的地位相比极不相称。综观新中国初期历次工资制度改革与调整，可以归结为一个自上而下推行由“多元”逐步趋向“统一”的过程，也反映了这一时期工资制度改革的特征。工资改革涉及工业、农林、商贸、卫生、教育等各行各业，可谓纵横交错，所面临的局面极为复杂。在工资改革过程中，面对如何革除旧中国混乱不合理的工资制度，改革解放区沿袭下来的供给制（包干制），以及如何贯彻执行“各尽所能、按劳分配”的社会主义原则，发挥工资经济杠杆与激励作用，并兼顾效率与公平，实施劳资两利的工资制度，避免平均主义等一系列重大问题，国家都进行了有益的探讨与实践，为当今我国深化分配制度改革留下了宝贵经验。如 1956 年工资制度改革初步建立起了我国按劳分配为原则的社会主义工资制度，但 1958 年后在“左”的影响下，这种初建的分配制度原则受到冲击，并一度遭到破坏。而此次改革恰恰成为社会主义工资制度发展的转折期，在新中国工资制度史上有着重要地位与意义。然以往研究对此关注极少，其改革的动因、改革方案的制定、改革的实施、改革效果经验、改革后职工生活状况、保留工资等遗留问题的处理，以及初建的按劳分配为原则的工资制度又如何受到冲击等问题都有待学界关注与探究。

2. 新中国初期福利制度研究的缺失

综观新中国福利制度研究，多为经济学、社会学领域探讨现实福利保障问题的论著。除前文所述，另有许多学位论文聚焦于此，如陈昱阳的《中国农村老龄人口经济供养与福利制度研究》（西南财经大学 2011 年博士学位论文），焦亚波的《社会福利社会化背景下的上海养老机构发展研究》（华东师范大学 2009 年博士学位论文），万国威的《社会福利转型下的福利多元建构：兴文县留守儿童的实证研究》（南开大学 2013 年博士学位论文），丁学娜的《职业福利补充功能的定位——基于中国企业职业福利转型视角的研究》（南京大学 2013 年博士学位论文）等。相比之下，史学领域对新中国初期福利制度的专题研究极少，相关研究多作为社会保障制度的一个方面论及。例如，《中国社会保障制度变迁与评估》以养老保险制度、失业保险制度、社会救助制度、女性社会保障制度等专题展开，其中第八章论述中国社会福利制度变迁与评估，介绍了福利制度的沿革、传统福利制度的基本框架与评估、福利制度改革及其评估等内容，其中也论及新中国初期福利问题。[①]《中国社会保障制度》介绍了“计划体制下”与“改革中”不同时期的我国社会保险制度、社会救助制度、社会福利制度、优抚保障制度等情况，其中第六章“计划体制下我国的社会福利制度”简述了改革开放前我国民政福利及职工福利的一些情况。[②]又如《中国军人社会保障制度研究》一书中第二编第六章“计划经济时期军人保障制度”，介绍了新中国成立至 1978 年军人生活保障及军人优抚和退役安置等问题。[③]但总体

① 郑功成等：《中国社会保障制度变迁与评估》，中国人民大学出版社，2002 年版。

② 吴亦明主编：《中国社会保障制度》，南京师范大学出版社，2000 年版。

③ 聂和兴、张东江主编：《中国军人社会保障制度研究》，解放军出版社，2000 年版。

而言，所论新中国初期福利制度大多较简略，尚缺乏系统深入研究。

新中国初期福利制度研究的缺失，究其原因，其一，与我国现代社会福利制度起步较晚有关①；其二，新中国初期，人们更为关注的是与其基本生活紧迫相连的工资问题，社会主义福利制度建设仍处在摸索阶段；其三，工资与福利密切相关，特别是新中国初期各项制度初创阶段，工资改革与调整的内容颇广，往往亦包含了社会福利部分。但新中国初期社会福利制度建设是中国福利制度史上重要一环，这一时期国家为改善民众生活做了大量社会福利保障工作，颁布了诸多有关福利制度的政策法规，这些都为后来福利制度建设打下了坚实基础。因此，只有理清这一时期福利制度建设，才能完整表述中国现代福利制度的发展脉络，亦能为当今深化福利制度改革有所借鉴。

3. 资料搜集整理滞后

历史研究贵在资料的占有，有丰富翔实系统的史料，才可能开展相应研究。然而当前，新中国初期工资福利相关资料的搜集整理明显不足。

一是历史档案方面开发利用不高，且地方性的档案整理远远不够。1978年后，虽然相关工资福利文件资料汇编陆续整理印行或出版，但主要是现实指导性工资福利法律法规性资料，而涉及新中国初期工资福利档案整理出版乏善可陈，与史学研究所需存在很大差距，诸如《工资福利文件选编》《中华人民共和国经济档案资料选编》等成规模系统的档案整理工作还极少，虽然有部分档案馆在期刊、网站等刊发少量的相关馆藏档案，却显得极其零散和不系统。更值得注意的是，就目前档案开发整理而言，主要针对中央政府出台的相关文件，而地方档案资料开发利用率极为有限。如河北省档案馆保存着较为完整的新中国成立后河北省党政机关如工业、农业、商业等宝贵档案文献，仅河北省人事厅工资福利处、劳动局工资改革委员会等部门科室保存1949—1958年档案200余卷，包括各市县、专区及部门在历次工资改革

① 民国时期中国现代社会福利保障制度兴起，史学领域福利制度研究亦多关注于此，一批硕博论文从福利机构、福利思想、福利制度立法、社会保障，或特定阶层、群体福利问题等不同视角对这一时期福利问题做了探讨，如岳宗福的《理念的嬗变 制度的初创——近代中国社会保障立法研究（1912—1949）》（浙江大学2004年博士学位论文），李瑞的《抗战时期国民政府的福利事业研究——以四川政府的福利实践为中心的研究》（四川大学2006年硕士学位论文），姜春燕的《南京国民政府社会福利政策研究》（山东师范大学2006年硕士学位论文）等。

调整中的工作简报、法规草案、相关信函、统计资料、工作总结等，较为完整地记录了新中国初期河北省历次工资改革变迁历程。又如商业厅主管下的中国畜产公司河北省公司（1949—1956年）、河北省百货公司（1950—1966年）、河北省纺织品公司（1950—1967年）、河北省革命委员会商业局医药公司（1951—1957年）等新中国初期近二十家公司档案卷宗也保存了诸多职工工资待遇及福利相关资料。此外，河北省所属县市档案馆也有部分工资福利档案资料，如石家庄市档案馆仅石家庄市人民委员会人事处、石家庄市劳动局等卷宗所涉工资福利部分就有数十卷，内容包括国家政策条文及反映本市工资福利工作开展情况的卷宗。如能将这批不涉密的档案成规模系统整理出版，必将推动当代工资福利制度史研究的深入。

二是口述史资料的搜集整理亟待展开。口述史是中国当代史研究中除档案资料之外的另一重要史料，是档案史料的有益补充。近年来越来越多包括历史学、社会学、人类学等众多学科的学者积极投入于此，做了大量口述访谈和整理工作，并形成了诸多成果。就当代口述史研究对象而言，涉及颇广，包括土地改革、抗美援朝、根治海河运动、人民公社运动、“文化大革命”、知青、改革开放等。遗憾的是，新中国初期工资福利领域的口述史成果较少。此外，工资福利制度建设本就是国家、地方与民众间的多方互动，改革方案的制定、推行及新制度的确立无不是国家、地方、民众之间利益相互冲突、彼此协调，直至统一的过程。而口述史能更好地从“自下而上”的视角审视民众在国家制度推行中的心态与所处地位，以及其对制度变革与完善的反作用。将口述史与档案等文字史料相结合，方能真实全面展现工资福利制度建设的全貌，以及制度推行过程中国家、地方与民众三方互动关系。且尤应注意的是，与当代档案文献相比，抢救口述史料更时不我待，毕竟随着时间的推移，参与或目睹过新中国初期历史变迁的当事人将记忆衰退或一批批故去，如不加以抢救性搜集，若干年后某些历史阶段或事件恐将无口述史可作。

4. 区域性与比较研究不足

新中国初期工资福利制度建设，总体而言是一个由旧中国混乱状态逐步实现系统统一的过程。两次全国工资改革，其中第一次按大区先后推行，其间对供给制也进行了调整，实行大包干、小包干，最终取消供给制，全部实行薪金制。之后 1956 年又在此基础上推行第二次全国工资改革，建立了全国统一、规范的社会主义工资制度。虽然历次工资改革调整在各地实施中所遇问题多种多样，但整体制度建设与推行基本一致，故此又具有很强的共性特征。通过一省一地工资福利制度的分析，以点带面，映射全局，某种程度上能够反映整个制度建设的梗概。然目前研究更多关注的是教师、店员等特殊群体工资福利问题，而地域性工资福利改革研究极少。比如河北省地处京畿之地，在国家各项制度的推行建设中，往往具有示范模板作用，其改革中各项措施的推行，所遇困境与应对，及取得的经验与教训等都具有一定的典型性。

此外，对比研究方法是史学研究较为常用方法之一，事物自身特质也总是在与其他事物的参照对比中才能得以显示出来。新中国初期，国家历次工资改革在各地区推行中存在较强共通性，但也存在着中央与地方、地方与地方，以及不同行业群体之间如工资标准、工资增长指标分配等问题上的利益冲突。只有通过不同地区、不同群体阶层之间横向比较，以及同一群体阶层不同时期的纵向比较，才能真实反映出制度变迁对社会、民众的影响，从而反观制度本身，得出更全面的认识及客观的结论。

5. 研究方法单一，学科交叉研究不足

历史学的发展既源于内在的动力，又得益于学科之间的借鉴。工资福利制度与经济、政治、文化诸多领域密切关联，综合各方面考虑，才能真实勾勒出这一制度酝酿、推行、建立的全过程。特别是对新中国初期工资福利制度的研究尤应注意多学科研究方法的借鉴。一是工资福利问题与人们切身利益密切相关，二是新中国初期仅短短数年内历经数次全国范围的制度改革与调整，所涉范围之广，所用时间之短，可谓一场改革风暴，而制度推行中国家与民众的互动亦尤为明显。故此，如社会学理论的借鉴，统计学方法的运用就显得格外必要。然以往研究多从历史学或经济学单一视角出发，跨学科和多学科的综合研究成果极少。这就造成新中国工资制度史研究中稍显理论深度不足，多侧重脉络梳理的弊端，限制了其研究的深入与拓展。如国家上层如何将这一制度一步步推行并不断予以调整从而最终确立，而民众对国家制度的推行又有怎样的回应及其在这一过程中的角色与地位等问题，都缺乏深入探讨。故此，综合运用多学科的研究方法，对工资福利制度的运行机制、发展演进过程、制度基础及模式选择，以新的视角进行剖析和透视，才能多层面揭示新中国初期社会主义工资福利制度建立发展的历史进程。

综上所述，笔者认为要推动新中国初期工资福利制度研究走向深入，需要着重以下几方面工作：第一，加强资料建设，特别是采用多方与档案馆合作等方式，形成省（自治区、直辖市）、市、县多位一体的开发体系，成规模、系统地出版一批不涉密的相关档案。第二，加强区域工资福利制度改革史的比较研究，只有通过区域性工资福利制度研究的积累，以点及面，才能带动这一时期工资福利制度整体研究的深化。第三，积极转换视角，进行多学科的交叉融合研究，如吸纳经济学、社会学理论与方法进行史料的分析解读等，既拓展了研究领域，又深化了史学研究。第四，史学研究与现实问题互为表里，新中国初期工资福利制度改革与当今工资福利制度具有一脉相承性，特别是工资福利制度是当今全面深化改革的重要议题，也是机关事业单位养老保险制度改革的焦点之一。故此，新中国初期工资福利制度史学研究应关注现实问题的解决，如改革中国家、地方与民众互动等诸问题的探讨，既可丰富这一时期工资福利制度的史学研究，亦对当今全面深化改革及民众实际生活水平的提高有重要影响。

三、主要内容及基本思路

本书以新中国初期工资福利制度改革为背景，选取 1956 年河北省工资改革为研究对象，主要论述 1956 年河北省工资改革的酝酿、方案的制定与推行、新公私合营企业工资问题，以及改革后职工生活水平、搬运工群体工资等遗留问题与应对。

本书除绪论外，共分七章。

第一章“1956 年工资改革的酝酿”。本章主要对此次工资改革的动因、主要原则与任务，以及改革前工资训练班的开展等问题作一论述。新中国成立后，中共中央在工资福利方面进行了一系列的改革与调整，以逐步建立按劳取酬为原则的社会主义工资制度。但这期间中央在工资工作中出现的一些偏差，致使工资增长率与劳动生产率增长及国民经济发展三者间失衡。加之工资制度中的种种弊端，如过时的工资分制度、亟待完善的工资等级制度，以及进一步解决工资奖励制度取消与建设的矛盾，都亟待进一步的改革以寻求调整完善。故此，进行一次较大规模的改革既是对以往工资工作反思与调整的需要，亦是进一步完善社会主义工资制度的必要阶段。此外，1956年农业、手工业和资本主义工商业三大改造基本完成，社会主义基本经济制度的确立及生产关系变革，也必然要求在工资福利等分配制度上的改革，以适应新的生产关系。根据中央的指示，1956年工资改革的任务是在适当提高工资水平条件下，根据按劳取酬原则，贯彻执行统一的工资政策，初步建立起比较统一、合理的社会主义工资制度。简言之，就是要提高工资水平，调整工资关系，改进工资制度。此外，新中国初期劳动工资工作组织机构不健全、职责范围混乱不清，以及工资工作人才匮乏且全面工资改革即将展开背景下，各地区及基层单位开展了众多工资训练班，培训工资干部及积极分子。应当说，各地区及单位所举办的工资训练班不仅仅为改革提供了人力上的保障，更重要的这也是工资改革中政治思想教育开展的重要方式，是改革动员及思想改造的过程。

第二章“问题争议与统一：1956年工资改革实施方案的制定”。本章以1956年河北省工资会议为中心，通过改革实施方案制定中各项问题上的争论、协调至最终方案确定的过程，探讨国家在处理事关国计民生重大事项时如何处理各方利益平衡，以及各利益攸关方又通过何种方式与途径表达自己的诉求，并最终实现各方间良性利益博弈的过程。河北省全省工资会议从1956年4月即开始准备，历经数月，7月21日召开，至8月14日结束，其中心内容即是研究确定各部门的工资改革方案，布置全省的工资改革工作。应当说，1956年河北省工资改革实施方案的制定是国家、地方及国民经济各部门间利益博弈的结果，其争议的焦点主要是工资标准的地区分类、国家工作人员升级、工资标准及增长指标分配等问题。总体而言，1956年河北省工资改革方案中如国家工作人员升级等诸问题并未全面解决，可以说它并非完美的方案。但另一方面，从工资改革领导机构成员构成以及全省工资改革实施方案制定过程来看，最终定案虽非完美，却是最大程度兼顾了各方利益所达成的最佳方案，此亦是各方利益博弈的结果。国家在自上而下推行制度的过程中，地方及各经济部门亦自下而上予以回应。一方面地方制定改革实施方案是以国家的政策方针为依据，但另一方面各地区及经济部门之间在工资标准地区分类、国家工作人员升级等问题上的利益争取又常常造成中央所分配增长指标上的突破，从而形成国家与地方间的利益冲突，而这一矛盾的化解需要各方相互协调、彼此包容，寻求其最佳利益平衡点。

第三章“制度何以落实：1956 年工资改革在地方的推行”。本章主要论述 1956 年 8 月初河北省全省工资会议后各地区及各系统、各部门工资改革具体实施情况，通过改革组织构建、宣传教育的开展，以及测评定级中的问题与应对，探讨 1956 年工资改革在地方的推行，以及政治思想宣传与教育在整个贯彻机制中的作用。1956 年工资改革在各地方的实施方式方法虽有差异，但总体而言此次改革在地方的推行大体经历了改革实施方案的制定、政策的宣传教育、考工评级的开展等几个主要环节。1956 年 7 月下旬，河北省全省工资会议后，各地区及各系统、各部门随即进入改革的具体实施阶段，一方面进行召开部署改革工作会议、建立汇报制度、制定与下发工人技术等级标准等改革的准备与推进工作，一方面不断完善改革组织机构建设。与此同时，改革的宣传工作也随之全面展开。此外，在测评定级环节，各地区在开展评级工作前都组织了等级标准的学习活动，并根据自身情况制定了相应的评级方案。总体而言，各地工资改革评级工作进展较为顺利，但在组织领导及职工认知与心理层面出现了如主观主义、本位主义、争闹级别待遇、消极抱怨等问题。对此，各地方政府和单位都采取了多种方式予以协调与应对。综观 1956 年工资改革在地方的推行，虽然各环节也存在一些问题，但在国家的积极应对下最终实现了新工资理念的深入人心，以及新制度体系的构建。而整个贯彻机制行之有效的一个重要因素即是思想政治宣传教育发挥着重要作用，并贯彻整个制度推行的始终。

第四章“理念追求与现实考量：1956 年新公私合营企业工资问题”。本章主要探讨 1956 年新公私合营企业工资改革的缘起、改革方针的确立及其争议，以及改革的主要内容及其实施。新中国初期是社会主义各项制度构建与转型的重要时期，工资制度即是其中重要变革之一。1956 年，新公私合营企业工资制度何以改革，除了工资形式混乱、变相工资大量保留、工资水平普遍偏低、工资关系不平衡等因素，从根本上说应是社会主义工资制度构建的需要。社会主义工资制度如何构建？其根本原则即是按劳分配，而“劳”的标准，从新中国社会主义工资制度构建的实践来看，主要是符合国民经济发展的需要。换言之，工资改革的主要目的是以工资为杠杆，刺激职工劳动积极性，提高生产效率，促进国民经济发展。1956 年进行的新公私合营企业工资改革亦秉持这一理念，其最终目标，是将其纳入以国营企业为标杆的，有着各行业技术标准及工资等级标准的、符合当时国民经济发展需要的社会主义工资体系。但是，制度的构建是一个长期的过程，应当说新公私合营企业工资改革方针何以争议，其根源在于新工资理念认同与制度建设的不同步性。

第五章“非对称性增长：1956 年工资改革后职工生活水平研究”。本章主要通过 1957 年河北省职工生活调研资料，对工资改革后职工工资水平及结构特征、职工生活影响因素及各方应对之策，以及工农生活水平比较等问题做一探究。1956 年工资改革后，河北省劳动工资委员会及部分市县政府与厂矿单位进行了职工生活水平的调研，以了解改革后职工生活的实际状况。综而观之，改革后工程技术、行政管理、生产工人、警卫勤杂等人员的工资等级分化更加分明。生活水平较高的优等户主要分布在工程技术人员这一群体中，而困难户则更多集中在勤杂及生产工人中。这表明 1956 年工资改革后职工工资等级分化突显，而这种工资等级分化又直接导致不同职工群体消费结构的改变及其较强的差异性。当改革后物价、供养人口及社会消费观念等因素突然来袭时，大多数民众可以通过调节消费结构，即压缩主食消费以外支出以保证生活基本需要的方式应对冲击。但对于消费结构调节空间本就很低的低收入职工群体来说则意味着生活陷入窘境，这也一度造成改革后一些低收入职工群体出现实际工资降低的情况。面对这一困局，国家、地方与民众积极应对，国家层面自上而下采取如加强市场调控与价格管理，引导民众合理消费；限制农村人员盲目入城，节制人口出生；加强勤俭持家教育，开展爱国储蓄运动等诸多措施，对民众家庭生活进行干预，民众亦积极回应，从而有效缓解了改革后的各项社会问题。此外，工农生活水平比较方面，改革后工农生活水平虽有不同，但并未形成工农间的贫富悬殊与对立；工人对农民的影响更多表现在城市与农村生活方式的差异上，且在不同农民群体中影响程度也不尽相同。

第六章"'合理性'争议：1956 年工资改革后搬运工人工资问题"。本章通过对搬运工人数量及组织、搬运价格、工资水平、福利待遇，以及地方政府之应对等问题的论述，进而探讨新中国初期社会主义工资制度合理化构建及 1956 年工资改革后其工资收入"合理性"争议的社会根源。新中国成立后，随着国民经济的恢复与发展，搬运工群体规模总体不断攀升。从搬运价格来看，各地区执行标准不一，不过经数次调整逐步趋于统一。从搬运工群体工资收入水平来看，新中国成立后搬运工群体整体收入逐年提升，但不同地区及组织亦存在极大的收入差异，这种差异并不因体制内或体制外而决定，体制外的散工甚至高于企业的固定工人。除工资收入外，搬运工群体也享受一定的劳保福利待遇。综而观之，改革后搬运工群体收入颇高，生活水平亦远在其他职工群体之上，这也引起了搬运工群体收入合理性的广泛争议。政府层面认为搬运价格及其工资制度不合理，主张重新修订统一全省的搬运价格，革除旧的工资制度，调整搬运工群体的工资收入，以实现地区及国民经济各部门间的收入平衡。究其根源，搬运工人工资收入"合理性"争议在于 1956 年工资改革基本确立起我国社会主义按劳分配为原则的工资等级体系，而搬运工群体并未被纳入此次工资改革，其工资收入仍游离在等级工资体系之外。地方政府对搬运工群体工资收入调整的主张，并非否定职工群体间的工资差异，恰恰相反，对工资制度合理性的追求最终结果是不断强化和扩大 1956 年工资改革所构建的工资等级体系。

第七章"1956 年工资改革中的制度构建与问题遗留"。本章主要探讨 1956 年工资改革在工资制度、工资关系及工资水平等方面的制度构建及问题遗留，进而探讨其形成的根源。第一，工资制度方面。此次改革初步构建起了以按劳分配为原则的社会主义工资等级体系，但这一新构建的工资制度体系并不完善，如此次工资改革对所有的产业笼统地要求实行统一的八级（或七级）工资制，在一些地区与企业未能达到刺激工人生产积极性的初衷，而职务工资制推行中因级差较大导致副级大量出现，形成新的平均主义等问题。第二，工资关系方面。此次很大程度上实现了国民经济各部门、地区及人员工资关系的调整与改善，不过也产生一些新的矛盾与冲突，如出现了国营工业与地方工业、工业与非工业部门、非工业部门之间工资关系中新的问题，工资标准地区分类的实施亦不理想，而根据国民经济发展需要对国民经济中各类人员工资关系的调整也产生了一些新的不合理现象。第三，工人工资水平方面。1956 年工资改革后职工工资标准已有相当提高，但职工福利制度的缺失、新旧工资制度中如工资计算方法及执行标准差异等众多因素的影响，很多地区反映改革后部分人员实际工资下降，改革后出现了职工货币工资与实际工资的非对称性增长，而这种非对称增长现象在低收入职工群体中表现尤为突出。以上诸多遗留问题，究其原因，与此次改革组织机构不完善，力量薄弱，政策法规缺乏系统性与完整性，以及制度构建与完善本身的长期性密切相关。

四、需要说明的几个问题

（一）工资概念界定

工资是一个历史范畴。《劳动部关于贯彻执行〈中华人民共和国劳动法〉若干问题的意见》［1995 年 8 月 4 日，劳部发（1995）309 号］中对“工资”的界定是指用人单位依据国家有关规定或劳动合同的约定，以货币形式直接支付给本单位劳动者的劳动报酬，一般包括计时工资、计件工资、奖金、津贴和补贴，延长工作时间的工资报酬以及特殊情况下支付的工资等。[①] 在劳动法范畴内，劳动报酬主要是劳动者因付出劳动通过工资形式而获得的物质补偿。“工资”是劳动者劳动收入的主要组成部分，社会主义工资也可以说是根据按劳分配原则，以货币形式分配给职工的个人消费品。[②]广义的工资在内容上包括标准工资，以及各种奖金、津贴和补贴。

① 左祥琦主编:《工资与福利》，中国劳动社会保障出版社，2002 年版，第 4 页。

② 汪权主编:《工资福利工作指南》，安徽人民出版社，1991 年版，第 1 页。

国家每年下达各地方的工资总额计划以及人均工资水平，均包括标准工资、加班加点工资、特殊形式下支付的工资以及各种奖金、津贴和补贴。劳动法所称工资即是广义的工资。狭义的工资，在内容上仅仅指标准工资，而将其他形式的非标准工资排除在外，它是确定离退休费以及抚恤费等项目的主要依据。本书所采用的即广义的工资，但并非仅为货币工资，也包括实物工资以及供给制在内新中国成立初期所施行的过渡性的多种工资分配形式。

（二）时空范围

1949年至1957年的中国是社会制度转型变革重要时期，但同近代中国社会性质漫长的变革不同，这一时期社会变革更为短暂迅速，新中国短短几年内以惊人的速度完成了社会主义改造，政治、经济、文化等各领域都实现了除旧革新，工资福利制度即是其中重要变革之一。从经济恢复期的局部政策调整到按大区逐步推行第一次工资制度改革，之后1956年又在这一基础上进行了全国统一的第二次工资制度改革，最终基本确立以按劳分配为原则的社会主义分配制度。但遗憾的是，1958年后在“左”的错误影响下，这种初建的分配制度受到冲击，并一度遭到破坏，直至20年后才得以重建。而在这一曲折漫长的制度变迁中，1956年工资改革初步确立了社会主义工资制度，同时亦是制度突变的转折期。故此，本文以1956年工资改革为时间节点，在重点论述此次工资改革过程的同时，亦论及改革之前工资政策，以及改革后保留工资、职工生活状况等问题，探究改革背后国家与民众的互动及其经验教训等问题。

此外，在地域问题上，本文以河北为中心，以点带面，映射全局。其一，新中国初期工资福利制度建设总体而言是一个由旧中国混乱状态逐步实现系统统一的过程。两次全国工资制度改革，其中第一次按大区先后推行，其间对供给制也进行了调整，实行大包干、小包干，最终取消供给制，全部实行薪金制，之后1956年又在此基础上在全国推行第二次工资制度改革，建立了全国统一的规范的社会主义工资制度。虽然历次工资制度改革调整在各地实施中所遇问题多种多样，但整体制度建设与推行是一致的，故此又具有很强的共性特征。其二，河北省地处京畿之地，在国家各项制度的推行建设中，也往往具有示范模板作用，具有一定的典型性。通过一省一地工资福利制度的分析，以点带面，某种程度上能够反映整个制度建设的梗概。其三，本文所论河北地域范围，是指新中国初期河北省行政区划，故此本书亦会论及天津及现归属北京如密云、房山等地区。

第一章　1956年工资改革的酝酿

新中国成立后，随着国民经济的恢复和发展，全国各地区都先后进行了工资制度的改革与调整，废除了一些旧的不合理的工资制度，推行八级工资制度、计件工资与计时奖励工资制，同时为了保证职工实际生活不受物价波动的影响，采取了以小米、折实单位等多种工资支付形式，之后实行统一的工资分制。经过几次工资调整与改革，职工的工资和生活水平逐步提高，如1949年至1952年国民经济恢复时期，工业职工的货币平均工资：地方国营提高了35%，公私合营提高了40%，合作社营提高了12.5%。[①] 但其间工资增长率与劳动生产率增长及国民经济发展的不相适应，加之工资制度中的种种弊端，进行一次较大规模的改革既是对以往工资工作反思与调整的需要，亦是进一步完善社会主义工资制度的需要，而普遍增加工资、改进工资制度、改善工资关系也成为此次改革的主要任务与内容。本章即对此次工资改革的动因、主要原则与任务，以及改革前工资训练班的开展等问题作一论述。

第一节　1956年工资改革动因分析

新中国成立之初，我国虽经数次工资制度改革与调整，但工资工作中仍存在一些缺点和问题，特别是1952年第一次工资改革后，工资的增长和劳动生产率的增长不相适应日渐加剧。此外，工资制度中存在的一些平均主义、不统一等问题也影响着职工劳动积极性的发挥，妨碍劳动生产率的进一步提高，而这也恰恰成为深化改革、进一步完善工资制度的内在动因。简言之，平衡工资关系、改进工资制度、改善工资工作等所有因素最终促成了1956年第二次全国性工资改革的开展。

① 河北省工资会议秘书处印：《胡开明副省长在河北省工资会议上的报告》，1956年7月20日，河北省档案馆藏，档案号：933-1-558。

一、工资增长与国民经济发展及劳动生产率的不相适应

工资增长应与劳动生产率及国民经济发展相适应，但新中国成立初期由于工资工作上的偏差，导致工资增长与劳动生产率增长关系出现某种程度的失衡，亦与国民经济发展不相适应，这是1956年工资改革的重要动因。

第一，从发展生产与提高人们生活水平来看，工资的增长要低于劳动生产率的增长。只有这样才能扩大再生产，增加国家的积累及后备力量，反过来也能增加工人的福利，提高工人的生活水平。根据这一原则，新中国成立初期工资的增长情况：1950年至1952年，全部工业劳动生产率增长33.3%，货币工资平均增长57.7%，实际平均工资增长36%，工资的增长超过了劳动生产率的增长。[①] 应当说，在国民经济恢复时期，为了克服国民党统治时期的遗留问题弊端，并以此鼓励工人调动生产积极性及发扬主人翁意识，工资增长超过劳动生产率增长是必要的，而且这一措施在政权初建的特殊时期也确实起到了恢复国民经济、稳定社会秩序的积极作用。但之后劳动生产率的增长与工资增长的关系发生了扭转，劳动生产率不断提高，而职工的实际收入却没有相应地增长，特别是1954年之后工资状况与劳动生产率的提高明显不相适应。第一个五年计划期间，国营工业劳动生产率计划提高64%，全国工人、职员货币平均工资计划提高33%，[②] 五年计划的前三年执行结果，1955年比1952年全部工业劳动生产率增长41%，职工货币平均工资增长13.7%，实际平均工资增长6%。[③] 由此可见，劳动生产率的增长与工资增长出现了明显的不相称现象。这就破坏了劳动生产率与工资的合理关系，即劳动生产率提高，而工资没有得到相应增长。特别是国营工业的职工工资在1954年和1955年不仅没有增长，反而比1953年有所降低。从国营工业来说，其他人员工资的增长快于生产工人。1954年8个工业部门全体职工平均工资提高

① 河北省工资改革委员会翻印:《李富春副总理在全国工资会议上的报告（记录）》，1956年5月20日，河北省档案馆藏，档案号：933-1-558。

② 河北省工资改革委员会翻印:《赖若愚同志在全国工资会议上的报告》，1956年5月15日，河北省档案馆藏，档案号：933-1-558。

③ 河北省工资改革委员会翻印:《李富春副总理在全国工资会议上的报告（记录）》，1956年5月20日，河北省档案馆藏，档案号：933-1-558。

2.1%，而工人平均工资仅提高 0.3%。如果从实际工资来看问题则更为严重，根据国家统计局材料，国营工业全体职工的实际工资除了 1953 年提高 6.5% 以外，1954 年和 1955 年都在下降，生产工人的实际工资则下降得更多。[①]

第二，决定工资增长的因素主要是劳动生产率的增长，但这不是唯一的因素，还要看国民经济各方面的发展。而从工资与国民经济发展的关系来看，工资政策要符合国民经济发展的需要。因此，工资增长不仅要看全国国民经济的发展，更要看整个国民经济中工业、农业以及其他方面的发展，而不是局限于某一个区域或某一个产业。随着工业发展及工业生产力的提高，在改善工人生活的同时，还必须照顾农业的发展及其与农民的关系。对此，薄一波指出："党根据苏联和其他社会主义国家的经验，特别是根据我国建设的实践，要求我们在实现我国社会主义工业化的过程中，一方面必须采取较高的速度优先发展重工业，另一方面又必须积极地发展农业和轻工业；一方面要厉行节约，以积累更多的建设资金，另一方面又要相应地提高消费水平，使人民的生活逐步地得到改善。"[②]1953 年，中央决定在国营企业中不进行全面调整工资，标准工资一般不动，并取消年终双薪（或年终奖金）制度和暂缓实行年休假制度。这一指示的基本精神是从当时农村灾害及抗美援朝的情况出发，是为了保证工农联盟，保证国防和经济建设采取的措施。但 1954 年，特别是 1955 年农业丰收，工业发展，而工资标准仍未调整。对此，李富春批评说，由于过去工作中的偏差，所以造成了工资波浪式的增长，不合乎在经济发展的基础上逐步增加的原则，不合乎经济发展的规律：要么不增，要么多增；要不就是风平浪静，要不就是大风大浪。他进一步指示："制定今后工资改革方案，一方面要承认错误，但另一方面应该注意增加工资不要太突出。否则明年、后年又会风平浪静，弄的不好，又要波浪式。今年要增加工资，但必须避免大的不必要的波浪式，以免造成被动。"[③]

① 河北省工资改革委员会翻印：《赖若愚同志在全国工资会议上的报告》，1956 年 5 月 15 日，河北省档案馆藏，档案号：933-1-558。

② 薄一波：《正确处理积累和消费的比例关系》（1956 年 9 月 18 日），中共中央文献研究室编：《建国以来重要文献选编》第 9 册，中央文献出版社，1994 年版，第 243 页。

③ 河北省工资改革委员会翻印：《李富春副总理在全国工资会议上的报告（记录）》，1956 年 5 月 20 日，河北省档案馆藏，档案号：933-1-558。

第三，河北省工资增长与劳动生产率状况。从河北省来看，劳动生产率的增长与工资增长的比例关系也出现了偏差。根据国家第一个五年计划的要求，河北省规定五年当中劳动生产率增长80.57%（全国为64%），工资的增长为38.78%（全国为33%）；而从执行的结果来看，根据河北省统计局材料：全省包括地方国营、合作社营、公私合营的整个地区工业，1955年较1952年劳动生产率增长56.07%，工资水平增长27.1%。[①] 这个增长比例应当说是适当的，但问题是年度之间不平衡，形成1955年劳动生产率有了很快的提高，而工资不但没有相适应的增长，反而有所下降。加之河北省职工工资水平本就偏低，以及职工供养人口增加、副食品价格上涨等因素，就造成了职工实际生活水平下降的情况。如石家庄市工业1955年较1952年劳动生产率增长59.66%，工资增长7.8%，而1955年较1954年劳动生产率增长17.59%，工资却下降了2.74%。更严重的是工业局编制的1955年工资计划较1954年低1%，省工业厅给该局2%增长指标未使用，结果劳动生产率超过计划，工资计划却没有完成，致使职工生活不能得到适当改善。[②] 又如张家口专区有学徒工升为正式工人还拿着学徒的工资，工业局系统工资水平太低，有些工人的工资仅十七八元；唐山市有的单位1955年比1950年劳动生产率提高很多，而工资则增长较少，甚至有的单位职工的实际工资下降。[③]

此外，由于工资工作没有统一而合理的制度，特别是一些经企单位和教育事业人员，没有随着国家经济的好转和劳动生产率的提高而相应地提高干部职工的工资收入。对此，河北省虽作过几次个别的调整，但因保守思想及程度不同的平均主义的影响，效果并不明显，也未能起到刺激广大职工干部工作积极性和劳动生产率提高的作用。如一个小学教员从环境艰苦时期的每月40斤小米，经过多次调整才达到工资改革前的20余元，而且教员的工资和其他群体的工资关系上也存有很大悬殊。如与农业上比较，由于农业得到了很大发展，一个普通的小学教员一年的工资收入低于一个农业上中等劳力

① 河北省工资会议秘书处印：《胡开明副省长在河北省工资会议上的报告》，1956年7月20日，河北省档案馆藏，档案号：933-1-558。

②《石家庄市工资改革总结》，1956年12月16日，河北省档案馆藏，档案号：933-4-349。

③ 河北省工资会议秘书处编：《工资改革简讯》（会议简报）第3号，1956年7月21日，河北省档案馆藏，档案号：932-2-245。

一年的收入；另外一些经企事业单位的技术人员经过几年的工作锻炼，技术水平有了显著的提高，但其工资待遇还是执行着低级或实习的工资待遇，这显然不符合按劳取酬的原则，同时也挫伤了职工生产的积极性和工作效率。[①]又如河北省丰润县反映小学教员、供销社业务员以及乡干部的工资普遍较低，供销社占 85% 以上的干部还沿用着 1952 年原级，甚至一些主管会计和业务部门负责人还有25级的。[②]这也表明河北省的工资工作出现了一些失误，同时这一情况与在生产发展基础上逐步改善职工生活的要求不相适应。正因如此，需要通过工资改革对工资工作中的失误进行总结纠正，并以此来提高职工的工资水平。

二、亟待完善的社会主义工资制度

工资制度方面，随着社会生产的不断发展，一些政策制度不合时宜，其弊端日益突显；但在相当长的时间里并没有得到及时的改进和解决，使得工资没有能够更有效地发挥其物质鼓励、推动劳动生产率提高的作用。故此，进一步改革调整工资关系，建立更为完善的符合经济社会发展需要的社会主义工资制度势在必行。

（一）过时的工资分制度

新中国成立后，随着政治经济秩序的调整和梳理，分配制度的改革势在必行。1952 年 7 月 1 日，政务院发出《关于颁发各级人民政府供给制人员津贴标准及工资制工作人员工资标准的通知》，迈出工资改革第一步。此次改革中将党政机关工作人员自上而下分为 29 级，工资随级别而定，不以当时尚不稳定的货币为结算单位，而以实物为基础进行折算，称为“折实单位”，又称“工资分”。工资分由伙食分、服装分、津贴分三部分构成，按粮、布、油、盐、煤 5 种实物的数量进行折合。[③]但随着计划经济建设的开展，新建

---

①《文安县工资改革工作总结》，1956 年 12 月 9 日，河北省档案馆藏，档案号：933-4-349。

②《丰润县工资改革委员会关于工资改革工作的总结报告》，1956 年 11 月 19 日，河北省档案馆藏，档案号：933-1-555。

③ 黄新原：《1956 年的定级》，《湖北档案》2004 年第 11 期。

企业不断出现，不少原有企业也在扩建或改建，新式设备和新技术不断地采用，因而生产技术水平有了很大的提高，劳动分工更加专业化，新的专业工种不断出现，这就需要工资制度作出相应调整以符合生产发展的需要。工资分制度确立之初，在保证职工生活方面曾起过积极的作用，不过随着全国物价的稳定和职工生活水平的提高，已不能确切地反映职工生活的实际需要。同时，在工资分制度的执行中也产生了不少问题，如有些地区的工资分不切合实际，分值或偏高或偏低，这就加大了地区之间不合理的工资差别，增加了工资制度上的混乱现象。因此，取消这一过时的工资制度势必被提上日程。

（二）亟待完善的工资等级制度

工人的工资等级制度不统一、不合理，在同一产业内，性质相同的企业，工资标准过多，工资等级系数多种多样，技术等级标准也不统一。这就使同一工种同等技术工人的工资在不同企业中存在不合理差别，亦产生一些平均主义现象，主要表现为以下几个方面。

第一，工资等级制度上等级多、差额小，不少厂矿企业单位没有正规的工资等级制度。据河北省地方国营 451 个单位的调查，纯多级制的厂矿占 34.59%，有 11.75% 的单位虽然实行八级，但由于并厂、工人调动等原因，在八级工资标准之外又有几十个等级，级差最小的只有一个工资分，有的甚至还不到 1 角钱。[①] 又如石家庄市还有不少企业，特别是如沈永兴铁工厂等老公私合营企业尚未建立合理的工资等级制度。[②]

第二，技术等级标准混乱和不统一。不少产业、企业对同一工种的工人在技术上一个单位一个要求。有些厂矿的机器设备已经有了很大变化，工人技术水平也有了很大提高，但仍执行 1951 年的技术等级标准，更严重的有些单位根本就没有技术等级标准，工人晋级单凭印象或人比人来确定。对此胡开明指出：“尽管我们有合理的工资标准和工资制度，但没有适合当前企业设备和技术要求的统一合理的技术等级标准，要把工资改革工作做到符合

---

① 河北省工资会议秘书处印：《胡开明副省长在河北省工资会议上的报告》，1956 年 7 月 20 日，河北省档案馆藏，档案号：933-1-558。

②《石家庄市工资改革总结》，1956 年 12 月 16 日，河北省档案馆藏，档案号：933-4-349。

按劳付酬也是不可能的。”[①] 如石家庄市反映在同一地区、同一产业内规模相近的企业工资标准、技术标准不统一，如国棉一厂工资、技术标准高于石纺、大兴纺织厂，因而石纺工人反映：“国棉一厂是亲娘的，石纺是后娘生的”[②]。又如丰润县，特别是工业企业系统仍然沿用 1952 年的技术标准，并且在工资等级制度上还履行着多等级工资制，职工的升级控制过严，有的应该升级没有及时升级；有的即便升级而工资未提，存在着平均主义。[③] 此外，又如河北省文安县反映：“由于过去没有统一而合理的技术标准，所以现在也有部分技术干部按现在标准衡量起来达不到新的技术标准，而必须出现保留工资。”[④]

第三，在规定工资标准上很多方面不符合按劳取酬原则。绝大部分厂矿企业的计件工人和计时工人在工资标准上没有差别，井下工作的工人与井上工作的工人工资标准一样，高温条件下工作的工人和常温工作条件下的工人执行同一工资标准。所有这些都不能体现繁重劳动与轻易劳动、技术程度复杂与简单、劳动条件艰苦与正常之间的差别，也影响了职工生产积极性及技术的提高。石家庄市即提出工资问题上存在平均主义：如根据井陉矿、动力厂、铁工厂、油厂等 27 个推行计件厂矿调查，计件、计时工资标准都一样；井陉矿井上井下都使用一级工资率 29 元标准；而炼焦厂炼焦车间与化学车间执行 29.5 元同一标准。[⑤] 又如东北某新建厂的工人有两百多种工资标准，这样就形成了同工不同酬的现象，影响了工人之间的团结。[⑥]

此外，有些企业的工资等级系数不合理，如低等级工人升一级增加工资 22%，而高等级工人升一级只能增加工资 8%。[⑦] 但是高等级工人比低等级工

① 河北省工资会议秘书处印：《胡开明副省长在河北省工资会议上的报告》，1956 年 7 月 20 日，河北省档案馆藏，档案号：933-1-558。

②《石家庄市工资改革总结》，1956 年 12 月 16 日，河北省档案馆藏，档案号：933-4-349。

③《丰润县工资改革委员会关于工资改革工作的总结报告》，1956 年 11 月 19 日，河北省档案馆藏，档案号：933-1-555。

④《文安县工资改革工作总结》，1956 年 12 月 9 日，河北省档案馆藏，档案号：933-4-349。

⑤《石家庄市工资改革总结》，1956 年 12 月 16 日，河北省档案馆藏，档案号：933-4-349。

⑥ 中华全国总工会工资部：《工资改革提纲（修正稿）》，1956 年 5 月，河北省档案馆藏，档案号：933-1-558。

⑦ 中华全国总工会工资部：《工资改革提纲（修正稿）》，1956 年 5 月，河北省档案馆藏，档案号：933-1-558。

人升级要困难得多，而高等级工人升一级增加工资的比例较低等级工人升一级增加工资的比例反而少，这就妨碍了工人提高文化技术水平和劳动生产积极性。又如在一些重点建设单位由于职工来自全国各地，带来了各种不同的工资标准，致使工资制度中的不统一、不合理现象尤为突出。

（三）亟待完善的职务工资制度

在职工升级问题上，绝大部分企业都没有建立起比较正规的制度。如在进行工人升级工作时往往控制得过严，甚至有些单位错误地认为“不晋没有事，愈晋愈多事”。因而就采取了不晋级的办法，以致很多工人做的是高等级工人的工作却拿着低等级工人的工资，学徒工已经达到技工的水平还是拿学徒的工资。石家庄市反映在职工晋级问题上，如动力厂、石纺等单位因没有正规晋级制度，随着经济建设的发展，有些企业进行了扩建，但职工的工资标准却没有随厂规模扩大而提高。[①] 此外，职员的工资制度中存在着职名笼统，不分职责繁简，工资标准相同或者差距偏小的弊端。如科员中有几十种职责繁简不同的职务，有不少担任职责繁重的工作和担任职责简易的工作拿一样的工资，不少企业的工段长、工长的工资标准低于他所领导的工人的工资标准，有些工人被提拔为工段长、工长后反而要降低工资，这就给从工人中提拔干部造成了很多困难。[②] 所有这些都影响了工人的工资收入，也损害了工人劳动生产积极性的提高。

在职员升级问题上表现最为突出的是国家机关工作人员的晋级问题，由于晋级制度的不完善，出现了大量职级不相称现象。如张家口市提出自1952年有80%的人员没有动过级别；而天津专区青县县委副书记自当区委时就是18级，经过几次提职，工资级别却一直未动，说明职级不称的现象严重。[③] 又如邢台专区自1952年之后由于钱和“面”的限制造成职级不相称的现象十分严重，18级的县干部占29%，甚至还有23级，整个县级干部中职级不

①《石家庄市工资改革总结》，1956年12月16日，河北省档案馆藏，档案号：933-4-349。

② 中华全国总工会工资部:《工资改革提纲（修正稿）》，1956年5月，河北省档案馆藏，档案号：933-1-558。

③ 河北省工资会议秘书处编:《工资改革简讯》（会议简报）第10号，1956年7月30日，河北省档案馆藏，档案号：932-2-245。

相称的达 34.9%；区、科级干部在等级线之外的有 5.2%，其中有些是 25 级，4 年时间全专区干部 70% 的人一直没有动级。任县 25 级、26 级的干部占全县干部总数的 50.5%，邢台市 24 级以下的干部达 65.5%。因此，干部情绪波动很大，有些要求回家，有的发牢骚。如沙河县一个科员表达对不能提级的情绪说："老干部老死，新干部压死，死也提不了。"该专区经过测算，认为升级面达到 80%，越级者达 25%，才可大体解决问题。① 此外，1954 年后，特别是自 1955 年社会主义改造高潮中，各地区为了适应各项经济建设事业的发展提拔了大批干部。虽然充实了领导力量，推动了各项经济建设事业的顺利进行，但与之相应的干部级别却未能随着职务的变更而适当调整，这也是导致干部级职严重不称的因素之一。如文安县 1954 年之后有些新建和扩建的单位干部提拔较多，但 1954 年提拔后，级别始终没有调整，形成长期级职不相称的问题。② 又如石家庄市在行政费开支的 2270 人中有级职不称干部 156 人，副局长级干部有 18 级者 2 人，市、区副科长级干部按等级线低两级以上者 23 人，个别有 24 级的，科员在 23 级以下的 110 余人，自 1952 年之后长期未晋级者 624 人，有的人职务连续变动两次以上仍未晋级，有的干部反映："提拔干部不过就是给戴个官帽子，工资一点也不多给。"③ 以上问题说明，随着干部情况的变化，进行一次工资改革，提高工作人员的工资水平，适当解决级职不称问题的必要性。

（四）工资奖励制度取消与建设的矛盾

工资奖励制度取消与建设的矛盾即指工资奖励制度改进与整顿中取消的多、建设的少。1951 年、1953 年调整工资时取消了房贴、水贴、电贴、煤贴等 1949 年前的"变相工资"。此后在工业方面工资标准未动的情况下，又取消了年终双薪、考勤奖、有资事假等奖励、津贴制度，有些产业和企业还取消了超额奖和保留工资。当然，在某些产业和企业中取消了一些不合理

---

① 河北省工资会议秘书处编：《工资改革简讯》（会议简报）第 4 号，1956 年 7 月 23 日，河北省档案馆藏，档案号：932-2-245。

②《文安县工资改革工作总结》，1956 年 12 月 9 日，河北省档案馆藏，档案号：933-4-349。

③ 石家庄人民委员会人事处：《关于 1956 年国家机关工作人员工资改革工作总结报告》，1957 年 1 月 21 日，河北省档案馆藏，档案号：933-4-349。

的、对生产不起积极作用的工资制度是必要的。如 1953 年中央关于国营企业中的工资、年终双薪、年休假问题的指示中说："解放以后，绝大多数国营企业的工资，已经过一次或数次的调整，工人实际所得较之解放初期已提高 60%~120%，农民生活虽也有不少改善，但较之工人则相差甚远，这种工农生活悬殊的情况，已引起部分农民的波动和不满。中央为了救济农村灾害，保证国防和工业建设经费和巩固工农联盟期间，决定今年在国营企业中，不进行全面调整工资，标准工资一般不动，并取消年终双薪（或年终奖金）制度和暂缓实行年休假制度。"[①] 我们知道工农业应是按计划有比例协调发展，1953 年农业灾害不仅影响农业，而且影响工业的某些方面，特别是轻工业。应当说，1953 年中共中央根据当时农村灾害及抗美援朝的实际情况对工资问题的估计、措施是正确的，但问题在于没有在取消一些不合理制度的同时，相应地建立一些合理的制度，即只做了取消工作，而没有及时做好建设工作，因而也就降低了工人的实际收入。

这一点亦表现在推行和整顿计时奖励工资制和计件工资制方面缺乏积极主动精神。1953 年和 1954 年，河北省在奖励方面也曾做了一些工作，但由于公布的奖励办法远不能满足当时生产上的需要，而当时急需解决的一些奖励办法又未能积极地制订出来，因此，奖励工作在河北工资工作中是一个薄弱环节。加之公布的奖励办法中把批准手续控制得过严，基层单位的奖励办法要报省直上级主管部门批准，而上级主管部门往往要压很长时间才能批下去，这就不能及时发挥奖励作用。在计件工资方面也没有很好地推行，特别是计件面不但没有扩大，反而缩小了。据河北省统计局的统计：1953 年年底，工业厅所属大型企业的计件工人在全年全部工人中的比重为 51.83%，到 1955 年比重则降为 32.55%。[②] 此外，奖励、计件工资和职工晋级工作不能适应生产发展的需要，奖励、计件工资开展的进度迟缓。如石家庄市反映："有些企业已经具备了计件条件至今尚未积极推行，生产上需要建立管理人

① 河北省工资改革委员会翻印:《李富春副总理在全国工资会议上的报告（记录）》，1956 年 5 月 20 日，河北省档案馆藏，档案号：933-1-558。

② 河北省工资会议秘书处印:《胡开明副省长在河北省工资会议上的报告》，1956 年 7 月 20 日，河北省档案馆藏，档案号：933-1-558。

员、工程技术人员，试制新产品奖励办法也未搞起来。”[①] 丰润县在计件工资和奖励工资方面也存在着不少问题：如国营公司和供销社奖励工资，原则上有月评比、季评奖以鼓舞职工的工作情绪，但是这些单位却未引起足够重视，因之往往推迟了评模时间，甚至于工作忙时把评奖挤掉。[②]

总之，正如时任全国总工会主席赖若愚在全国工资会议上的报告中谈到工资水平没有相应提高甚至下降的直接原因时所言：“就是取消的多，控制的严，而采取积极措施少，自 1953 年以来，在物质生产部门，工资标准未动，又普遍地取消了年终双薪、考勤奖等奖励、津贴制度，部分产业和企业取消了超额奖和保留工资，而合理的奖励工资制度却很少建立或根本没有建立；计件工资面没有扩大，反而缩小了；升级更是控制很严，仍拿学徒工资。所有这些，都影响工人工资的收入，对工人的劳动积极性是有伤害的。如果工资工作做得好，工人积极性会比现在更高，劳动生产率也会更高。”[③]

三、新中国初期工资工作中的偏差与反思

新中国成立后，中共中央在工资福利方面进行了一系列的改革与调整，以逐步建立起以按劳取酬为原则的社会主义工资制度。总体而言，各项政策措施取得了较大的成效，社会主义工资福利制度体系逐步建立并完善，但这期间也出现了一些曲折，至 1956 年，随着工资工作中问题的不断积累，进行一次较大规模的改革显得尤为必要。

（一）中央部门工资工作中的偏差与反思

第一，缺乏对工资政策和实际情况的系统研究和了解。对此，时任劳动部部长马文瑞曾总结指出：“对工资方面的重大政策原则问题，认识不明确，对于中央有关工资问题的指示，研究和领会不深，执行得不好。在工资增长

①《石家庄市工资改革总结》，1956 年 12 月 16 日，河北省档案馆藏，档案号：933-4-349。

②《丰润县工资改革委员会关于工资改革工作的总结报告》，1956 年 11 月 19 日，河北省档案馆藏，档案号：933-1-555。

③ 河北省工资改革委员会翻印：《赖若愚同志在全国工资会议上的报告》，1956 年 5 月 15 日，河北省档案馆藏，档案号：933-1-558。

与劳动生产率增长相适应这个问题上，片面地强调工资的增长应当低于劳动生产率的增长，忽视了工资应当随着劳动生产率的增长而相适应地增长。去年春天就知道1954年的工资计划没有完成，但是没有重视这件事情。"[①]此外，许多地方和单位对于中央所指示的在发展生产的基础上逐步改善职工生活的方针领会不深。1953年11月，中央在给建筑工程部党组的批示中说："正确的方针，应该在发展生产、提高劳动生产率的基础上，使工资福利适当地逐步增加，但也不可增加过多，即不可不增，亦不可多增。就是说应该把重点放在长远利益上。"[②]但在实践执行中，工资的实际增长情况和中央指示的精神不符，而劳动部又未能及时地认识和警惕这一问题。如工资计划控制过严，且各级机关在执行工资计划时又层层压低，工资指标在1953年后几年都没有增长。而工资升级面控制得也过于严苛，规定升级不得超过一定百分比，到各产业各地方后还要打折扣，使得年工资增长指标不能完成，甚至个别产业部门的有些企业把节约工资作为节约的一项内容。对此，时任国务院副总理李富春亦批评说："应该根据什么决定工资政策，从理论和实际方面都缺乏系统研究，工人的实际生活、生活费指标、工资收入增长的情况，我们都缺乏了解。工人家计调查国家统计局从去年才开始。我们过去只是满足于抽象的平均数字，这样如何能把工资工作做好呢！"[③]

第二，缺乏对工资水平问题的确切和充分认识。对这一问题，马文瑞批评说："自1954年7月工资准备会议以来，劳动部的同志脑子里曾有一个'工资水平不低'的认识。"[④]而这个认识用来指1953年前的情况应是恰当的，当时工资增长的速度和劳动生产率增长的速度相差无几。但1954年的情况已发生改变，工资方面出现了完不成计划、个别部门平均工资下降的现象。当

① 河北省工资改革委员会翻印:《马文瑞部长在全国工资会议上的发言（记录）》，1956年4月6日，河北省档案馆藏，档案号：933-1-558。

② 河北省工资改革委员会翻印:《马文瑞部长在全国工资会议上的发言（记录）》，1956年4月6日，河北省档案馆藏，档案号：933-1-558。

③ 河北省工资改革委员会翻印:《李富春副总理在全国工资会议上的报告（记录）》，1956年5月20日，河北省档案馆藏，档案号：933-1-558。

④ 河北省工资改革委员会翻印:《马文瑞部长在全国工资会议上的发言（记录）》，1956年4月6日，河北省档案馆藏，档案号：933-1-558。

时劳动部没有估计到这种新的情况，其后也没有对工资水平问题作进一步的分析研究，对于之后两年工资很少增长甚至下降的情况熟视无睹；特别是在制订工资改革方案时考虑制度问题多，考虑工资水平问题少；日常工资工作中采取控制性的措施多而建设性的措施少，取消的多，建立和推广合理制度的少。这些都成为1954年之后两年工资计划没有完成、某些部门工资甚至下降的重要原因。不合理的制度应该取消，但这又关系着千百万人的生活，所以就应该有一定的步骤和措施，用建立和推广合理的制度来代替，实际上劳动部没有这样做。李富春对这一问题亦批评说："满足于平均工资这一抽象的东西，加上对实际情况估计错误，使得工资工作不能前进。一直到1954年开了两个多月的劳动工资会议，对工资水平得出的结论是：'一般不低，部分偏高，个别突出'，假如真是这样，那就天下太平了，可以去睡觉了。"[①]

第三，思想方法和工作作风上存在主观主义和官僚主义倾向。这一问题主要表现在：工作中缺乏对工资问题的系统调查研究；对群众的切身利益不够关心，满足于名义工资的平均数字，对于实际工资和职工生活状况没有注意研究。特别是劳动部统一管理全国工资工作的任务没有很好执行，如因有求全思想没有及时制定出一些必要的规章制度，造成地方工作上的困难；对于执行和完成工资计划没有尽到监督检查的责任；对于各省、市劳动局和各部门劳动工资机构的指导帮助不够，也没有注意发挥其积极性，处理问题不及时，有严重的拖拉作风。对此，劳动部反思到：必须做好掌握实际情况的工作，加强系统的调查研究，进一步密切和职工群众及省（自治区、直辖市）、市劳动局、中央各有关部门的联系，经常注意工资动态和职工生活情况，克服脱离群众、脱离实际的官僚主义和主观片面性。[②]针对工资工作中存在的问题，胡开明批评说："由于我们领导上存在着的官僚主义，因而对职工的实际生活状况和职工在工资问题上的要求，也就很少进行实际的调查研究。同时在管理和解决有关工资制度的重大问题上，也存在着消极等等思想，缺

① 河北省工资改革委员会翻印：《李富春副总理在全国工资会议上的报告（记录）》，1956年5月20日，河北省档案馆藏，档案号：933-1-558。

② 河北省工资改革委员会翻印：《马文瑞部长在全国工资会议上的发言（记录）》，1956年4月6日，河北省档案馆藏，档案号：933-1-558。

乏积极主动的工作精神。如去年颁布的奖励办法，会经过一年多的修改研究，才作为一个试行办法发下去。1954 年，省劳动局和省工会共同起草的计件工资制度试行办法，直到今年还在档案橱里存放着。”[①] 此外，马文瑞指出在学习苏联经验时有“生搬硬套”的现象，劳动部门的苏联专家多次提醒：学习苏联工资工作的先进经验，必须注意和中国的政治经济情况相结合，但劳动部门在工作中仍有生搬硬套的情况，例如产业顺序问题，停工工资问题，这实质即是教条主义作风。[②]

对于 1954 年后中央工资工作上的偏差，劳动部也提出了相应的改进工作意见，比如提出努力学习劳动工资政策，提高政策思想水平，克服政策上的模糊观点，以及加强系统的调查研究工作，克服脱离群众、脱离实际的官僚主义和主观片面性等要求。此外，还提出 1957 年改进工资工作的全面规划。即在 1956 年工资改革的基础上制定今后较长时期内工资工作的规划，有计划、有步骤地继续改进工资制度和提高工资水平，使工资经常和国民经济发展的需要相适应，使工资的增长经常保持和劳动生产率增长的合理关系，结束工资波浪式发展的现象，正确地执行“在发展生产的基础上逐步改善职工生活”的方针；并根据按劳取酬的社会主义原则和国民经济发展的需要，继续有计划、有步骤地改善产业之间、地区之间和各类人员之间的工资关系，以及有计划地积极推行计件工资制，建立合理的奖励、津贴制度，加强经常性的工资工作。[③] 由此可见，1956 年工资改革与中央对以往工资工作中的偏差反思密切相关。

（二）河北省工资工作中的偏差与反思

河北省工资工作中同样出现偏差，时任河北省副省长、工资改革委员会主任胡开明在全省工资会议报告中说：“最近几年（1953 年、1954 年、1955 年）

① 河北省工资会议秘书处印：《胡开明副省长在河北省工资会议上的报告》，1956 年 7 月 20 日，河北省档案馆藏，档案号：933-1-558。

② 河北省工资改革委员会翻印：《马文瑞部长在全国工资会议上的发言（记录）》，1956 年 4 月 6 日，河北省档案馆藏，档案号：933-1-558。

③ 河北省工资改革委员会翻印：《马文瑞部长在全国工资会议上的发言（记录）》，1956 年 4 月 6 日，河北省档案馆藏，档案号：933-1-558。

关于工资问题的政策方针，以及如何改进工资工作的管理方面，都会作过很明确的指示，但是这些指示却一直没有引起我们足够的重视，没有积极地采取一些必要的措施，来改进和加强我们的工资工作。”①

简而言之，河北省1956年工资改革前存在较普遍的地方官僚主义，主要表现为对工资工作的重视不够。其一，河北省工资工作缺乏经常的领导，如省级各部门领导一般只是每次调整工资时抓一下，而且很多人认为“调整工资就是花钱完事”，因而调整工资一结束，工资工作也就烟消云散。由于领导重视不够，组织机构薄弱，以致工作非常被动，如农业厅及其所属的千余个企、事业单位，因为没有工资专管机构，工资工作混乱。其二，不关心劳动工资计划。劳动工资计划的编制和管理工作是这个计划工作中的一个最薄弱的环节，各级企业领导只重视生产财务计划，对工资计划则重视不够。加之计划下达过晚，往往下半年才下达到企业，或甚至根本不下达，致使各地方工资工作难以开展。另外，分配指标时各级都要留机动，真正分配到基层企业单位的资金很少，致使各厂感到很难解决问题。很多部门怕“捅马蜂窝”，索性干脆不动，结果工资问题得不到解决，而工资基金却有了节余，如1955年河北省工业厅工资总额计划就只完成了89.7%。胡开明对此批评说：“工资计划的完成相差这样多，不管有多少客观原因，主管部门的领导上必须深刻检讨的。我们对工资计划执行情况向来很少检查，形成计划就计划，实际是实际，一年到头，算起总账来常常是生产计划大大超过了，而工资计划则没有完成。”② 此外，劳动部门在这方面也存在严重缺点，没有起到应有的监督管理作用。针对以上工资工作的错误和缺点，究其原因，胡开明认为，这主要是领导思想上依靠工人阶级办好企业的思想不明确，对职工群众的生活福利关心不够，这种思想实质就是官僚主义。他批评说：“这种倾向在我省也是相当流行的。我们经常强调要全面完成超额完成生产计划，但是我们却很少注意在完成生产计划的条件下，也要完成工资计划。当然要求全面完

① 河北省工资会议秘书处印：《胡开明副省长在河北省工资会议上的报告》，1956年7月20日，河北省档案馆藏，档案号：933-1-558。

② 河北省工资会议秘书处印：《胡开明副省长在河北省工资会议上的报告》，1956年7月20日，河北省档案馆藏，档案号：933-1-558。

成甚至超额完成生产计划是对的，也是完全应该的，但忽视对工资问题的领导，不重视工资计划的完成，不关心或不大关心职工群众在生活上的困难和要求，则是不对的。”[①]

四、新生产关系及国民经济发展的需要

从1949年到1952年年底，国民经济恢复任务基本完成，并实现了由半殖民地半封建到新民主主义社会的历史转变。从1953年到1956年，中共中央根据毛泽东的建议，制定了社会主义过渡时期总路线，实行以第一个五年计划为核心内容的大规模工业化建设和对农业、手工业、资本主义工商业的社会主义改造同时并举的发展战略，采取和平转变的方式，创造一系列适合中国情况的由低级到高级的具体过渡形式，在没有大的社会震动下，逐步地实现了对生产资料私有制的社会主义改造，在中国这样一个经济文化还很落后的国家初步建立起崭新的社会主义制度，实现了从新民主主义到社会主义的历史转变。[②]1956年工资改革正是在我国第一个五年计划及“三大改造”，生产关系发生重大变革的背景下发生的。

第一，社会主义制度的确立，适应新的生产关系需要。1953年，党中央从中国的实际情况出发，提出了社会主义过渡时期总路线，其中一项重要内容即是实现对农业、手工业、资本主义工商业的社会主义改造。首先，农业的社会主义改造方面。早在抗日战争和解放战争时期，中国共产党领导的根据地解放区就在一定范围内开展了农业互助合作，并积累了许多经验。根据这些经验，《中国人民政治协商会议共同纲领》规定：“在一切已彻底实现土地革命的地区，人民政府应组织农民及一切可以从事农业的劳动力以发展农业生产及其副业为中心任务，并应引导农民逐步地按照自愿和互助的原则，组织各种形式的劳动互助和生产合作。”[③]根据这一要求，各级政府领导广大农

① 河北省工资会议秘书处印:《胡开明副省长在河北省工资会议上的报告》，1956年7月20日，河北省档案馆藏，档案号：933-1-558。

② 庞松:《中华人民共和国史》(1949—1956)，人民出版社，2010年版，第509页。

③ 中共中央文献研究室编:《建国以来重要文献选编》第1册，中央文献出版社，1992年版，第9页。

民开展农业生产互助合作，经过互助组为主，初级社为主和高级社为主的三个阶段，至1956年逐步引导五亿农民走上社会主义道路。其次，手工业的社会主义改造方面，个体手工业合作化经历了国民经济恢复时期的典型试办阶段、1953年到1955年全面发展阶段、1956年开始的手工业改造高潮三个阶段。1956年，为了和当时出现的农业合作化高潮相适应，中央要求加快手工业改造的步伐，同时决定改变过去零敲碎打的建社方式，采取全行业改造和分期、分批、分片建社的方法，凡有条件直接组织高级手工业生产合作社的地方，可以不经过供销生产社和供销小组的阶段，直接建社。同年6月底，组织起来的手工业者已占从业人员的90%以上，中国大陆地区基本实现了手工业合作化。再次，资本主义工商业的社会主义改造方面，第一个五年计划开始执行后，资本主义工业主要部门已全部或大部纳入各种形式的国家资本主义轨道，并且有了若干企业公私合营成功的榜样和经验，资产阶级当中也分化出一部分要求公私合营的积极分子。在改造资本主义工业的同时，对资本主义商业的改造也逐步展开。1953年，全国有近1000万私营商业人员，其中资本主义性质的批发商20万人左右，零售商200万人左右，其余七八百万人都是个体商业劳动者。[①]1956年开始，资本主义工商业社会主义改造进入全行业工商合营阶段。在全行业公私合营的企业中，资本主义经济关系已基本被社会主义经济关系所代替。

简言之，我国执行第一个五年计划的基本任务，包括发展生产力和变革生产关系两个方面。按照过渡时期总路线的构想，变革生产关系的任务，需要3个五年计划即15年，加上3年经济恢复，大约18年的时间。在“一五”计划期间只能实现一些初步的工作，如将私营工业的大部分，私营商业的一半以上转变为各种形式的国家资本主义。但到1956年，农业、手工业、资本主义工商业三大改造就已基本完成，实际上仅用了7年时间即提前完成了生产关系变革的任务。也正因这种生产关系变革、社会主义基本经济制度的确立也必然要求在工资福利等分配制度上的改革，以适应新的生产关系。1956年工资改革也标志着我国社会主义工资制度体系的初步建立。

① 当代中国研究所:《中华人民共和国史稿》(1949—1956)第1卷，人民出版社，当代中国出版社，2012年版，第205页。

第二，适应国民经济发展需要，服务国家经济建设。应当说，1956 年工资改革很大程度上也是为了适应国家经济建设的需求，特别是“一五”计划。1951 年 2 月，由中财委主持，成立了以周恩来、陈云、薄一波、李富春等为主要成员的“一五”计划编制领导小组。编制领导小组经过政治、经济及国际环境诸多方面的得失权衡和深入讨论，初步统一了认识：必须从发展原材料、能源、机械制造等重工业入手。之后“一五”计划历时数年，数易其稿，确定集中力量优先发展重工业，把中国由落后的农业国变为先进的工业国，建立起独立完整的工业体系的目标与任务。这一选择是出于中国当时的国情。旧中国工业不仅生产能力和技术水平低，而且结构畸形，能源、原材料和机械工业长期落后，以致在国际交往中受制于人。面对这一实际，如果将五年计划建设的有限财力平均使用，百废俱兴，必然一事无成。另外，没有重工业，就不可能为轻工业提供必要的设备、燃料、原料和材料，也不可能为农业提供化肥和农业机械。这一切都决定要优先发展重工业。第一个五年计划的投资结构也充分反映了优先发展以重工业为核心的工业化战略方针。在投资总额中，工业的比重占第一位，共 248.5 亿元，占 58.2%；在工业投资中，苏联帮助设计的重工业建设项目投资占 44.3%，加上直接配套的建设项目投资，共占 51.5%。[①]

由此可见，这一时期，发展国民经济，实现社会主义工业化是国家的重中之重。正因为如此，新中国初期，我国历经数次工资制度改革与调整，其目的即是构建更为合理化的社会主义工资制度，而这种更为合理化的社会主义工资制度构建的原则，除按劳分配原则外，另一重要原则即是符合国家经济建设的需要。从新中国初期工资制度改革实践来看，所谓合理化的社会主义工资制度构建，可理解为根据国民经济发展需要调整的以按劳分配为原则的工资制度。在这一工资制度理念下，克服平均主义成为历次工资改革的基本特征。如八级工资制、职务等级工资制的推行，其目的正是要通过物质刺激提高职工生产积极性，促进社会主义经济建设与发展。故此，在此次改革工人工资等级制度中，各产业部门统一制订和修改了技术等级标准，有了技

① 当代中国研究所：《中华人民共和国史稿》（1949—1956）第 1 卷，人民出版社，当代中国出版社，2012 年版，第 167 页。

术等级标准，就能有根据地来确定工资等级和工人的技术等级，鼓励工人学习文化和提高技术水平。

此外，调整工资关系是此次改革的一项重要任务，而调整的原则与目的，同样是根据国家经济建设的需要，适当地改善产业间和地区间的工资关系。正如李富春在全国工资会议的报告中指出："国家经济建设的每一个时期应该有轻重缓急的分别，在经济部门方面、在经济地区方面有轻重缓急之分：不是全国如此，每一个部门都是如此。"① 因为"我们今天处在过渡时期，社会主义还没建成、工业化还没实现，我们的经济建设就应该有轻重缓急的分别。在这样一个建设时期，在工资上要表现出能够鼓励主要经济部门的发展，鼓励那些主要经济地区的发展，鼓励人民愿意到人烟稀少的地区去工作。所以，对重工业部门的工资标准就要提高得多一些；对于内地重点建设地区的企业的工资标准也规定得高一些。这就使得产业之间和地区之间的工资关系有了改进"②。又如，此次工资改革对不同人员之间工资关系的调整中，对科学研究人员、大学教授和主要技术人员等高级知识分子的工资标准，有较大的提高，同样是出于国家经济建设需要的考量，"因为我国科学技术落后，为了使我国的科学技术水平早日赶上世界的先进水平，就应该给现有的科学技术人员创造比较好的工作条件和生活条件。"③

第二节 工资改革实施原则与任务

根据中共中央指示，1956 年工资改革的任务是"在适当提高工资水平条件下，根据按劳取酬原则，贯彻执行统一的工资政策，初步建立起比较统一、合理的社会主义工资制度"。④ 河北省工资改革实施计划中更明确要

① 河北省工资改革委员会翻印:《李富春副总理在全国工资会议上的报告（记录）》，1956 年 5 月 20 日，河北省档案馆藏，档案号：933-1-558。

② 中华全国总工会工资部:《工资改革提纲（修正稿）》，1956 年 5 月，河北省档案馆藏，档案号：933-1-558。

③ 中华全国总工会工资部:《工资改革提纲（修正稿）》，1956 年 5 月，河北省档案馆藏，档案号：933-1-558。

④ 河北省工资会议秘书处印:《胡开明副省长在河北省工资会议上的报告》，1956 年 7 月 20 日，河北省档案馆藏，档案号：933-1-558。

求：在保证完成提高劳动生产率计划、降低成本计划、上缴利润计划"三条保证"的前提下，适当地提高职工工资水平，并根据按劳取酬的原则和逐步合理的方针，改革现行不合理的工资关系和工资制度，贯彻统一的工资政策，建立起比较统一、合理的工资制度。[①]简言之，就是要提高工资水平，调整工资关系，改进工资制度。本节即对此次工资改革的原则及主要任务等问题作一论述。

一、提高工资水平，改善职工生活

普遍增加工资是此次改革的一项重要原则。工资的增长必须和劳动生产率的增长相适应，同时还必须考虑到成本、国家财政力量、社会购买力和商品供应等情况。新中国成立后，中共中央在工资福利方面进行了一系列的改革与调整，职工工资随着劳动生产率的提高和国民经济的恢复与发展不断提升。但之后由于工资工作上的偏差，在工资增长与劳动生产率增长相适应这个问题上，片面地强调工资的增长应当低于劳动生产率的增长，忽视了工资应当随着劳动生产率的增长而相应地增长，致使1954年后工资增长与劳动生产增长率不平衡，甚至出现职工实际工资下降的情况。故此，1956年工资改革的一项重要原则即是在增加工资的基础上进行改革，使工人的工资普遍有所增加。国家发展生产是为了不断提高人民的物质和文化生活，同时人民生活的改善也必须服从生产的发展，工资的增长不能超过劳动生产率的提高。唯有如此才能保证国家资金的积累，使生产得到进一步发展，反过来又在生产发展的基础上逐步提高职工工资，改善职工生活。正是"由于两年来工资增长率的速度过于慢，这次工资改革多增加一些工资，无论对于改善职工生活，鼓舞职工群众社会主义劳动热情，在更大程度上改进工资制度，都是必要的和合理的"[②]。

在增加工资的同时，中央也强调了工资增长的速度应与劳动生产率相

①《河北省人民委员会关于工资改革的实施计划（草稿）》，河北省档案馆藏，档案号：933-1-558。

② 河北省工资改革委员会翻印：《马文瑞部长在全国工资会议上的发言（记录）》，1956年4月6日，河北省档案馆藏，档案号：933-1-558。

适应。马文瑞指出：工资改革后工资增长的速度和劳动生产率的增长速度相比较，根据大体测算的数字看已经达到十分饱和的程度（劳动生产率增长15.4%，工资增长14.5%）。因此，他要求“在最后平衡方案时，各部门、各地区应把工资增长与劳动生产率增长的关系再好好计算一下，要考虑到今年和明年工资增长的关系，避免产生过大的波浪现象。在实际工作中要采取各种措施，保证今后劳动生产率增长计划的完成并力求超额完成。如果劳动生产率计划不能完成，就会造成另外一种情况，即工资的增长超过劳动生产率的增长，这对于国家建设，对于职工实际生活会带来不利的影响，并且也会影响到明年工资计划的安排”[①]。因为“工资的提高和生活的改善只能随着生产的发展逐步进行，不能一下子把工资提得过高，如果那样，国家就不能积累资金去发展生产。大家都知道，只有生产进一步发展了，工资才有可能较多地增加，职工生活才有可能不断地得到改善”[②]。

故此，普遍提高工资水平，改善职工生活是此次工资改革最显著的特点之一，也是改革主要任务，其目的是平衡工资增长率与劳动生产增长率之间的关系。总体而言，1956年工资改革职工工资普遍提升，全国职工的平均工资提高幅度为14.5%，增加的工资为12.55亿元；河北省据初步确定指标的单位计算，1956年全省职工（不包括交通运输、国家机关、银行、保险公司）预计共增加工资3725万多元，总的增长速度将达到17.66%。其中工业为13%，城市公用事业为10%，非工业部门的事业、企业单位（不包括教育及供销合作社系统）为11.2%，供销合作社为18.75%，教育为25.87%。[③]同时为了避免造成工资的波浪式增长，河北省在工业、基本建设、交通运输企业中对工人的工资分别规定了1956年、1957年两年的工资标准，采取了两步走的办法，预想多数工人的工资在1957年还要适当提高。但遗憾的是，由于此次工资改革中的一些偏差以及之后国家工资政策的调整，1957年工资

① 河北省工资改革委员会翻印：《马文瑞部长在全国工资会议上的发言（记录）》，1956年4月6日，河北省档案馆藏，档案号：933-1-558。

② 中华全国总工会工资部：《工资改革提纲（修正稿）》，1956年5月，河北省档案馆藏，档案号：933-1-558。

③ 河北省工资会议秘书处印：《胡开明副省长在河北省工资会议上的报告》，1956年7月20日，河北省档案馆藏，档案号：933-1-558。

增长预想并未实现。

二、调整工资关系，适应国民经济发展

工资制度必须符合经济建设与经济发展的需要，必须与经济发展的轻重缓急以及社会主义发展的规律相结合，通过工资有计划地分配劳动力。故此，除按劳分配原则外，根据国民经济发展需要，调整各产业及地区之间工资关系，也是新中国初期工资制度合理化构建中的重要原则之一。李富春在全国工资会议上的报告中指出："在过渡时期，在15年左右时期中，国家经济建设的每一个时期应该有轻重缓急的分别，在经济部门方面、在经济地区方面有轻重缓急之分：不是全国如此，每一个部门都是如此，一定要反对平均主义。""在这样一个建设时期，根据经济建设的需要、经济发展的需要，工资上的所谓政策性，就是在工资上如何鼓励主要经济部门的发展，鼓励那些主要经济地区的发展，照顾人烟稀少地区的发展。"① 以此为原则，此次改革对重工业部门的工资标准以及内地重点建设地区企业的工资标准规定得高一些，以使产业之间和地区之间的工资关系有所改进。但李富春同时强调："这里要打破迷信论，打破机械论。所谓产业顺序，所谓地区重要性都是可变的，都是根据经济发展需要决定的，不能机械地、一成不变地、教条式地来规定产业顺序，强调地区的重要性。"② 故此，改善产业、地区与人员间的工资关系是此次改革的重要目标与任务之一，以服务、适应国民经济发展的需求。总体而言，河北省各个产业、部门、地区及各类人员工资关系的调整主要依据按劳取酬原则、国家工业化政策，并照顾到现实的工资情况。

第一，调整各产业及国民经济各部门间的工资关系。此次工资改革对于产业之间和部门之间的工资关系，中央指示根据各产业在国民经济中的重要性、技术复杂程度和工作条件的差异，使重工业企业的工资比轻工业企业的工资有较大的提高，直接生产部门的工资比其他部门的工资有较大的提

① 河北省工资改革委员会翻印：《李富春副总理在全国工资会议上的报告（记录）》，1956年5月20日，河北省档案馆藏，档案号：933-1-558。

② 河北省工资改革委员会翻印：《李富春副总理在全国工资会议上的报告（记录）》，1956年5月20日，河北省档案馆藏，档案号：933-1-558。

高。据此，河北省工业厅的工资改革初步方案规定地方国营和公私合营工业企业中，1956年与1955年比较（按人员不变计算）重工业的平均工资增长16.37%，轻工业企业的平均工资增长10.5%，在非工业各部门（不包括教育和供销合作社系统）中职工平均工资增长11.2%。[①]

第二，调整地区间的工资关系。各地区之间由于物价、生活水平和现实工资状况不同，工资标准必然存在高低差异。对于地区之间的工资关系，此次改革在全国地区的工资水平都有所提高的前提下，比较大地提高了重点建设地区的工资水平。其目的是“为了使工资政策符合国家经济建设的需要，对于内地重点建设地区的工资标准就规定得高一些，是必要的，这样就能鼓励职工愿意到这些地区去工作”[②]。如河北省对石家庄等新兴工业城市且工资水平又低的地区的工资标准有较大的提高，对唐山等工资水平较高的地区有适当的提高。此外，对地区环境艰苦、物价水平较高的承德、坝上地区也有适当的照顾，对有些工业企业单位单独规定了较高的工资标准。此次改革中国务院还根据各地区生活水平、物价因素和现行工资状况，把国家机关和非工业部门的企业、事业单位的工资划分为11个工资区，即规定了11种货币工资标准。根据河北省《关于工资改革的实施计划（草稿）》，河北省国家机关和非工业部门的企、事业单位共执行4种工资区的工资标准：张家口专区坝上6县（张北、崇礼、尚义、沽源、康保、商都）实行6类标准，唐山、张家口、承德、汉沽、通州5市和承德专区各县实行5类标准，保定、秦皇岛、石家庄、峰峰4市和丰润、良乡、静海3县城及杨柳青镇实行4类标准；其余地区都实行3类标准。[③]

第三，调整各类人员之间的工资关系。对于各类人员之间的工资关系，此次工资改革也进行了一定程度的改进。如为了鼓励工人学习提高技术，比较大地提高了高技术工人的工资标准。“因为高等级工人有较高的技术，对

① 河北省工资会议秘书处印:《胡开明副省长在河北省工资会议上的报告》，1956年7月20日，河北省档案馆藏，档案号：933-1-558。

② 中华全国总工会工资部:《工资改革提纲（修正稿）》，1956年5月，河北省档案馆藏，档案号：933-1-558。

③ 河北省人民委员会:《关于工资改革的实施计划（草稿）》，河北省档案馆藏，档案号：933-1-558。

生产的贡献也较大，而且目前高等级工人工资和低等级工人工资的差别还小，这就需要更多地从物质上鼓励培养高等级技术工人，所以，工人的最高工资和最低工资之间应该有较大的差别。这样，才能鼓励大家努力学习和提高技术，以适应社会主义建设需要。”[①]故此，李富春强调：应“通过工资这个武器来调配劳动力向重要部门、重要地区去，根据中国当前实际情况，应该有所区别，应该有所分析，就是说：（1）调动技术工人、技术人员到重要地区走，必须适当地增加工资；（2）调动一般工人，可以酌量增加工资；（3）对劳动就业人员、失业人员、失业工人，可以稍增加工资或者不增加工资”[②]。河北省工资改革方案即规定一级工人一般增长 7.8% 左右，八级工人则增长 14.75% 左右，而且为了鼓励干部到企业中去，在干部条件相当的情况下，企业管理人员的工资高于国家机关工作人员的工资一级左右。[③]

另外，根据中央关于“知识分子特别是高级知识分子的劳动报酬，应该根据按劳取酬的原则，适当地加以提高”的指示精神，规定企业工程技术人员的实得工资一般高于同级管理人员的工资；对于工程师以上的技术人员，除了按照他们担任的职务，实行职务工资以外，还要按照他们的技术能力和实际工作经验，加发技术津贴、特定津贴，或另定较高的工资标准。例如保定地区，在非工业部门和国家机关中，规定教授的最高工资为 327 元，比现行最高工资标准 235.2 元提高了 39%，比国家机关七级干部的工资标准高 22 元；规定总工程师的最高工资标准为 316 元，比现行最高工资标准 226.8 元提高了 39.33%，比国家机关七级干部的工资标准提高了 11 元，并且对于工作中有特殊贡献的高级知识分子，还另外规定优厚的特定津贴。[④]此外，除高级技术工人和高级知识分子工资政策外，此次改革另一项重要内容是提高

---

① 中华全国总工会工资部：《工资改革提纲（修正稿）》，1956 年 5 月，河北省档案馆藏，档案号：933-1-558。

② 河北省工资改革委员会翻印：《李富春副总理在全国工资会议上的报告（记录）》，1956 年 5 月 20 日，河北省档案馆藏，档案号：933-1-558。

③ 河北省工资会议秘书处印：《胡开明副省长在河北省工资会议上的报告》，1956 年 7 月 20 日，河北省档案馆藏，档案号：933-1-558。

④ 河北省工资会议秘书处印：《胡开明副省长在河北省工资会议上的报告》，1956 年 7 月 20 日，河北省档案馆藏，档案号：933-1-558。

小学职员、供销合作社人员低收入职工群体的工资待遇，同时乡干部由补贴制改为工资制，使其收入有更多的增加。

第四，调整地方企业与国营企业的工资关系也是此次改革的重要议题。国务院明确提出："地方国营企业的工人和职员的工资标准和工资制度，应该根据企业的规模、设备、技术水平和现在的工资情况等条件，参照中央国营企业的工人和职员的工资标准和工资制度制定。上述条件与当地同类性质的中央国营企业大致相同的，可以采取中央国营企业的工人和职员的工资标准，条件差于同类性质的中央国营企业的，其工资标准应该低于中央国营企业。"①具体到河北省，由于地方国营企业的情况较为复杂，有的规模相当大，设备也比较先进，与性质相同的国营企业不相上下；有的则是规模很小，设备简陋，甚至有的半手工或手工生产，同时工资、成本、劳动生产率的高低情况也相差很大。因此，在工资改革方案中也根据不同情况分别作了具体的规定。例如对半手工生产和手工生产的企业，就单独规定工资标准和等级；对在全行业公私合营以前的公私合营企业的工资标准和工资制度，根据国务院的决定也采取了与同一地区性质相同、规模相近的国营企业大致相同或者一样的标准，现行工资标准高于当地同类性质国营企业的，一律不予降低。

三、贯彻按劳分配原则，改进工资制度

按劳付酬、多劳多得的原则是我国制定工资政策的基础。李富春在全国工资会议上曾提出：此次改革"就是要较多地增加工资的基础上，根据按劳取酬原则克服过去工资制度中某些不合理不统一的状况，贯彻统一的工资政策，建立起比较统一、比较合理的工资制度"②。"我们今天还是过渡时期，社会主义还没有建成，工业化还没有完成，我们还没有处在社会主义已建成的时期，还是处在建设社会主义时期。所以我们更需要贯彻按劳

① 河北省工资会议秘书处印:《胡开明副省长在河北省工资会议上的报告》，1956年7月20日，河北省档案馆藏，档案号：933-1-558。

② 河北省工资改革委员会翻印:《李富春副总理在全国工资会议上的报告（记录）》，1956年5月20日，河北省档案馆藏，档案号：933-1-558。

取酬的社会主义原则，反对平均主义。”“所以在社会主义时期，工资是有差别的，必须使熟练劳动与非熟练劳动之间，繁重劳动与轻易劳动之间在劳动报酬上要有差别。那就是工资系数不能太短，工资倍数不能太小。特别是像我们中国现在这样的国家正处在过渡时期与社会主义初期，更应该这样做。如果我们不是采取按劳取酬的原则，来一个平均主义，‘干不干二斤半’，那就不能促进技术的改进，不能促进劳动生产率的提高，也就不能促进经济的发展，就不能鼓励先进，反过来会保护落后。”[①] 马文瑞则强调了增加工资和改进工资制度间的关系，指出：“改进工资制度是实现按劳取酬原则、保证合理地增加工资的具体措施。”“增加工资必须与改进工资制度相结合。如果只增加工资而不很好地利用这个有利条件来尽可能地改进工资制度，结果未必会对生产有利，并且可能造成工资制度方面新的混乱现象。因此，这次工资改革必须把改进制度放在重要的问题上。改进工资制度不能脱离当前的现实情况，不能强求一步改革得完全合理，而应该是做到前进一大步，这就是富春同志所讲的建立起来比较统一、比较合理的工资制度。”[②] 故此，河北省副省长胡开明认为，1956 年工资改革与以往工资改革与调整不同，“这次工资改革的一个总的特点，就是要通过改革，初步建立起社会主义的工资制度”[③]，“就是要克服工资制度中的平均主义、不统一等不合理现象，建立各产业内部基本上统一合理的工资制度，进一步贯彻按劳付酬的原则”[④]。简言之，此次改革所承担的重要使命即构建以按劳分配为原则的社会主义工资体系，其主要内容包括废除工资分制，进一步完善工资等级制度，进一步推行计件工资制度。

---

① 河北省工资改革委员会翻印：《李富春副总理在全国工资会议上的报告（记录）》，1956 年 5 月 20 日，河北省档案馆藏，档案号：933-1-558。

② 河北省工资改革委员会翻印：《马文瑞部长在全国工资会议上的发言（记录）》，1956 年 4 月 6 日，河北省档案馆藏，档案号：933-1-558。

③ 河北省工资会议秘书处印：《胡开明副省长在河北省工资会议上的报告》，1956 年 7 月 20 日，河北省档案馆藏，档案号：933-1-558。

④ 中华全国总工会工资部：《工资改革提纲（修正稿）》，1956 年 5 月，河北省档案馆藏，档案号：933-1-558。

（一）废除工资分与物价津贴制，实行货币工资制

废除工资分，实行货币工资制，即职工的工资不再用“分”来计算，而是直接用货币计算。此次工资改革按照产业统一规定了货币工资标准，职工的工资根据规定的货币工资标准来支付。河北省《关于工资改革的实施计划（草稿）》即规定：“凡是这次进行工资改革的企业、事业和国家机关等，一律从 1956 年 4 月 1 日起实行新的工资标准。”①

新中国成立之初，国家为避免职工的工资收入受物价波动的影响，实行了工资分制度。这种制度对保障职工群众的生活起了很大的作用。但随着社会生产的发展，这一制度逐渐失去其历史作用，工资分已经不能够完全反映当地物价和职工的生活水平，各地区工资分值和物价津贴的差别也很不合理，这就加深了现行工资标准的混乱和不合理现象。具体而言，首先，因为全国物价已基本稳定，工资分对保障职工生活的作用消失；其次，随着职工生活水平的逐步提高，工资分所包含的粮、布、油、盐、煤五种实物已经不能够完全反映出职工生活的实际需要；最后，因为财务、成本等都用货币计算，用“分”计算工资就给计划管理和经济核算带来许多计算上的不便。1955 年，国家机关、商业、文教等部门即已废除工资分，改行货币工资制，同时采用了物价津贴。这种津贴是在原有工资分的基础上参照各地物价略加调整后确定，但这种津贴并没有从根本上解决工资分制度中存在的问题。所以，1956 年工资改革即决定在国营工业、建筑业和交通运输业中全面废除工资分，实行货币工资制，并废除物价津贴，实行地区工资标准，也就是在这个标准中包括了各地物价和生活水平的因素。货币工资制的实施，不仅克服了工资分制的一些弊端，改进了当时的工资标准和工资制度，同时实行货币工资制之后，职工的工资直接用货币来计算，不但比较简便，使工人容易掌握，而且有利于计划管理和经济核算。例如北京机器厂八级工人的月工资标准之前是 365 分，按北京分值折算以后工人才知道得多少钱，改行货币工资制后规定了月货币工资标准是若干元，工人工资一目了然。②

---

① 河北省人民委员会：《关于工资改革的实施计划（草稿）》，河北省档案馆藏，档案号：933-1-558。

② 中华全国总工会工资部：《工资改革提纲（修正稿）》，1956 年 5 月，河北省档案馆藏，档案号：933-1-558。

（二）改革工人的工资等级制度

按产业统一工人的工资等级制度是1956年工资改革的重要内容之一。工资等级制度是规定工人工资、推行计件工资制度和奖励制度的基础，但是在当时国营企业中工人的工资等级制度存在诸多不统一、不合理现象：工资标准的数目繁多，有些企业的工资等级系数混乱；技术等级标准落后、不统一，有些企业没有技术等级标准，有些企业虽然有了技术等级标准，但已不符合实际的生产技术水平。因此，此次工资改革要求按产业统一规定了工人的工资标准、工资等级表和技术等级标准，使工资等级制度达到基本上的统一合理，进一步符合按劳付酬的原则。

第一，工资等级制度修订中对同一产业部门的工人规定了几种工资标准。究其原因，其一，因为一个产业内部，各个企业在国家建设中的重要性不同，故此，重要企业的工资标准比一般企业的工资标准应规定得高一些。比如在机器制造业中，重型机器制造厂比自行车制造厂重要，技术也复杂得多，这两个厂工人的工资标准就应有所差别，对重型机器厂工人的工资标准就要规定得高一些，这样才符合按劳付酬的原则和国家建设的要求，才能优先保证重要企业有足够的熟练工人；其二，因为各地区之间的物价有高低的差别，生活水平也不一样，这就需要对同一产业部门的工人规定几种工资标准；其三，为了照顾到当时工资标准过多和地区之间工资水平相差大的现实状况，避免过多地增加或减少工资，也需要规定几种工资标准。① 这样既减少了之前过多的工资标准，同时又照顾了各方面的现实情况，而至于每个企业应该采取哪一种工资标准，主要依据企业的重要性、地区物价和生活水平，以及现行工资状况三个方面因素来确定。

第二，技术等级标准修订中，各等级"应知""应会"的要求一般都应有所提高。随着生产技术水平的发展，如新技术设备的采用、新产品的增加、工艺技术过程的逐渐完善、先进经验的推广以及工人技术水平的普遍提高，所有这些因素使得原有技术等级标准很多都落后于当时的生产技术

① 中华全国总工会工资部：《工资改革提纲（修正稿）》，1956年5月，河北省档案馆藏，档案号：933-1-558。

水平。因此，此次改革要求对现行技术等级标准加以修改，并适当提高“应知”“应会”的要求以适应生产发展的需要。为了适应生产发展的需要和生产技术条件的变化，在新的技术等级标准中不少工种的等级数目也作了相应调整；有些工种最高等级和最低等级的位置有了变动；有些工种细化，还增加了一些新的工种。这就使各个工种等级的划分和工种之间的关系更加切合实际，并使各个工种之间的工资关系有了进一步的改善。

第三，根据胡开明在河北省工资会议上的报告指示精神：此次工资改革要利用“增资较多”这一有利条件把工资等级制度统一起来，根据各个产业的不同性质和技术复杂程度，按产业制订统一的工资等级标准，适当加大等级系数，使最高与最低等级工人之间的工资拉开一定差距，借以刺激工人提高技术水平。[①] 河北省《关于工资改革的实施计划（草稿）》明确规定：凡中央已有工资等级标准的国营工业均按中央规定执行外，河北省地方工业、基本建设、交通运输企业的工资等级标准是根据各个产业的不同性质和技术复杂程度，按产业制订了统一的工资等级标准，使熟练劳动和非熟练劳动、繁重劳动和轻易劳动，在工资标准上有比较明显的差别；并适当地加大等级系数，扩大高等级工人和低等级工人之间标准的差额，借以刺激工人积极学习技术，提高技术水平。同时为了更好地发挥工资在生产中的物质鼓励作用，实行计件工资工人的工资标准，要求高于计时工资标准，并根据国务院“实行计件工资标准的时候，应该由低到高，逐级增加”的指示，确定 1956 年的计件工资率：矿山开采 7%，机器制造业和其他重工业 6%，轻工业 5% 上下，并要求在实行计件工资标准的同时必须修改落后的定额；此外，规定井下工作的工人与井上工作的工人要实行不同的工资标准，井下工人的工资标准一般比井上工人的工资标准高 3.51%~5.08%；还规定高温条件下工作的工人，其工资标准要比在一般劳动条件下工作的工人为高，实行高温工资标准应该规定一定的条件，并须经过试点后再普遍实行。[②]

① 河北省工资会议秘书处印：《胡开明副省长在河北省工资会议上的报告》，1956 年 7 月 20 日，河北省档案馆藏，档案号：933-1-558。

② 河北省人民委员会：《关于工资改革的实施计划（草稿）》，河北省档案馆藏，档案号：933-1-558。

（三）改进企业职员和技术人员的工资制度

在当时国营企业中，领导人员、工程技术人员和职员的工资制度还不完全符合按照职务规定工资的要求。如一般按照干部条件和技术称号来规定工资，使工资和职务脱节；职名笼统，不分职责繁简，工资标准一样或差不多；同类职务（科员）的工资等级多，差别小，存在着平均主义现象，这些弊端都严重影响职工提高技术与业务水平的积极性。故此，此次改革中央采取了职务工资制，要求企业职员和技术人员的工资标准应该根据他们所担任的职务统一规定，以纠正以上工资制度中的弊端。

一方面，从技术人员的工资制度来说，技术人员有工程师、技术员等不同的技术称号，其以往工资标准是根据这些不同的技术称号来规定，这就使工资和职务脱节。因为同一技术称号的工程师往往担任各种不同的职务，工资标准也应有所区分。故此，此次改革技术人员的工资标准是按照不同职务来规定，职务重要、工作繁重，工资标准就规定得高；担任哪种职务就拿哪种职务的工资，并且国家还规定了技术津贴制度。另一方面，从职员的工资制度来说，此次改革根据职务的重要性、责任大小、职责繁简等因素，并照顾到现实工资状况，对各种职务分别规定了不同的工资标准，并给各种职务分别规定了最高和最低的工资标准，如调度员高于收发员，但为了照顾现实工资状况，这些职务之间在工资标准上有较大的交叉，如计划员的最高工资标准高于调度员的最低工资标准，收发员的最高工资标准高于记账员的最低工资标准。这样就比之前职名笼统、职责繁简不分的现象有了很大的改进，使工资和职务更紧密地结合。此外，各产业部门根据企业的重要性、规模大小、技术复杂程度等因素对所属企业划分了等级，对各等级企业中的技术人员和职员规定了不同的工资标准。

从河北省的执行情况来看，此次改革根据企业的性质、规模、设备等将企业职务工资标准划分为5类，分别规定了不同等级的工资。同时又在每个企业中根据职员和技术人员职务的重要性、责任大小、职责繁简等因素，对各种职务统一划分了几类，分别规定了不同的工资标准，并对每一类职务工资标准又划分了几个等级。为了照顾当时实际情况，还规定高一级职务和低一级职务的工资等级线可以有交叉。对于技术人员，除了根据他们所担任的职务评定工资以外，对其中技术水平较高的还要加发技术津贴；对企业有重要贡献的高级技术人员还要加发特定津贴，使他们的工资收入有较多的增加。有些高级技术人员的现行工资标准高于新定职务工资标准的可以单独规定工资，使他们的工资仍然有所增加。对于事业单位和国家机关中有重要贡献的高级科学技术人员及其他高级知识分子，除了按照他们的工资标准发给工资外也应该加发特定津贴。对于已有工程师尽可能地把他们纳入一定职务，并按照职务评定工资，如按职务不能解决问题，可加发5%~30%的技术津贴；对于确实不能纳入职务的工程师，可以比照同类行政人员的标准评定工资；地方工业、基本建设、交通运输企业中技术较高的工程师，可与正副厂长、经理、局（处）长执行一个工资标准。①

（四）推广和改进计件工资制度

在比较统一、合理的工资等级制度基础上，此次改革的一项重要任务即积极整顿和推广计件工资制，以刺激工人群众的劳动积极性。李富春在全国工资会议上指出，实行计件工资其目的是奖励工人提高技术熟练程度、劳动生产率，并为推行计件工资标准要做好准备工作，特别是在做好定额工作的基础上实行，这样才不会致使工人突破定额之后有所顾虑，同时要求各部门必须在劳动生产率的提高及突破定额基础上定期修改定额。②胡开明在河北省工资会议上也说，必须合理制订或修订当前落后的工时定额和产品定额，并应建立和健全定期审查修改定额的制度，一般是1年修改1次，既不要随时修改，也不要过久地不修改。他还提出推广的要求，争取在1956年、1957年两年内，把所有能实行计件的单位或工种一律实行计件工资制，1956年结合工资改革工作把现行的加以整顿，并在部分重点产业（特别是机器制造业）或企业积极推行，积累经验，为1957年全面推

---

① 河北省工资会议秘书处印：《胡开明副省长在河北省工资会议上的报告》，1956年7月20日，河北省档案馆藏，档案号：933-1-558。

② 河北省工资改革委员会翻印：《李富春副总理在全国工资会议上的报告（记录）》，1956年5月20日，河北省档案馆藏，档案号：933-1-558。

行计件工资制打下基础。[①] 河北省《关于工资改革的实施计划（草案）》中亦明确规定："凡能实行计件工作的工人，要求在 1957 年内全部或大部实行计件工资制度。今年要结合此次工资改革，把现有的加以整顿，并在部分重点产业或企业积极推行。在推行计件工资制的同时，必须制定有技术根据而又是先进的产品定额或工时定额，不得过高过低，并须建立与健全定期（一般为一年）审查、修改定额的制度。" [②]

此外，在此次工资改革中建立与改进奖励制度，整顿企业中各种福利工作亦是此次河北工资改革中的重要任务。胡开明指示：各地区、各企业要积极建立和改进奖励制度以适应生产发展的需要，对不能实行计件的工人或工种，必须根据生产的需要，大力推广和整顿节约原材料、电力等奖励；还必须根据生产发展的迫切需要，将新产品试制和领导人员、工程技术人员奖励制度积极地建立起来。[③] 这一要求在河北省《关于工资改革的实施计划（草案）》中更明确规定：要求各地区、各单位积极建立和改进适应当前生产发展需要的奖励制度，除继续贯彻河北省人民委员会的"计时工资奖励试行办法"外，并根据需要把新产品试制和领导人员、工程技术人员的奖励制度逐步建立起来，而对于企业中各种福利工作亦要求整顿与加强，对于各种残留的变相工资，要在不降低工人实际收入的原则下，在取得工人同意后，研究妥善办法加以改进。[④]

（五）建立完善的升级制度

评级、升级工作作为改革的关键环节，也是此次工资改革的重要任务之一。胡开明指示：为了合理地调整工人之间工资关系，鼓励工人努力提

① 河北省工资会议秘书处印:《胡开明副省长在河北省工资会议上的报告》，1956 年 7 月 20 日，河北省档案馆藏，档案号：933-1-558。

② 河北省人民委员会:《关于工资改革的实施计划（草稿）》，河北省档案馆藏，档案号：933-1-558。

③ 河北省工资会议秘书处印:《胡开明副省长在河北省工资会议上的报告》，1956 年 7 月 20 日，河北省档案馆藏，档案号：933-1-558。

④ 河北省人民委员会:《关于工资改革的实施计划（草稿）》，河北省档案馆藏，档案号：933-1-558。

高技术，改进工人工资等级制度，必须按产业制订或修订技术等级标准，根据技术等级标准评定工人的等级，建立合理的升级制度，把升级工作正常化起来。按技术等级标准评定工人等级的时候，不应该降低工人原来的等级；对于那些按照新订技术等级标准要降低等级的工人，可以不变动他们的等级，帮助他们努力提高技术，达到符合本人等级的技术水平；在升级和确定新等级时，都应该严格按照新订技术等级标准办理。[①] 据此，河北省要求各企业单位分别根据其不同情况，按照下列办法评定工人技术等级：（1）凡没有工资等级制度者，一律根据新技术等级标准，将工人纳入等级。（2）凡由八级制改行七级制的单位，并根据不降低现行工资的原则，进行适当套级。如遇八级工人的现行工资高于新定最高工资标准时，予以保留。（3）凡已有正规工资等级制度的单位，可根据新定技术等级标准进行评定。如已能达到上一级技术要求者，经过考工或技术鉴定，应予以升级。对那些按照新定技术等级标准要降低等级的工人，要保留他们的现行等级，并按照原等级的新定工资标准发给工资。关于企业、事业及国家机关工作人员和职员的升级问题，一律根据其主管上级指示办理。不论工人、职员和国家机关工作人员，在此次工资改革中升级者，一律从 7 月 1 日起按照新工资标准补发工资；其在 4、5、6 月份已升级者，须自批准升级之月份起，按新工资标准补发工资。[②] 此外，对保留工资者工会组织和企业行政必须要帮助这些工人努力学习和提高技术，使其尽快达到技术等级标准的要求。

第三节　人员培训与工资训练班的开展

1956 年年初，各地为即将开展的工资改革都进行了组织上的准备工作，其中一项重要的工作任务即积极培养劳动工资干部，天津、唐山、石家庄、

① 河北省工资会议秘书处印：《胡开明副省长在河北省工资会议上的报告》，1956 年 7 月 20 日，河北省档案馆藏，档案号：933-1-558。

② 河北省人民委员会：《关于工资改革的实施计划（草稿）》，河北省档案馆藏，档案号：933-1-558。

张家口等地都组织了工资培训班。如天津在市委地方工业部的积极支持下，以劳动局为主，会同计委及各工业局共同举办了一期工资培训班，从1月25日开始筹备，2月16日开学，3月27日结束，全程时间共41天。[①]唐山市为了深入贯彻全国工资会议的精神，培养工资改革中的骨干力量，在中共唐山市委的支持下，市劳动局和市工会也于5月10日至22日举办了一期短期训练班。[②]应当说，各地区及单位所举办的工资训练班不仅仅为改革提供了人力上的保障，更重要的这也是工资改革政治思想教育开展的重要方式，是改革的宣传、动员及思想改造的过程。本节即以唐山市与天津工资训练班作为比较研究对象，对训练班学员构成、培训内容、困境与应对及其组织意义等诸问题作一具体论述。

一、工资训练班开展的动因与组织

（一）工资训练班开展的动因

从工资训练班开展的原因来看，各地区及基层单位工资训练班的开展不仅是为改革提供了人员保障，同时也是出于改革的宣传、动员以及社会主义思想教育的需要。究其根源，其一，源于1956年工资改革之初工资干部人员的缺乏。新中国初期劳动工资工作组织机构不健全，职责范围混乱不清。据天津劳动局调查，在5个工业局所属55个地方国营工厂，只有18个单位设有劳动工资科或股，平均每三百余名职工中才有一个劳动工资员，且多集中在设有劳动工资机构的单位，因此，很多单位连一个专职劳动工资干部也没有。[③]其二，工资训练班的开展也是社会主义教育的需要。通过各地工资训练班学员构成分析可知，工资训练班人员构成较为复杂，其学员产业部门分布广、文化程度参差不齐。特别是公私合营之后，大批私方人员没有及时进行较系统的理论学习，工资训练班恰为这批人员的思想改造提供了绝佳的

① 天津市劳动局：《关于举办工资训练班的初步总结》，1956年4月17日，河北省档案馆藏，档案号：932-3-138。

②《唐山市工资训练班工作总结》，河北省档案馆藏，档案号：932-3-138。

③ 天津市劳动局：《关于举办工资训练班的初步总结》，1956年4月17日，河北省档案馆藏，档案号：932-3-138。

机会。如天津市训练班在495个正式学员中，按所属单位经济类型：来自地方国营单位者占总人数的25%，来自手工业合作社系统者占3%，而来自公私合营基层企业单位者的比重竟达到72%。[①] 正是在这一背景下各地都进行了大量的人员培训工作，组织了形式多样的工资训练班。不仅天津、唐山等组织了全市范围的工资训练班，而且石家庄、张家口等市的工资改革委员会均召开了基层企业干部的工资改革训练班，讲解了此次工资改革的精神和一些关于工资问题的必要的基本业务知识，并对一些工资问题进行调查研究。[②] 此外，一些基层厂矿单位也组织了积极分子的工资培训，如四川省工会联合会在25天中，一次训练了675名工资专职干部和积极分子，河南省汲县华新纱厂利用党、工会、青年团的三天业余活动时间，训练了车间工会工资委员和小组副组长一百多人。[③] 这批学员受训后，都担任了基层单位工资改革中的宣传骨干。

（二）工资训练班的学员构成与编制

训练班工作人员主要由各有关部门抽调，如天津工资训练班共配备干部11人，分别担任组织、辅导、总务等工作，11人中3人系由机电、重工及纺织工业局抽调，1人系由计委劳动工资处抽调，7人系由劳动局抽调。[④] 而从受训人员来看，具有以下特征：第一，学员来源分布广泛，主要是各部门系统及厂矿的工资工作人员及主管的领导等。如唐山市共组织学员169人，其中行政劳动工资科长、副厂长11人，工资科员、定额员72人，工会专职和监管工资工作的脱产干部8人，不脱产的工资工作委员会主任、副主任或委员78人。[⑤] 天津市训练班的训练对象是该市5个工业局、交通运输

① 天津市劳动局：《关于举办工资训练班的初步总结》，1956年4月17日，河北省档案馆藏，档案号：932-3-138。

② 河北省工资改革委员会办公室编印：《工资改革简讯》第2号，1956年6月15日，河北省档案馆藏，档案号：932-2-245。

③《唐山等地训练工资积极分子》，《工人日报》1956年5月22日，第1版。

④ 天津市劳动局：《关于举办工资训练班的初步总结》，1956年4月17日，河北省档案馆藏，档案号：932-3-138。

⑤《唐山市工资训练班工作总结》，河北省档案馆藏，档案号：932-3-138。

局、公用局、粮食局、外贸局、第三商业局及手工业合作社市联社 11 个系统的地方国营、公私合营及合作社营工业企业单位的现职劳动工资干部和准备分配做劳动工资专业工作的人员，人数共计 495 人，另有旁听学员约 200 人。① 第二，按文化程度分类情况来看，学员以初中文化较多，其次小学文化者占相当比例，而高中以上较高文化者仅为很小部分。如天津工资训练班高中及高中以上者占总人数的 8%，初中者占人数的 57%，高小及高小以下者占总人数的 35%；② 唐山市工资训练班初中以上的占 49.1%，初中以下、高小以下的占 31.14%，初小以下的占 19.76%。③ 第三，按业务水平分类情况看，专职工资工作人员较少。天津工资训练班学员中做过劳动工资工作的占总人数的 27%，未做过此工作但做过其他如会计、统计等管理工作的占总人数的 51%，刚从生产工人中提拔为干部尚未接触任何管理工作的占总人数的 22%。④ 唐山市工资训练班学员中工资业务水平 2 年以上的占 23.45%，2 年以下的占 30.25%，刚开始工作的占 46.3%。⑤

总体而言，工资训练班学员具有产业部门分布广、文化程度参差不齐、业务水平较低等特点。为更好地进行教学，各地训练班也进行了各种行之有效的组织工作。如唐山市工资训练班在开课前组成了班部，对教学的内容作了事前研究，对教材和学员食宿等具体工作作了初步筹备，开学后按产业性质划分了小组，选择政治、业务能力较强的学员担任正副组长，负责本组的学习和生活以及学员思想。⑥ 天津市劳动局采取的组织形式是以 5 个工业局所属单位的学员为主体，适当包容其他各局的学员，按产业系统分别编成五个队，每队设队长 1 人，由各工业局分别委派；队内的基层组织是学习小组，以班主任为核心，吸收各队队长组成班部集体领导机构；

---

① 天津市劳动局：《关于举办工资训练班的初步总结》，1956 年 4 月 17 日，河北省档案馆藏，档案号：932-3-138。

② 天津市劳动局：《关于举办工资训练班的初步总结》，1956 年 4 月 17 日，河北省档案馆藏，档案号：932-3-138。

③《唐山市工资训练班工作总结》，河北省档案馆藏，档案号：932-3-138。

④ 天津市劳动局：《关于举办工资训练班的初步总结》，1956 年 4 月 17 日，河北省档案馆藏，档案号：932-3-138。

⑤《唐山市工资训练班工作总结》，河北省档案馆藏，档案号：932-3-138。

⑥《唐山市工资训练班工作总结》，河北省档案馆藏，档案号：932-3-138。

队长根据班部决定对本队学员的学习、思想、生活各方面进行全面领导。①这种组织形式的优点：其一，把同产业部门的学员组织在一起，便于学员学习中互相交流、研究问题；其二，队内学员同属一个机关领导，而队长由领导机关委派，便于对学员的统一组织领导工作；其三，各队队长都是集体领导机构的成员，这为整个训练班的思想、行动和步调的一致提供了保证条件。依靠这种组织形式，训练班的学习秩序很快走入正轨，同时也为训练班政治思想教育的开展及各种问题的应对提供了组织保障。

（三）工资训练班的培训内容

从训练班培训的内容来看，主要是工资方面的理论知识、相关法律法规，以及此次工资改革的方针政策等。具体而言，主要包括三方面内容：（1）工资基本理论课程。主要包括资本主义与社会主义制度下的工资实质、调整工资的基本原则、工资等级制度、工资形式、知识分子工资、群众工资工作等课程。其目的是较系统地学习工资基本理论知识，使学员对工资问题树立基本概念，为工资改革及工资工作打下初步的理论基础。同时有的地区为促进学员加深对理论课程的理解程度，这部分课程还插入了如何制订技术标准、推行计件工资制和改进劳动组织等经验介绍的内容。（2）工资方面的重要制度和法令课程。主要包括劳动工资工作的职责范围、如何合理使用工资基金、国家统计局关于工资总额组成的暂行规定、国务院关于工业企业工人和职员工资问题的几项暂行处理办法草案等国家现行工资政策法令课程。其目的是针对当时劳动工资工作职责范围不清，以及有些单位在处理工资问题上表现的“各自为政”等混乱现象，对劳动工资工作的正常业务范围及若干重要工资法令进行具体讲解，使学员在思想上树立正确的工作方向和对工资问题的纪律观念，为工资工作的统一、集中管理提供思想准备。（3）工资改革类课程。主要包括为何进行工资改革，改革工资的方法、步骤及方针原则等，其目的是在理论学习的基础上，使学员对此次工资改革的必要性有更深刻的了解。同时根据历年来积累的经

① 天津市劳动局：《关于举办工资训练班的初步总结》，1956 年 4 月 17 日，河北省档案馆藏，档案号：932-3-138。

验将工资改革工作的方法和步骤向学员进行一般性的介绍，以期在具体工作方法上为学员开辟门径。

通过课程安排，我们可以看出，工资训练班具有很强的现实针对性及革命政治思想性，直接服务于此次工资改革。如唐山市工资训练班以 5 天的时间贯彻全国工资会议精神，以 6 天时间学习了重点的工资业务和群众工资工作。[①] 而工资改革课程则是通过对当时工资制度中存在的混乱与不合理现象的揭发和批判，使学员从理论及实际问题上认识不合理的工资制度对生产造成的危害。[②]

二、工资训练班的困境与应对

从各地工资训练班的开展情况来看，1956 年工资改革的紧迫性，使得训练班的举办显得仓促，人员情况更为复杂，故此在训练班工作中必然存在很多不足。针对训练班开展中的问题与不足，各地采取了一些相应的措施。

（一）训练班出现的问题

1. 对学员情况的复杂性估计不足

学习正式开始以后，训练班的工作重心转向如何推动学习正常开展。但由于学员中相当大比重是来自新合营企业，其中又有很多是刚从生产工人中提拔为干部，一般没有参加过较正规的理论学习，而且文化程度较低，因此，在学习开始阶段普遍感到理解困难、钻不进去，从而产生了某些消极灰心情绪，使完成学习任务的信心受到打击，有的学员甚至要求退学回厂换人接替。天津市劳动局对小组内的学习情况进行了调查，发现普遍存在的较大问题有以下两方面：第一，小组互助氛围不足。按照课程表的规定，教员讲课以后小组应先行复习，在复习中准备讨论发言提纲，然后进行讨论。但由于辅导工作方面没有对广泛开展互助进行必要的组织工作，以致产生了一种“讲课时集体听，下课后自顾自”的涣散现象。有的人在听讲时没有领会清楚，复

①《唐山市工资训练班工作总结》，河北省档案馆藏，档案号：932-3-138。

② 天津市劳动局：《关于举办工资训练班的初步总结》，1956 年 4 月 17 日，河北省档案馆藏，档案号：932-3-138。

习时就只能在自己的模糊认识中兜圈子；有的人笔记记不全，也只能根据自己残缺不全的记录来准备讨论发言，或者索性不作准备；有的人虽然理解能力较强，听课记录也较完整，但是限于生产知识不够丰富，也就只能停留在教员讲授的范围内，不能进一步联系实际，有更大的收获。讨论时，文化程度高的多是按照讲课记录重复地读一遍，文化程度较低的由于记录不完整，或者是简要地说两句，或者根本不敢发言。加之小组长在领导小组学习上经验少、办法少，不善发现问题、引导深入，使得小组学习氛围陷入沉闷，学习情绪低落。[①] 又如唐山市工资训练班，思想政治教育较为薄弱，对于学员的思想情况缺乏专门的研究与引导，因而在学习中部分学员产生了骄傲自满情绪，认为“自己学得差不多了”，影响了深入的学习。[②] 第二，小组长领导学习的方法太简单。由于工作不够深入，没能及时、全面地了解学员的学习情况和要求，从而未能根据其不同需要给以相应的帮助，以保证全体学员得到均衡的进步与发展。尤其在对部分文化程度过低者的需要，没能及早采取具体辅导方法给予帮助。此外，由于对学员群众的自学能力缺乏正确的估计，不善于在学员内部发掘潜在力量以推动学习，因而对于“依靠骨干分子自行解决疑难问题”这样有效的辅导方法迟迟不敢采用，使辅导工作在很长一段时间内陷入“手工业”的操作方式。[③]

2. 组织力量不足，且缺乏计划性

因受专职工资工作人才缺乏的限制，在训练班的组织力量上就显得相当薄弱，特别是在课程组织工作上缺乏足够严密的计划性。如唐山市工资训练班班部共有脱产人员 5 人，较需要人数相差一倍多，再加上其业务水平低，对各小组也就缺乏具体辅导；此外，因成员们准备工作不足，学习前对学习文件缺乏准备，有些文件是边开课边研究、边准备，有很强的突击性，质量不高；另外，时间短、内容多，有些课程缺乏深刻的讲解，如职务工资讲得

① 天津市劳动局:《关于举办工资训练班的初步总结》，1956 年 4 月 17 日，河北省档案馆藏，档案号：932-3-138。

②《唐山市工资训练班工作总结》，河北省档案馆藏，档案号：932-3-138。

③ 天津市劳动局:《关于举办工资训练班的初步总结》，1956 年 4 月 17 日，河北省档案馆藏，档案号：932-3-138。

较少，复习时间也少，很多学员反映收获不多。[①] 天津市工资训练班在课程安排上也出现很多弊端：其一，在各部门课程的时间安排上，事先没作精确的权衡与考量，只凭约略估计作了课程进度的规划，结果对工资等级制度与工资形式等内容多、分量重的课程所分配的时间不能充分满足课程的需要，因而使学员负担过重，很多小组发生“开夜车”和顾不上吃饭的现象，这或多或少影响了学员的身体健康；而对群众工资工作等内容不甚复杂且较容易理解的课程所分配的时间相对较多，造成学习内容不能充分满足时间负荷的现象。这种情况不可避免地在学员中间引起了某些涣散情绪，给思想政治工作带来一些不应有的麻烦。其二，有的课程要求教员讲授的内容没有事先向教员提出具体、明确的意见，在教员备课期间亦未给以必要的协助，以致教员在备课工作上走了弯路，准备的内容不符合这一期训练班的目的和要求，不得已而返工。当教员重新准备教材时，讲期已经临近，以致不能提前印发讲义供学员预习，使学员在听课时倍感吃力，造成“教员、学员两为难”的困难局面。例如“如何合理使用工资基金”一课就是这种情况。[②]

（二）应对之策及其效果

在上述情况下，为了稳定学员的学习情绪，鼓励学员的学习兴趣，唐山与天津市劳动局除通过思想政治工作对学员进行说服、启发外，并在辅导工作方面采取了一些具体的补救措施。天津市劳动局针对上述情况，首先在各个小组内发起互助运动。在组织工作上协助小组划分互助组，在思想政治工作上强调互助的重要意义，要求学员自觉发扬互助友爱的集体主义精神，并把这一问题确定为每周生活会上的检查内容。为了使各小组学员条件均衡，以利互助运动开展，对某些小组的成员作了适当的调配。其次是在各队内部组织经验交流，推广较好小组的学习经验和小组长领导方法的经验。再次，为了充分调动小组长的积极性和主动性，在每次向小组长布置讨论提纲时一并提出每一题目的讨论重心和要求，使其在讨论时方向明确，从而能够在小

①《唐山市工资训练班工作总结》，河北省档案馆藏，档案号：932-3-138。

② 天津市劳动局：《关于举办工资训练班的初步总结》，1956 年 4 月 17 日，河北省档案馆藏，档案号：932-3-138。

组学习中发挥舵手作用。另外，各队分别成立了学习委员会，由主任委员、学习委员、文体委员、生活委员、妇女委员各一人组成，工作职责是从各方面保证学习任务的完成，属于群众性组织。[①]唐山市工资训练班在组织复习中协助各组交流学习方法、互相学习，使文化、业务水平高的协助水平低的学员，如核对笔记，重点辅导等，使其共同提高，在讨论前先提出讨论思考题，防止离题太远影响学习的效果；同时也建立了一些考勤制度，来保证教学的完成。[②]此外，由于学员文化程度参差不齐，其中小学文化者占相当比例，所以，在每个小组都仍有个别学员不能跟上教学进程的情况，听课时不仅不能记笔记，且不能对教员讲授内容完全理解，单纯依靠互助不可能解决问题。针对这种情况，天津工资训练班对这些学员采取了“讲小课”的辅导方法进行具体帮助，即在教员讲完大课后，将这部分学员集中在一起，由班部辅导人员根据教员讲授内容重点，通俗、详细地重新讲解一遍，以此帮助他们掌握课程的重点，并对重点部分获得较透彻的领会。[③]

从以上措施的效果来看，总体而言取得了较为积极的作用。如天津工资训练班通过以上措施有了很大的转变：各小组内纷纷掀起了学员间包教保学的热潮，复习时间也被有效地利用起来，讨论中争先恐后地发言。发言内容也能在教员讲授的基础上有所发挥，而且对学员间的意见分歧展开积极的讨论。同时因充分的准备，小组长能够灵活掌控，保证了小组讨论的正常进行。由此小组气氛普遍活跃起来，在学委会的宣传动员工作配合下，整个训练班学习氛围既紧张又活泼，黑板报、点将台、强课题、挑战书等一系列新颖的学习方式相继涌现。而采取的“讲小课”辅导方法也取得相当好的效果，参加听讲的学员中很多人反映说：“这样辅导，真能解决问题”。不过，由于工作不够深入，没能及早了解这部分学员的需要，因而没能更早地采取这种辅导方法，以致或多或少地影响了这部分学员的学习质量。有学员遗憾地说：

① 天津市劳动局：《关于举办工资训练班的初步总结》，1956 年 4 月 17 日，河北省档案馆藏，档案号：932-3-138。

②《唐山市工资训练班工作总结》，河北省档案馆藏，档案号：932-3-138。

③ 天津市劳动局：《关于举办工资训练班的初步总结》，1956 年 4 月 17 日，河北省档案馆藏，档案号：932-3-138。

"这办法很好，为什么早不采用呢？"[1]

三、工资训练班取得的成绩及作用

从工资训练班的时间来看，虽然培训时间仓促短暂，天津工资训练班40余日，唐山市工资训练班10余日，但在当时工资工作人才匮乏且全面工资改革即将展开背景下，其意义便显得格外重要，也取得了良好的效果。

（一）为工资改革提供了组织与宣传骨干

劳动工资工作是整个生产管理工作中一个重要的构成环节，对推动生产发展、保证国家经济建设起着巨大的杠杆作用。但总体而言，新中国初期，我国工资工作尚处起步阶段，劳动工资干部缺乏，组织机构也不健全。有些单位曾有过劳动工资机构和一定数量的专职干部，但之后机构被裁撤，工资干部被"转业"做了其他的工作。至于合营单位及非工业系统的企业单位，薄弱情况更加严重。[2]故此，1956年工资改革之初，所面临的一个重要问题即工资干部人员的缺乏。在这一背景下各地都进行了大量的人员培训工作。如唐山开滦煤矿和唐山钢厂等六个单位，举办了工会工资积极分子训练班，有400多名工资工作积极分子参加；石油工业部第五建筑安装工程公司第一工程队训练了51名工会工资干部、行政管理人员和积极分子。[3]正因为当时国家的经济建设任务与劳动工资工作要求不相适应，以及1956年全面工资改革对工资工作人才的紧迫需求，各地所举办的工资训练班显得尤为重要，这批学员无疑成为此次工资改革及之后长期劳动工资建设工作中的一支骨干力量。天津市劳动局提出，希望"企业部门的各级领导同志，对此次培养的一批新生力量加意合理使用，把他们固定在劳动工资工作的岗位上，使他们能将所学用于实际，并在实际工作中继续学习，创造经验，成为克服劳动工

① 天津市劳动局：《关于举办工资训练班的初步总结》，1956年4月17日，河北省档案馆藏，档案号：932-3-138。

② 天津市劳动局：《关于举办工资训练班的初步总结》，1956年4月17日，河北省档案馆藏，档案号：932-3-138。

③《唐山等地训练工资积极分子》，《工人日报》1956年5月22日，第1版。

资工作落后现状斗争中的积极战士”[①]。从实际效果来看，这批培训班学员在随之而来的工资改革中也确实起到了积极作用。如唐山市工资训练班大部分学员回去后都向领导进行了具体的汇报，提出目前做好准备工作的具体措施，并成为活动实施的骨干，如开滦总处、华新、建筑公司、裕丰、明华等厂矿学员不但向领导作了汇报，提出工作计划并举办了本单位的短期工资训练班，大力培养积极分子，许多厂的学员担任训练班的讲师和宣传中的骨干力量，机车车辆修理工厂的学员还担任了群众工资问题接待站的接待员，向工人宣传工资政策，了解工人的具体要求。[②]

（二）为工资改革做了宣传、动员与准备

工资训练班的开展直接服务于此次改革，不仅是对工资干部的培训，还是推动改革的重要宣传教育方式。各地工资训练班都学习了全国工资会议精神，具体地传达了李富春副总理、马文瑞部长、全国总工会主席赖若愚在全国工资会议上的报告，并且就工资改革的一些重要问题，联系本单位的实际情况组织了反复的学习与讨论。这部分课程内容也占相当比重，如天津市工资训练班现行工资政策法令与改革中心任务两部分课程占全部课时的49%。[③]通过学习，各地学员对工资改革中各项政策问题有了更深刻的认识。从各地区工资训练班学员构成来看，囊括了国家机关、事业单位及国民经济各产业部门，这批学员回到基层单位又组织本单位的工资训练班及积极分子的培训。通过层层培训与学习，不仅各地学员对工资改革中各项政策问题有了更深刻的认识，而且工资改革的方针、政策、原则以及改革任务、做法等内容也传递到了最基层。由此可见，工资训练班是一种非常有效的宣传方式。

此外，从学习内容来看，各地学习班都联系本单位实际情况对全国工资会议上的重要报告文件，以及改革中各项具体问题进行了学习与讨论。这为之后各基层单位工资改革工作的开展做了前期的铺垫与准备，如有些学员检

① 天津市劳动局:《关于举办工资训练班的初步总结》，1956 年 4 月 17 日，河北省档案馆藏，档案号：932-3-138。

②《唐山市工资训练班工作总结》，河北省档案馆藏，档案号：932-3-138。

③ 天津市劳动局:《关于举办工资训练班的初步总结》，1956 年 4 月 17 日，河北省档案馆藏，档案号：932-3-138。

查批评了工资工作中的右倾保守思想。[①] 在调整工资关系上，许多学员批判了过去片面地强调本产业重要的错误思想，认识到在符合经济建设与经济发展需要的基础上，工资要鼓励主要经济部门、重点地区的发展，照顾人烟稀少的地区，以及不同地区、产业规定不同的工资标准的必要性及合理性。又如很多训练班学员通过对本单位工资增长与劳动生产率增长不相适应情况的探讨与反思，对于工资的增长与劳动生产率增长相适应的问题有了较深刻的了解。如唐山钢厂劳动工资科的人员探讨了“近一两年来唐山钢厂劳动生产率年年超额完成计划，而职工的平均工资则年年完不成计划，有许多职工降低了收入”的问题。他们反思这一现象产生的根源，认识到这些问题存在的原因主要是行政、工会部门的工作重视生产计划完成而忽视工资基金完成情况，且缺乏深入的调查研究和积极主动关心工人生活收入。经过学习，大多数学员都树立了工资的增长必须适应劳动生产率增长的思想，同时认识到不仅应注意货币工资的增长，而且也应注意实际工资的增长。[②]

（三）促进了学员的思想改造及工资观念的改变

思想认识方面，工资训练班的开展首先起到了社会主义教育及思想改造的作用。特别是唐山、天津这样大规模涉及整个地区各部门企业的培训活动，在实际效果上无疑带有浓厚的政治教育意义。在课程安排上，社会主义工资制度的理论学习是培训内容的重要部分，同时工资训练班也学习了国务院关于企业工人、职员工资问题的几项带有工资立法性质的文件，文件中对各种非正常生产情况下的工资支付办法都作了详尽、具体的规定。在学习这一文件后，学员普遍对社会主义制度优越性有了进一步的具体体会，特别是对占绝大比重来自新合营企业学员的思想改造意义颇深。合营以后，一切工作都未就绪，因此，也没有来得及进行较系统的理论学习。这些学员就是带着这样一种不明确的思想来参加训练班的学习。故此，公私合营企业学员“经过对资本主义和社会主义制度下工资实质的理论学习，懂得了资本主义制度下的‘工资’是资本家剥削工人的工具，而社会主义制度下的工资是工人、职

---

①《唐山等地训练工资积极分子》，《工人日报》1956 年 5 月 22 日，第 1 版。

②《唐山市工资训练班工作总结》，河北省档案馆藏，档案号：932-3-138。

员以主人翁身份在国民收入中取得的个人生活费，思想中树立了对工资问题的基本概念。因此越发加深了对资本主义制度的仇恨和对社会主义制度的热爱，从而对祖国当前的社会主义建设和社会主义改造事业产生了更高的热情”[①]。同时，由于相继的几个理论课程的学习，懂得了在社会主义制度下生产与生活之间相互依赖的关系，懂得了如果没有生产的发展就谈不到生活的改善，没有生产的高度发展就不可能实现理想中幸福的将来，而整个社会生产的高度发展，必须依赖于每个劳动者对其个人劳动成绩的经常密切的关心。[②]因此，在思想上肯定了按劳付酬原则的正确性和必要性，树立了对工资问题的合理观念，新的工资理念也得以推广。

此外，新中国初期，工资工作仍处在起步阶段，专职工作人员缺乏，且劳动工资工作的重要性尚未被普遍重视起来。一个重要表现即是劳动工资工作职责范围混乱不清，工资工作通常被认为是“不务正业”。加之绝大多数学员在参加培训前，对劳动工资问题缺乏应有了解，以致很多单位及学员对这一工作存在认识上的偏差。例如有的单位认为工资工作不过是学员所形容的算工资、查缺勤、填统计报表之类的“打杂”，并责成劳动工资干部发理发票、洗澡票，给有病职工填写看病三联单，有的单位甚至把审发生活困难救济费的工作也规定为劳动工资干部的职责；也有的人以为劳动工资是一项不宜公开的工作，即便对这种工作的内容不甚了解也不应过多追问它，把劳动工资工作看成是一种神秘的工作。经过此次学习，这些观念得到纠正，学员们普遍认识到劳动工资工作的真正内容并不是什么“打杂”，也不是神秘莫测的东西，而是一项具有高度政策性、技术性和群众性的生产管理工作，对推动生产发展，加速国家经济建设及保证合理分配消费基金起着重要作用。如天津市工资训练班很多学员对这项工作产生了兴趣，希望回到本单位后组织上能够允许自己专门从事这项工作。[③]

① 天津市劳动局：《关于举办工资训练班的初步总结》，1956 年 4 月 17 日，河北省档案馆藏，档案号：932-3-138。

② 天津市劳动局：《关于举办工资训练班的初步总结》，1956 年 4 月 17 日，河北省档案馆藏，档案号：932-3-138。

③ 天津市劳动局：《关于举办工资训练班的初步总结》，1956 年 4 月 17 日，河北省档案馆藏，档案号：932-3-138。

（四）促进了学员工资理论知识及业务能力的提高

工资工作业务知识是培训的重要内容之一，学员通过学习，较全面地掌握了劳动工资方面的基本业务知识。如天津市工资训练班学习了如何制订工资等级制度、如何建立生产奖励制度、如何推行计件工资制度等方面知识，其基本理论方面的课程占全程时间的51%。[①] 此外，各地训练班培训中十分重视理论联系实际，很多训练班都要求学员结合本单位工资工作实际进行探讨，提出各种情况及处理意见。各小组经认真地研究与讨论，大部分问题基本上统一了意见，其中有些问题已经完全得到了明确解决，这也促进了学员业务能力的提高。如唐山市工资训练班在重点讲解工资等级制度、工资形式、群众工资工作等工资理论的同时，结合实际交流了工作经验，在学习中大部分单位都提出本单位的工资制度不合理、工资形式落后方面的问题，如钢厂过去在制定定额中就留了余地，机器厂检查了奖励工作中的惩罚现象；该市训练班学员还提出了81条有关劳动组织、评定工人技术等级、处理保留工资、推行计件工资、整顿奖励等具体问题的建议，并对改革中的升级、保留工资、中央国营与地方国营、轻工业与重工业之间的工资关系，以及修改定额等问题进行了具体的研究与讨论；他们还对之前晋级不及时、不按技术等级晋级、随便修改定额等问题进行了检查与批评，进一步明确了晋级、修改定额等方面的一些政策，认识到大力推行计件工资、整顿与建立新的奖励制度对于保证完成国家计划的重要作用。[②]

总而言之，劳动工资工作是整个生产管理工作中一个重要的构成环节，对推动生产发展、保证国家经济建设起着巨大的杠杆作用。健全的劳动工资制度对顺利完成社会主义建设和社会主义改造事业起着重要的保障作用。但新中国成立初期，由于我国劳动工资工作起步较晚，组织机构不健全，以致职责范围混乱不清。故此，1956年改革之初，不仅天津、石家庄等组织了全市范围的工资训练班，各地及基层单位也组织培训了一批工资改革的积极分子。开滦煤矿、唐山钢厂、华新纺织厂等30个单位利用业余时间（少数单位

① 天津市劳动局：《关于举办工资训练班的初步总结》，1956年4月17日，河北省档案馆藏，档案号：932-3-138。

②《唐山市工资训练班工作总结》，河北省档案馆藏，档案号：932-3-138。

有利用生产时间）训练了 7 335 名工会与行政干部以及积极分子和党的宣传员。有些单位如开滦唐山矿采用了一事一训的办法来训练工资改革的积极分子，较小的单位以区为单位开办了训练班，少部分如唐山机车车辆修理工厂亦组织干部、积极分子听了两三次工资改革的报告。[①] 这批学员受训后，大多数都成为此次改革的骨干力量。应当说，各地区及单位所举办的工资训练班，不仅为改革提供了人力上的支持，同时也是改革的动员及思想改造的过程。比如，从各地培训班培训课程内容来看，一般都具有很强的革命政治思想性及现实针对性，不仅包括资本主义与社会主义制度下的工资实质等工资基本理论、工资方面的重要制度与法令，而且通过当前工资工作的中心任务等课程，对现行工资制度中存在的混乱与不合理现象的揭发和批判，使学员从理论与实际问题上认识到不合理的工资制度对生产造成的危害，从而更深刻理解了工资改革的必要性。通过革命政治思想性课程教育，促进了学员思想改造及工资观念的改变，新的工资理念也得以推广。

小　结

新中国成立后，中共中央在工资福利方面进行了一系列的改革与调整，并逐步建立起以按劳取酬为原则的社会主义工资制度。但这期间中央在工资工作中的偏差，致使工资增长率与劳动生产率增长及国民经济发展之间产生失衡。加之工资制度中的种种弊端，如过时的工资分制度、亟待完善的工资等级制度，以及进一步解决工资奖励制度取消与建设的矛盾，都需要进行一次较大规模的工资改革。这既是对以往工资工作的反思与调整，亦是进一步完善社会主义工资制度的需要。此外，1956 年农业、手工业、资本主义工商业三大改造基本完成，社会主义基本经济制度的确立及生产关系变革，也必然要求在工资福利等分配制度上进行改革，以适应新的生产关系。根据中央的指示，1956 年工资改革的任务是，在适当提高工资水平条件下，根据按劳取酬原则，贯彻执行统一的工资政策，初步建立起比较统一、合理的社会主义工资制度。简而言之，就是要提高工资水平，调整工资关系，改进工资制

① 唐山市工资委员会:《关于工资改革工作的报告（初稿）》，河北省档案馆藏，档案号：932-3-138。

度。[1] 提高工资水平主要目的是平衡劳动生产率与工资增长率的关系，改善职工生活；调整工资关系即是调整国民经济各部门间、地区之间及各类人员之间的工资关系，以适应国家经济建设，服务国民经济发展的需要；改进工资制度主要是通过进一步推行八级工资制度、职务工资制度及计件工资制等措施，构建和完善以按劳分配为原则的社会主义工资等级体系。

1956 年工资改革是我国第二次全国性工资改革实践。1956 年年初，中央及各地方即开始酝酿筹备。但总体而言，新中国初期劳动工资工作组织机构不健全，职责范围尚不清晰。正是在当时工资工作人才匮乏且全面工资改革即将展开背景下，各地区及基层单位举办了众多工资训练班，培训工资干部及积极分子。应当说，各地区及单位所举办的工资训练班，不仅为改革提供了人力上的保障，更重要的这也是工资改革政治思想教育开展的重要方式，是改革的动员及思想改造的过程。总体而言，从各地工资训练班学员构成来看，具有学员来源复杂分布广、文化程度参差不齐、业务水平较低等特点；从训练班培训的内容来看，主要是工资方面理论知识、相关法律法规，以及此次工资改革的方针政策等；从各地工资训练班的开展来看，因组织力量不足，缺乏计划性，以及对学员情况的复杂性估计不足，在训练班工作中也存在很多不足，对此各地也采取了一些相应的措施，并取得了积极的效果；从工资训练班开展的意义来看，不仅促进了学员的思想改造及工资观念的改变，提高了学员工资理论知识水平及业务能力，更为重要的是为工资改革做了前期的宣传与动员，并提供了组织与宣传骨干力量以及人力的支持与保障。

① 河北省工资会议秘书处印：《胡开明副省长在河北省工资会议上的报告》，1956 年 7 月 20 日，河北省档案馆藏，档案号：933-1-558。

第二章　问题争议与统一：1956年工资改革实施方案的制定

河北省全省工资会议从1956年4月即开始准备，历经数月，7月21日召开，至8月14日结束。此次会议的主要任务除传达与贯彻全国工资会议精神和国务院关于工资改革的决定，并检查总结本省几年来的工资工作外，最中心的内容即是研究确定各部门的工资改革方案，布置全省的工资改革工作。从历时半月之久的工资改革方案讨论即可看出改革的复杂性，而整个定案的过程既有各主体方之间的利益纠葛，也有彼此间的包容。应当说，1956年河北省工资改革实施方案的制定是国家、地方及国民经济各部门间利益博弈的结果，其争议的焦点主要是工资标准的地区分类、国家工作人员升级、工资标准及增长指标分配等问题。一方面，国家要考虑自身财政力量等诸多因素以平衡各方利益，而地方亦需从自身实际出发实现利益最大化；另一方面，国家、地方及国民经济各部门之间并不存在本质上的利益冲突，所有问题的争论其实质是寻求各方利益最佳平衡点。本章即以此次全省工资会议为中心，通过改革实施方案制订中各项问题的争论、协调至最终方案确定的过程，探讨国家在处理事关国计民生重大事项时如何处理各方利益平衡，以及各利益攸关方又通过何种方式与途径表达自己的诉求，并最终实现各利益主体间良性利益博弈的过程。

第一节　河北省工资会议前的筹备与召开

1956年年初，河北省即着手工资改革的准备工作，筹建改革领导机构，修订各行业技术等级标准，拟订各基层单位初步工资测算方案。但至7月21日全省工资会议召开，从地方各项筹备工作的进展与效果来看并不如意，各地方领导机构建设不完善，技术等级标准修订及工资测算方案等工作进展缓慢。也正是在这一背景下，全省工资会议在略显仓促中召开。

一、各地区工资改革领导机构的组建与构成

1956年工资改革中，各部门、各省、市、专区、县以及机关、企业、事业单位大都成立了工资改革工作委员会和工资改革工作办公室一类的领导机构和日常工作机构。河北省于4月24日成立了工资改革委员会以加强对工资改革的领导。[①]5月16日至18日，河北省召开了全省市、专区劳动局（科）长会议后，各地区已先后向当地党政领导进行了汇报，并根据省人民委员会的通知，承德、张家口、邯郸、唐山、石家庄、保定、峰峰（今邯郸市峰峰矿区）、秦皇岛8市和承德、保定、天津、邯郸、通县、邢台、唐山、沧县8个专区及孟村回族自治县、怀安县、崇礼县、新城县、庆云县等县都已成立了工资改革委员会。此外，许多地区各国民经济部门及基层厂矿单位亦成立了相应的改革领导机构，如峰峰市各厂矿单位于26日前成立了工资改革组织，峰峰矿务局成立了工资改革委员会，厂矿单位成立了工资改革小组；保定市各厂矿成立了测算小组，工业局组织了办公室。[②]

从各地工资改革领导机构的构成来看，工资改革委员会主任均由党政领导担任，各有关部门领导任委员。如峰峰市由市委代理书记王福禄任主任，张家口市由马哲生副市长任主任，承德市由戴毅副市长任主任。工资改革委员会吸收的部门极为广泛，多数地区是由劳动、人事、工业、商业、农业、财政、教育、计委、建筑工程、卫生、采购、统计、运输、供销社、工会及党委的组织部、工业部、财贸部、宣传部等部门组成。有些地区则根据实际需要吸收了上述的部分部门，并由有关部门抽调一批干部组成了办公室。对此，中央予以充分肯定，认为这“是必要的正确的，不然单靠各地及各部门

① 河北省工资改革办公室:《我省积极进行工资改革准备工作》,《河北日报》1956年5月11日，第1版。

② 河北省工资改革委员会办公室编印:《工资改革简讯》第1号，1956年5月30日，河北省档案馆藏，档案号：932-2-245。

的劳动工资机构是不可能很好地完成这样艰巨复杂的任务的"[①]。至5月30日，河北省大部分地区已召开了工资改革委员会全体会议，传达了关于全国工资会议的精神和国务院的指示，以及关于河北省进行工资改革准备工作的情况，并根据省人民委员会关于进行工资改革准备工作的通知，研究了准备工作。如承德市于5月23日召开了有关部门和基础企业的工资座谈会议，并已开始调查各产业及各重点企业的劳动生产率增长和职工工资增长情况、职工名义工资和实际工资之间的关系等问题；保定专署于26日至28日召开了各县工业企业的干部会议，布置了工资测算工作，要求各基层在6月2日以前测算完毕。[②]

二、省工资改革委员会的准备工作与各地进展

各地工资改革委员会成立后随即召开了全体会议，传达关于全国工资会议精神及国务院指示，并根据省人民委员会关于进行工资改革的相关通知研究了准备工作。5月25日，省工资改革委员会办公室召开省级工业、基本建设、交通运输企业主管部门会议，研究了关于修订技术等级标准等问题。会上确定纺织、粮食加工及交通运输中基建、养路、汽车司机、助手、修理等中央有统一技术等级标准的产业和工种使用中央的技术等级标准，中央没有或者不适合地方情况的由各部门分担制定：工业厅制定电力、机铁、矿山开采、重化学、陶瓷、搪瓷、砖瓦、印染、针织、造纸、制药、机制油、制酒、制烟、制蛋、动力司机、司炉等各产业各工种的工人技术等级标准；采购厅制定轧花、手工制油工人的技术等级标准；文化局制定印刷工人的技术等级标准；交通厅制定内河航运工人的技术等级标准；省供销合作社制定猪鬃加工、制造颗粒肥工人的技术等级标准；城市建设局制定自来水、城市勘测设计等城市建设工人的技术等级标准；保定市制定糕、酱醋业的工人技术等级标准。会议要求这些标准应在6月15日之前制出。[③]

---

①《关于1956年工资改革工作的总结和1957年工资工作的安排的意见（提纲稿）》，河北省档案馆藏，档案号：932-1-180。

② 河北省工资改革委员会办公室编印:《工资改革简讯》第1号，1956年5月30日，河北省档案馆藏，档案号：932-2-245。

③ 河北省工资改革委员会办公室编印:《工资改革简讯》第1号，1956年5月30日，河北省档案馆藏，档案号：932-2-245。

此外，省工资改革委员会办公室经过省级有关部门及保定市、保定专区劳动局（科）的研究讨论，拟定了“厂矿企业基层单位初步工资测算方案”表式，适用于地方国营、老公私合营、合作社营等工业、基本建设、交通运输企业，并于5月25日分别发往各市、专区。同时省工资改革委员会还印发了省工业厅各厂矿企业管理人员工资标准（草案）、管理人员职务分类、厂矿分等标准、各厂矿企业工程技术人员工资标准（草案），河北省厂矿厨师、炊事人员工资标准（草案），河北省厂矿保育人员工资标准（草案），河北省厂矿勤杂人员工资标准（草案），河北省厂矿学徒工资津贴标准（草案），汽车驾驶员计时月工资标准（草案），汽车驾驶员助手月工资标准（草案），马车工人月工资标准（草案），以及国家机关人民警察工资标准（修订草案）。[①]为了使各地测算工作顺利进行，省工资改革委员会办公室于28日通知省级各企业主管部门将所属基层单位进行排队，即具体确定出各个厂矿企业管理人员和工人使用的工资标准，并发往各市、专区工资改革委员会和企业主管部门。同时要求省工资改革委员会印发的工资标准和省级企业主管部门在排队中提出的厂矿企业使用工资标准，各地区、各厂矿企业均应遵照进行测算。如有不同意见，可由市、专区工资改革委员会研究提出地区的使用标准意见，并可根据地区意见进行测算作为第二方案。但为了不影响测算工作，各地在未接到省级企业主管部门的通知之前，仍应先按地区意见进行安排和测算，等省主管部门通知下达后，意见不一致的单位再进行补测。根据这一指示精神，除省文化局所属工厂的排队由各地工资改革委员会统一确定，以及省邮电管理局所属邮电企业因标准未定暂不测算外，农业厅、交通厅、采购厅、粮食厅对所属企业单位的排队意见都于6月1日至2日陆续下发；公安厅所属劳改企业厂矿分类和使用标准意见于6月2日发出；城市建设局、工业厅、供销合作社亦正在研究拟定。[②]至6月15日河北省各地及部门工资改革工作大多积极着手进行，并取得了一定进展，具体情况如下。

① 河北省工资改革委员会办公室编印：《工资改革简讯》第1号，1956年5月30日，河北省档案馆藏，档案号：932-2-245。

② 河北省工资改革委员会办公室编印：《工资改革简讯》第1号，1956年5月30日，河北省档案馆藏，档案号：932-2-245。

第一，测算方案的编制情况。大部分地区对工业、交通运输企业的工资改革初步测算方案的编制工作已进入最后综合平衡阶段，关于基本建设企业的测算工作正在紧张进行，有些地区也已将基本建设的工人部门测算完成。秦皇岛、邯郸两市和保定专区已分别将测算方案报至省工资改革委员会；保定市的方案已编制完毕，并于 6 月 15 日召开市工资改革委员会会议进行最后的定案研究。此外，省工资改革委员会办公室还召集省级有关部门会议，研究了关于国家机关及非工业部门所属企业、事业的工资测算问题。

第二，技术等级标准制定情况。文化局已将印刷工人的技术等级标准初稿定案，并送至一些基层单位征求意见；采购厅已将轧花及手工制油的技术等级标准拟订出初稿，准备与产业工会作进一步的研究；工业厅由厅长主持召开了两次会议，研究拟订技术等级标准等工资问题，其中煤矿工人的技术等级标准已拟出草稿，陶瓷业的技术等级标准将以唐山的初稿为基础进行修订，电业的技术等级标准已开始拟订，但对其他产业的技术等级标准却还未开始。

第三，工资改革的宣传工作情况。由省委宣传部统一安排部署，同时要求市区、专区、县工资改革委员会对这一工作引起重视，加强领导。虽全省工资改革的宣传尚未全部展开，但在一些地区厂矿已经向工人进行了宣传，并取得积极效果。如石家庄老公私合营机器铁工厂在向工人进行了工资改革宣传后，工人们的情绪高涨。该厂党、政、工、团领导根据职工群众的生产热情研究措施，改革了一般化的竞赛方式，进一步深入开展社会主义竞赛。铸工车间打模工人的方承日产量已由七八十个提高到 100 多个，最高达到了 130 个（全市其他厂最高只达到 90 多个），架扇的平均产量由 50 多个提高到 72 个。该车间不但产量提高，而且质量也得到改进，废品率由以前的 8%~9%，降低了 3% 左右。金工和锻工车间也提出口号："我们要以实际行动来迎接这次工资改革！"①

总体而言，河北省各地根据省人民委员会要求进行了积极的研究与准备工作，但从此次改革的时间安排来看颇为紧迫。国务院对全国工资改革工作

① 河北省工资改革委员会办公室编印:《工资改革简讯》第 2 号，1956 年 6 月 15 日，河北省档案馆藏，档案号：932-2-245。

的要求：7月10日前中央各部和各地将工资改革方案下达到各基层单位，8月将工资改革工作基本完成，9月作出总结上报国务院。从国务院这一时间安排来看，此次工资改革颇为紧迫，而河北省的工资工作准备还相当不足，距下达的工资改革方案的要求还相差甚远。据《关于我省工资改革工作的安排》所载：截至6月底，工业、基建、交通运输方面进行测算的22个地区（10专区12市）中有11个地区尚未将测算方案上报（内有唐山、石家庄、张家口三个较大的市），已上报的测算方案材料残缺不全或不合要求者亦颇多，经过审核研究，有的勉强可用，有的需再加补充。非工业部门的测算工作部署较晚，原定6月25日报省，各地纷纷以长途电话请示推迟，估计月底亦恐难上报。在制订工人技术等级标准工作上则更显落后，很难与此次工资改革工作相适应，除有五六个产业制订出主要工种工人技术等级标准初稿以外，其余绝大部分产业的工人技术等级标准除少数刚刚开始起草外，多数还未着手进行。[①]工人技术等级标准本应在未正式下达工资改革方案之前发到厂矿企业，组织工人进行学习讨论，待工资改革方案下达后即可进入技术鉴定或考工评级，但就河北省上述工作进展情况来看很难达到上述要求。

根据以上工资改革进展的实际情况，河北省工资改革委员会认为，一方面应与国务院要求的精神相符，避免招致职工群众的不满与反对；另一方面亦应避免急于求成，草率下达方案和轻易召开会议进行部署，造成事倍功半。为此，河北省要求各地采取有效措施加紧准备，在准备工作大体就绪的基础上，于7月15日左右召开全省工资会议，传达贯彻全国工资会议精神，具体部署工资改革工作。同时，河北省工资改革委员会紧急下达了工资工作安排指示：第一，督促各地将测算方案迅速报齐。指示中提到，各地区和各企业单位的测算方案是工资改革中的根本问题，如果没有这些资料就不可能制定出比较切实可行的全省工资改革方案，就不可能比较有根据地分配工资增长指标和对各种工资改革方案增长因素进行有效的控制，同时势必影响全省工资会议的召开或延长会议时间。故此，省工资改革委员会提出，怎样拿到各地测算方案和怎样审查、研究、平衡各地测算方案，并根据这些方案的分

①《关于我省工资改革工作的安排》，河北省档案馆藏，档案号：933-1-545。

析研究制定出本省比较切实可行的工资改革方案是当前工作最主要的关键问题之一。第二，要求全省工资改革的具体方案必须于7月10日前制出，并于7月13日前省级领导基本上确定。方案的基本内容应包括：全省所有厂矿的工人工资标准；全省统一的职工工资标准和厂矿单位的分类排队；工资增长指标的分配（包括增长速度、增加绝对数），其中工业、基建、交通运输企业的增长指标应分配到各个厂矿单位，最低限度亦应将省直属企业分配到基层。第三，抓紧制定或修订工人技术等级标准工作。工人技术等级标准是贯彻“按劳付酬”原则的主要依据，没有切实可行的工人技术等级标准，此次工资改革亦很难做到合理。因此，省工资改革委员会要求：凡制定工人技术等级标准的部门和单位均需将各自所制定的工人技术等级标准于7月15日前按省工资改革委员会颁发的“工人技术等级标准定案程序”的通知予以定案，并迅速下达到各基层单位组织工人学习讨论。①

三、全省工资会议的召开

（一）参加的部门及人员

1956年7月12日，河北省人民委员会下发《关于召开全省工资会议的通知》，决定于7月20日召开全省工资会议，检查几年来的工资工作，确定工资改革方案，部署工资改革工作，会期预计15天，争取10天结束。从这一通知来看，参加会议的部门及人员情况如下：（1）各省辖市：工资改革委员会主任、劳动局长、工会主席各1人，工业、基建、运输（公司）、商业、粮食、文化、教育、卫生、人事各局各派主管工资工作负责干部1人，另外各市可带熟悉工资业务并能做计算工作的干部2人，每市共计14人。（2）各专区：工资改革委员会主任、劳动科长、工会指导组负责干部各1人，农业、工业、商业、合作、粮食、文化、教育、卫生、采购、交通、人事等部门各派主管工资工作的负责干部1人，另外各专区可带熟悉工资业务并能做计算工作的干部2人，每专区共计16人。（3）各专区代管市：工资改革委员会主任、劳动科长、工会主席、人事科长各1人，另外可带熟悉工资业务并能做

①《关于我省工资改革工作的安排》，河北省档案馆藏，档案号：933-1-545。

计算工作的干部1人，每市共计5人。（4）各县：由县领导指派能代表县领导意见的负责干部1人，并带熟悉工资情况的干部1人，每县共计2人。（5）各级厂矿企业单位：工业厅所属包括石家庄市的石纺、大兴纱厂、华新纺织厂、动力厂，唐山市的华新纺织厂、机器厂、酒厂，保定市的发电厂、机器厂，石家庄专区的辛集化学厂、衡水酒厂，天津专区的汉沽化学厂，保定专区的高阳机染厂、涞源石棉厂，邯郸专区的郭二庄煤矿，邢台专区的章村煤矿，峰峰市的王凤煤矿、磁山铁矿，张家口市的下花园煤矿，以上19个单位各两人；合作社属包括保定市的保定漂染厂、保定印刷厂，唐山专区的迁安造纸厂，邯郸市的邯郸铁工厂，以上4个单位各1人；交通厅所属天津内河航运局2人；省城市建设局第一、第二建设公司各2人。（6）省级各部门：管理工资工作的领导干部及主管工资工作的处（科）长各1人。[①]以上各市、专区及各部门厂矿单位计出席人数600人左右。[②]

不过，从此次会议的实际情况来看，会议由7月20日开始到8月4日结束，历时16天。参加会议的人员，原定各地区和省直属厂矿企业单位，以及国营企业单位共657人。会前许多地区感到参加会议的人员太少，要求增加，在开会时实际出席人数达840人，会议期间又陆续增多，最后参会人员近900人。各地出席此次会议的人员有：各市、专区工资改革委员会主任和有关部门的负责干部，各县的代表（每县2人），承德市、保定市、秦皇岛市、唐山专区、石家庄专区、承德专区和邯郸专区都由主要负责人员（正副市长或专员）率领参加了会议，省级部门除少数单位外，也都有1位厅、局长亲自参加了会议。[③]

（二）会议讨论议题及安排

河北省工资会议于7月20日在省会保定召开。上午8时会议开始前，会议秘书处召开了有关各市、专区领导人员参加的预备会议。会议秘书长

① 河北省人民委员会：《关于召开全省工资会议的通知》，1956年7月12日，河北省档案馆藏，档案号：932-1-176。

②《关于我省工资改革工作的安排》，河北省档案馆藏，档案号：933-1-545。

③ 河北省工资改革委员会：《关于召开全省工资会议和当前工资改革方案定案情况的报告》，1956年8月25日，河北省档案馆藏，档案号：933-1-558。

王漫报告了会议的任务、会议的开法和会议的领导及生活等问题，提出省级各部门在确定各该部门的工资改革方案时，由领导人员亲自主持，直接负责研究讨论，会议领导组根据会议每一阶段的情况及时召开会议，日常各组情况由秘书处负责召集向领导组汇报。此外，王漫指出此次会议的任务：一是检查本省几年来的工资工作；二是研究确定本省的工资改革方案，平衡地区工业工资标准和确定工资增长指标；三是制订本省工资改革计划，同时要求应认真正确领会中央关于这次工资改革的方针政策，并着重讨论工资标准、增长指标的分配，以及工资改革的进行时间、步骤和组织领导三个问题。上午9时，河北省工资会议正式开始。河北省副省长、工资改革委员会主任胡开明作了关于河北省几年来工资工作检查、此次工资改革的任务与内容，以及对工资改革领导和工作布置问题的报告。会后秘书处召开省级各部门的领导会议，确定省级各部门于22日以前，提出各自部门经过修改初步定案的工资改革方案，方案中应包括职工的工资等级标准、厂矿排队、工资增长指标分配数字等，并确定工业、基本建设、交通运输企业的标准和指标一直分配到厂矿基层单位，国家机关、非工业部门所属企、事业单位一直分配到县。关于各部门方案的讨论将分别由省级各主管部门主持，按部门分系统讨论，专区和各县领导人员可在一起讨论各个方面的方案，分别提出意见，各地领导亦可有重点地参加各系统的讨论。①

根据以上会议安排，自7月21日下午，会议进入分组讨论。首先阅读和讨论了李富春、赖若愚、马文瑞等中央领导的报告和发言，并根据胡开明副省长的报告对各自本地近几年来的工资工作进行了检查。讨论中很多地区反映了一些不合理的情况并提出要求：张家口专区反映工业局系统工资水平太低，有些工人的工资仅十七八元，学徒工升为工人还拿着学徒的工资；唐山市反映有的单位从1952年到1955年职工的实际工资下降，有的单位1955年比1950年劳动生产率提高很多而工资则增长较少；张家口地区要求早日分配指标；承德市要求印发各地区的物价材料；邯郸市反映该地区执行三类工资标准不合理。此后省级各部门参照地区意见和会议秘书处平衡的要求，

① 河北省工资会议秘书处编印：《工资改革简讯》（会议简报）第3号，1956年7月21日，河北省档案馆藏，档案号：932-2-245。

赶制本系统的方案。会议秘书处资料组也在21日上午邀请了唐山市、石家庄市、张家口市、峰峰市、保定市劳动局和工会负责工资工作人员，座谈讨论了保留工资问题，起草关于保留工资问题的具体规定。[①]22日下午，各小组结束了胡开明副省长工资改革报告的讨论。23日上午起，会议进入第二阶段，研究、讨论平衡方案。省劳动局局长、省工资改革委员会副主任王漫作了"关于河北省工资改革方案的说明"的报告。同日下午，各小组对王漫的报告开始讨论。[②]

7月24日，省工资会议继续以地区为单位研究各系统的方案。自7月25日起，转向按系统进行研究平衡，工业、基本建设、交通运输、农业、林业、水利、气象、教育、卫生、文化、商业、采购、粮食、供销合作社、劳改、民政等部门分别在上午召开了各系统的会议，7月25日下午，上述各系统进行了分组讨论。此外，人事局召开了由各市、专区的人事部门、党委组织部门和各县代表参加的会议，人民银行、交通银行、建设银行、农业银行也参加了会议。会上由人事局传达了《国务院关于颁发国家机关工作人员工资方案的通知》，并对《河北省人民委员会关于具体执行国务院关于国家机关工作人员工资方案的通知（草稿）》作了说明。[③]

7月26日，省工资会议继续以系统为单位进行方案的研究平衡：人事局系统讨论研究调级费的使用与分配问题；工业厅系统分地区汇报了《关于研究平衡方案中的问题和意见》；教育厅系统由各专区进行对各县的指标分配，各市集中讨论《河北省教育厅关于1956年普通教育、师范教育事业工资改革的指示（草稿）》；卫生厅系统的方案已基本确定，各专区已进入具体测算、向县分配指标阶段。同日下午，各市开始讨论"中华人民共和国卫生部颁发的工资标准"；文化局系统由于省和地区数字差错很多，故又重新对1955年人数及工资总额进行核定；其他各系统仍继续进行对工资标准的

① 河北省工资会议秘书处编印：《工资改革简讯》（会议简报）第3号，1956年7月21日，河北省档案馆藏，档案号：932-2-245。

② 河北省工资会议秘书处编印：《工资改革简讯》（会议简报）第4号，1956年7月23日，河北省档案馆藏，档案号：932-2-245。

③ 河北省工资会议秘书处编印：《工资改革简讯》（会议简报）第5号，1956年7月25日，河北省档案馆藏，档案号：932-2-245。

使用、厂矿分类以及指标分配等问题的研究平衡工作。[①]

7月28日上午，由胡开明主持召开了领导组扩大会议，要求根据会议的进展情况，加强领导组的活动，决定即日起会议转向以领导组为主进行，领导组每天召开会议，研究解决各地区、各系统提出的问题，统一认识。之后会议秘书长王漫、省人民委员会人事局局长刘永祥、教育厅副厅长兼工资改革委员会委员刘文哲分别传达了中共河北省委员会对河北省工资会议上提出的一些主要问题的处理意见。[②]同日下午，各地区对省委常委会关于省工资会议提出的一些主要问题的处理意见进行了传达讨论。从各地区的讨论发言来看，各地对省委的处理意见总的原则上表示同意，但在一些具体问题上，特别是涉及工资标准地区分类和国家机关干部调级费分配等问题仍然有些意见，纷纷申诉本地区的物价生活状况和多年来干部级别很少调整，职级不称现象相当严重等意见和理由。[③]

7月30日，会议秘书长王漫主持召开领导组会议。上午教育厅汇报了教育系统工资改革方案的修正意见，会议还要求文化局、卫生厅的修正意见须在系统内讨论后再提交领导组研究，下午商业厅、采购厅、供销合作社、粮食厅分别汇报了各自系统的方案讨论平衡情况和意见。[④]之后8月1—3日，连续召开了多次的领导组会议、系统会和省工资改革委员会扩大会议，讨论、研究各系统的修正方案和方案的定案问题。8月1日晚和2日上午各地区对胡开明的发言作了传达与讨论。8月2日和3日，各地区参加会议的人员还按系统或地区分别讨论一些省级主管部门提出的修正方案或有关指示文件，以及《河北省人民委员会关于工资改革实施计划（草案）》和《河北省人民委员会关于处理保留工资问题的几项规定（草案）》。8月3日晚，省工资改

① 河北省工资会议秘书处编印:《工资改革简讯》(会议简报)第7号，1956年7月27日，河北省档案馆藏，档案号：932-2-245。

② 河北省工资会议秘书处编印:《工资改革简讯》(会议简报)第9号，1956年7月28日，河北省档案馆藏，档案号：932-2-245。

③ 河北省工资会议秘书处编印:《工资改革简讯》(会议简报)第10号，1956年7月30日，河北省档案馆藏，档案号：932-2-245。

④ 河北省工资会议秘书处编印:《工资改革简讯》(会议简报)第11号，1956年7月31日，河北省档案馆藏，档案号：932-2-245。

革委员会开会研究了会议的结论问题。8 月 4 日上午，举行全体大会，胡开明作了会议结论报告。至此，河北省工资会议由 7 月 20 日开始，历时 16 天至 8 月 4 日结束。[①]

第二节　工资改革实施方案问题争议与统一

河北省全省工资会议从筹备至结束，历经数月。此次会议中心内容即是研究确定各部门的工资改革方案，布置全省的工资改革工作，其中虽然存在工资标准地区分类、国家工作人员升级、工资标准使用及增长指标分配等诸多问题的争议，但国家、地方及国民经济各部门亦能彼此包容兼顾，以求得各方利益的最佳结合点，由此实现一种良性博弈。

一、工资标准地区分类问题的争议与统一

（一）工资标准地区分类的争议

此次改革，中央根据各地区发展生产的需要、物价生活水平的高低和现实工资状况，规定了不同的工资区类别和货币工资标准，如国家机关工作人员各级工资标准，根据各地的物价和生活水平将全国划分为十一类工资区，同一等级的工资标准，第十一类比第一类高 30%，相邻两个工资区之间相差 3%。[②] 也正是在这一问题上，集中体现了地区之间的利益冲突，而且"各地区发展生产的需要、物价生活水平的高低和现实工资状况"这一划分标准的模糊性，也必然加剧这一问题的争议。故此，对国家机关、非工业部门所属企业、事业单位的工资标准地区分类，是此次会议中最具争议的问题之一。综而观之，其争论可分为以下几类。

第一，围绕唐山市执行国家机关第五类工资标准问题，唐山专区及承德、秦皇岛、保定、石家庄等市均提出不同意见。唐山专区认为，此次唐山市提高为五类与其相差太多，不合理，要求唐山专区也相应提高类别，提为四类，

① 河北省工资会议秘书处编印：《工资改革简讯》（会议简报）第 13 号，1956 年 8 月 4 日，河北省档案馆藏，档案号：932-2-245。

② 庄启东，袁伦渠等：《新中国工资史稿》，中国财政经济出版社，1986 年版，第 69—70 页。

以缩小与唐山市的差距。秦皇岛市提出其物价比唐山市高，按5月职工生活开支，秦皇岛市为18.407元，唐山市为16.758元，秦皇岛市职工生活费开支高于唐山9%，却执行四类，比唐山还低一类亦不合理。[①] 石家庄与保定则分别提出正式书面意见，其中保定列举了物价材料，说明唐山应与保定一样执行四类，把所余的钱分给承德及峰峰，将其提高一类。石家庄亦进一步申明其理由：其一，中央确定地区类别的依据是地区生活水平、物价因素和现行工资水平，这些方面在机关干部中唐山并不特殊，其物价与保定基本持平，改革前唐山市地区物价津贴差额高1%既已不尽合理，现与承德执行一类更为不合理；其二，在工业、基本建设方面，石家庄与唐山市工资标准已大体合理，如唐山市再变更为五类工资标准，则对石家庄如华新、石纺、国棉等各厂影响颇大，对全市的工资水平更有影响。[②] 此外，"唐山生活费指数比保定、秦皇岛并不高，在哪一方面说也没有什么特殊。在执行物价津贴时期，唐山区9%，保定区8%，仅差1个百分点，现在唐山执行五类，保定执行四类，则差了3%，这不但没有使地区差额缩小，反而加大了"[③]。故此主张"唐山市执行五类，与承德执行一个标准"[④]。

第二，承德市认为与唐山市执行同一类标准不合理，并得到部分地区的支持。承德市提出，国务院统一规定中等城市职工生活指数为16.82元，并以此作为规定第一类工资标准的基础，承德地区调查为20.93元，比一般标准高24%。故此，承德市认为应执行九类标准才合适，即使一时不能做到完全合理，但必须做到接近合理，适当提高工资类别，并进一步提出申辩理由：其一，根据国务院统计局1956年2月布置的职工主要消费品价格调查，承德市比唐山市物价高14.5%，其中主食品高24.8%，虽然副食品方面有些便

① 河北省工资会议秘书处编:《工资改革简讯》(会议简报)第4号，1956年7月23日，河北省档案馆藏，档案号：932-2-245。

② 河北省工资会议秘书处编:《工资改革简讯》(会议简报)第5号，1956年7月25日，河北省档案馆藏，档案号：932-2-245。

③ 河北省工资会议秘书处编:《工资改革简讯》(会议简报)第4号，1956年7月23日，河北省档案馆藏，档案号：932-2-245。

④ 河北省工资会议秘书处编:《工资改革简讯》(会议简报)第5号，1956年7月25日，河北省档案馆藏，档案号：932-2-245。

宜，如牛肉比唐山每斤低4厘，但总的却高14.5%；其二，国务院在规定差旅费上，承德与北京、天津的标准同为0.6元，但在工资标准上却又有了差别，改革前热（原热河省）西南（即河北地区）物价津贴为10%，现为五类，而热（原热河省）北（即内蒙古）原为3%，现赤峰亦为五类，而承德市却没有提高。这也招致许多人的不满，如有人说："照顾我们，是让我们少挣少花。"[①] 为此，承德市副市长亲往省人民委员会向胡开明副省长提出关于地区分类的意见。承德市的主张也得到其他地区的赞同与支持，如保定市与石家庄市都认为承德低了一些，石家庄市提出："同意张家口执行五类，唐山执行四类，用唐山的钱，给承德市和专区。"[②]

第三，围绕京、津两市以及峰峰市、张家口专区坝上等接合部地区，要求与京、津等地看齐或适当提高类别。如通州市要求与北京同执行六类；承德专区认为围场、丰宁两县坝上地区应同张家口专区坝上六县一样执行六类；天津专区要求将杨柳青、芦台（汉沽和丰润胥各庄之间）等地类别加以提高；邯郸专区要求将接邻峰峰市的武安、磁县等县的类别适当加以解决；邯郸市对其执行三类，比峰峰市低一类亦表示不满。[③] 此外，张家口专区认为坝下虽较坝上气候暖和，但较别处寒冷，且东邻承德专区，西邻内蒙古，工资都高，张家口市、宣化市均执行五类，故张家口专区组向胡开明副省长提出了书面意见，要求将坝下十县划为四类，沙岭子镇因有不少省专属单位驻该地，亦应按张家口市类执行；唐山专区提出迁西接近承德，应适当提高；天津专区提出：照顾通州是因为接近北京，故因其接近天津市也应该照顾。[④] 再者，石家庄与保定专区认为应照顾山区，石家庄专区提出山区应划分为五类，保定专区要求涞源、阜平应执行四类；沧县专

① 河北省工资会议秘书处编：《工资改革简讯》（会议简报）第4号，1956年7月23日，河北省档案馆藏，档案号：932-2-245。

② 河北省工资会议秘书处编：《工资改革简讯》（会议简报）第5号，1956年7月25日，河北省档案馆藏，档案号：932-2-245。

③ 河北省工资改革委员会：《关于召开全省工资会议和当前工资改革方案定案情况的报告》，1956年8月25日，河北省档案馆藏，档案号：933-1-558。

④ 河北省工资会议秘书处编：《工资改革简讯》（会议简报）第5号，1956年7月25日，河北省档案馆藏，档案号：932-2-245。

区认为应照顾沿海，要求黄骅县执行四类；邢台市及专区认为邢台市的物价不低于石家庄、保定，工业品地区差价还高，应由三类划为四类；峰峰市认为该市物价高，生活艰苦，执行的工资标准类别亦应提高。[①]

（二）唐山市工资标准地区分类

关于工资标准地区分类讨论中唐山市所执行的地区标准问题引起了众多地区的不满与争议。如石家庄市提出："特别讨论不通的，就是唐山执行五类，唐山以北、以南都执行四类和三类，这是为什么？"[②] 对此，唐山市"为了使问题能够得到澄清"作了专题汇报，认为中央关于执行地区类别的划分原则是物价、生活水平及现行工资情况等条件，从这些条件上看，唐山执行第五类工资标准完全适合，并阐述了其理由。7 月 28 日省委对各地地区分类作出处理意见后，对唐山市分类问题的争议并未就此平息，特别是石家庄市针对其报告再次提出异议。

第一，物价情况。唐山市列举了 1955 年全年及 12 月一般物价情况，并与石家庄市进行了对比，比较得出：（1）1955 年全年平均价根据 47 种采用统一规格牌号生活物品价格比较，有 33 种物品唐山市高于石家庄市，占 70%，有 14 种物品石家庄市高于唐山市，占 30%。唐山市高于石家庄市的幅度是 0.10%~80.53%；石家庄市高于唐山市的幅度为 1.25%~42.85%，但唐山市高于石家庄市的物品为全部主食，大部分副食，日用百货及服务性开支，而石家庄市高于唐山市的是部分副食品及日用器皿。[③]（2）1955 年 12 月主要数种物品平均价，唐山市亦高于石家庄市，如（见表 2.1）中等大米唐山市高于石家庄市 0.043 元，标准面粉高 0.014 元，带皮去骨猪肉高 0.05 元。针对唐山市关于物价方面的主张，石家庄根据中央规定的职工生活主要消费品价格计算表中的品种、数量、规格、牌号，依据河北省商

① 河北省工资会议秘书处编：《工资改革简讯》（会议简报）第 4 号，1956 年 7 月 23 日，河北省档案馆藏，档案号：932-2-245。

② 河北省工资会议秘书处编：《工资改革简讯》（会议简报）第 4 号，1956 年 7 月 23 日，河北省档案馆藏，档案号：932-2-245。

③ 河北省工资会议秘书处编：《工资改革简讯》（会议简报）第 6 号，1956 年 7 月 27 日，河北省档案馆藏，档案号：933-1-545。

业厅所编《河北物价》计算比较（见表2.2），提出保定与石家庄市价格比唐山市高。如1956年第一季度个人每月消费额以保定市15.613元为基数100，则唐山市为98.87%，石家庄市为100.94%。

表2.1 唐山、保定、石家庄三市1955年12月物价对比表

商品名称	单位	规格	唐市价	石市价	价差%（以唐山为100）
大米	斤	中等	0.185	0.142	76.76
面粉	斤	标准	0.192	0.178	92.71
猪肉	斤	带皮去骨	0.675	0.625	92.59
牛肉	斤	去皮去骨	0.62	0.575	92.74
猪油	斤	板油	0.84	0.70	83.33
棉花	斤		0.91	0.83	91.21
原煤	斤	唐山二元石市凤山原煤	0.0109	0.0102	93.58
肥皂	条	祥茂	0.32	0.32	100

资料来源：河北省工资会议秘书处编:《工资改革简讯》（会议简报）第6号，1956年7月27日，河北省档案馆藏，档案号：933-1-545

表2.2 保定、唐山、石家庄三市职工主要消费品价格计算表

地区	个人每月消费金额	百分比%
保定市	15.613元	100
唐山市	15.436元	98.87
石家庄市	15.76元	100.94

材料来源：河北省工资会议秘书处编:《工资改革简讯》（会议简报）第10号，1956年7月30日，河北省档案馆藏，档案号：932-2-245

第二，生活水平情况。唐山市提出，唐山市是个老的重工业城市，生活方式、习惯等均有它一定的水平，与一般的城镇不能强求一致。[①] 对此，石家庄则通过保定、唐山、石家庄三市食粮消费量的比较（见表2.3），得出保

① 河北省工资会议秘书处编:《工资改革简讯》（会议简报）第6号，1956年7月27日，河北省档案馆藏，档案号：933-1-545。

定、石家庄两市人民生活水平比唐山市较高的结论。

表2.3 保定、唐山、石家庄三市食粮消费量比较表

地区	食粮消费量（1—6月）		日用百货全年平均消费
	细粮	粗粮	
保定市	79.69%	20.31%	69.20元
唐山市	68.79%	31.21%	33.22元
石家庄市	76.69%	23.31%	52.74元

资料来源：河北省工资会议秘书处编:《工资改革简讯》(会议简报）第 10 号，1956 年 7 月 30 日，河北省档案馆藏，档案号：932-2-245

第三，现行工资情况。唐山市摘录了“全国各地区物价津贴表”“45 个大中城市职工生活主要消费品价格计算表汇总表”两份资料中有关河北省部分，据此提出自己的理由，并得出对比结论（参见表 2.4）:（1）以唐山市 9.9 为 100，保定市 7.4 为 74.7，唐山执行第五类工资标准（12%），保定市则应为 8.96。（2）以唐山市 13.45 为 100，石家庄 6.18 为 45.9，唐山市执行第五类标准，石家庄市应为 5.51。对比结果可以看出，唐山市执行第五类工资标准 12%，保定市为 8.96%，石家庄为 5.51%，由此保定、石家庄两市确定为四类 9%，这个关系对唐山市来说是合理的。此外，唐山市提出该市的现行物价津贴为 9%，其他地区为 8%，但 1955 年 7 月份改行货币工资标准前的工资分，唐山市为 0.2395 元，其他地区为 0.2332 元，即差 2.63%。这个差额也就说明了现行工资水平情况（因为工业上的水平在工资改革前还是有这个差数）。[①]

表2.4 唐山、保定、石家庄三市物价津贴对比表

	唐山市	保定市	石家庄市
现行物价津贴（%）	9	8	8

① 河北省工资会议秘书处编:《工资改革简讯》(会议简报）第 6 号，1956 年 7 月 27 日，河北省档案馆藏，档案号：933-1-545。

续表

	唐山市	保定市	石家庄市
全国各地区物价津贴表（元）	15.063	14.718	
基数13.7元（%）	9.9	7.4	
45个大中城市职工主要消费品价格计算表	15.883		14.866
基数14元（%）	13.45		6.18

资料来源：河北省工资会议秘书处编:《工资改革简讯》(会议简报）第6号，1956年7月27日，河北省档案馆藏，档案号：933-1-545

石家庄市质疑唐山市所提供的材料，认为唐山市不客观、不全面地向省领导反映了情况。如石家庄市指出：石家庄市凤山煤系工业用煤，根本不许出售作燃料之用，且该矿淹没多年，至今仍未恢复生产，不知唐山市材料根据由何而来；石家庄市猪油本系0.9元一斤，而唐山市的材料却为0.7元；1955年7月河北省工资分值为0.2362元，唐山市提供的数据却为0.2332元；至于同样质量的大米，唐山市竟比石家庄市贵23.24%（如按唐山市反映的单价计算，则相差30.28%），在国家统购统销的粮食中，会有如此巨大差额，这是令人难以置信的。石家庄市最后表示：要求省级领导组织专门小组进行详细的调查，即便此次地区分类问题不能得到完全合理的解决，但有必要把真实情况加以澄清。对此，保定市也提出：省委决议无条件执行，但对唐山市所反映的物价材料不够全面表示有意见。[①] 此外，石家庄市则通过商业、粮食系统工作量的对比（见表2.5），提出保定、石家庄两市比较大。

表2.5　保定、唐山、石家庄三市商业、粮食系统工作量对比表

地区	商业系统		粮食系统	
	每人平均工作量	%	每人平均工作量	%
保定市	29352元	100	-	-
唐山市	28327元	96.51	35.77万斤	100

① 河北省工资会议秘书处编:《工资改革简讯》(会议简报）第10号，1956年7月30日，河北省档案馆藏，档案号：932-2-245。

续表

地区	商业系统		粮食系统	
	每人平均工作量	%	每人平均工作量	%
石家庄市	40021元	136.35	42.09万斤	117.4

资料来源：河北省工资会议秘书处编:《工资改革简讯》(会议简报)第10号，1956年7月30日，河北省档案馆藏，档案号：932-2-245

我们暂且不去深究石家庄市与唐山市所反映的材料哪个更真实，唐山市划为五类是否合理。应当说，石家庄市与唐山市所反映的材料各有其依据，但如果我们将唐山市与石家庄市所反映的材料进行对比可知，其争论症结在于他们分别采用不同资料来源，从不同的视角提出自己在物价、生活水平及现行工资方面的主张，各持己见。如物价方面，唐山市提出各地区的物价对比应按照同一时间、同一规格牌号、同一数量来对比得出物价高低的结论，主张必须采用一个可靠的统计资料来比较，即全国工资会议上各地填报的物价资料并经中央平衡的“全国各地区物价津贴表”“45个大中城市职工生活主要消费品价格计算表汇总表”两份资料；[①] 而石家庄则依据河北省商业厅所编《河北物价》进行计算比较。[②]

通过各地区对工资标准地区分类的争论可见，大多地区都认为自己的类别划分不合理，纷纷要求提高，而其在表达自己工资标准地区分类上的诉求时，往往是通过与相邻地区或经济条件相近地区的比较来论证其诉求的合理性。比如围绕北京、天津两市以及峰峰市、张家口专区坝上等接合部地区要求与北京、天津等地看齐或适当提高类别。再如承德市认为将其与唐山市同划为五类不合理，进而又与北京、天津等地比较提出更高的分类诉求。唐山市的分类问题也是如此，此次改革唐山市划为五类，而保定、石家庄、秦皇岛等经济条件相近的市却划为四类，这必然使唐山市成为众矢之的。唐山市的问题看似是其工资标准地区分类合理性的争论，但某种程度上反映的是工

① 河北省工资会议秘书处编:《工资改革简讯》(会议简报)第6号，1956年7月27日，河北省档案馆藏，档案号：933-1-545。

② 河北省工资会议秘书处编:《工资改革简讯》(会议简报)第10号，1956年7月30日，河北省档案馆藏，档案号：932-2-245。

资改革中地区之间的利益冲突。石家庄市在提出自己诉求的同时，较多地反映唐山市工资标准地区分类的不合理，某种程度上是表达对自己工资标准地区分类的不满。从最终定案结果来看，河北省委并未采纳石家庄市的意见。应该说各地方对工资标准地区分类的争议，主要是依据各自地区情况强调了某一方面的特殊因素而提出的异议，带有一定的片面性。

（三）省委处理意见及最终定案

第一，省委对工资标准地区分类问题的初步处理意见。1956 年 7 月 28 日，为加强领导组的活动，胡开明副省长主持召开了领导组扩大会议，之后领导组于每天召开会议，研究解决各地区、各系统提出的问题，统一认识。此次会议传达了中共河北省委委员会对河北省工资会议上提出的一些主要问题的处理意见。针对国家机关工作人员及非工业部门事业单位工资标准的地区分类问题，会议秘书长王漫指出：省委首先对各地区提供的一些意见，特别是各地区所反映的物价情况，进行了周密的考虑和详尽的研究，在讨论中一致认为："这些材料虽不是完全准确的，但可肯定一个情况，即在全省范围内，承德市物价是最高的，张家口和秦皇岛二市物价虽较承德市低一些，但比唐山市、保定市为高。当然，这是就一般情况来说的，可能有某种物品，这个地区贵一些，那个地区贱一些，但那只是个别情况。"[①] 据此，省委根据《国务院关于工资改革的决定》的规定，即根据各地区发展生产的需要、物价生活水平和现实工资状况，并结合考虑省内、省外地区关系，对工资标准地区分类问题进行了研究。中共河北省委第二书记马国瑞提出：关于国务院已经确定下来的，河北省的地区分类原则上即不再作大的变动，个别地区不合理程度比较大一些的可以适当解决。即承德市及承德专区的丰宁、围场二县的坝上地区，由五类改为六类；秦皇岛市由四类改为五类，以上变更可由省人民委员会（备文）请示国务院，目前仍须按原定的地区类别执行，待国务院批准后方能改变。邯郸市由于将与峰峰市合并，可暂不解决，待与峰峰市正式合并时请示国务院予以解决。而关于其他地区的

① 河北省工资会议秘书处编：《工资改革简讯》（会议简报）第 9 号，1956 年 7 月 28 日，河北省档案馆藏，档案号：932-2-245。

意见，为了照顾国家财政力量并未采纳。最后马国瑞作结论说："在这一问题上，也只能做到大体合理，绝对合理是没有的，也是不可能的，所谓合理，在这一地区来说是合理了，但在其他地区来说就又不合理了。因此，只能是适当地加以解决。"[①]对此，省委同样认为："这样解决，不合理现象依然存在，但应当指出：大小城市之间、城市与乡村之间是要有差别的。问题虽然存在，而只好是也只能是逐步地解决，一下子处理得很妥当，解决得很完美，这是不可能的。"[②]

第二，省委初步处理意见的效果。7月28日下午，各地区对省委常委会关于省工资会议提出的一些主要问题的处理意见进行了传达讨论。各地区在讨论中对省委的处理意见总的原则上表示同意，但在地区分类和国家机关干部调级费的分配等问题上仍有较多意见，纷纷申诉本地区的物价生活状况和多年来干部级别很少调整、职级不称现象相当严重等意见和理由。其中在工资标准地区分类问题上，各地区对省委处理意见仍争议不断。石家庄提出：省委决议回去可以贯彻，但对地区分类还有意见，请省级领导进一步考虑，以便做到更加合理，并认为唐山市高了一些，保定及石家庄市低了一些。此外，唐山专区提出昌黎、滦县应提为四类；张家口专区提出坝下十县执行三类不合理；沧县专区提出黄骅县地区艰苦，物价很贵，应提为四类，如此次实在不能解决，也请省里考虑今后如何趋向进一步合理；天津专区提出宁河县特别是芦台执行三类有问题，在其毗邻地区的丰润执行四类，汉沽执行五类，尤其是在芦台境内的两个国营农场执行六类，这就越发显得不合理，请省级领导再次考虑。除以上地区外，通县专区尤其是环绕北京市的各县和怀柔、密云等地，此次对省委处理决定表现出极大的不满。许多人反映："我们县界距天安门仅25里，为什么待遇就这么悬殊""省委决议我们无条件执行，但是我们有意见决不点头。"后经过再度动员解释才达成一致的意见："省委决议保证执行，并提出房山、大兴、顺义、怀柔、密云、通县、良乡等县份，

① 河北省工资会议秘书处编:《工资改革简讯》(会议简报)第9号，1956年7月28日，河北省档案馆藏，档案号：932-2-245。

② 河北省工资会议秘书处编:《工资改革简讯》(会议简报)第9号，1956年7月28日，河北省档案馆藏，档案号：932-2-245。

应全部执行四类地区标准，请省再次考虑，如省不能解决，即准备到中央申诉理由，同时要求中央及北京市所属驻通县的单位，一律按照国务院（55）国秘字第 171 号命令规定执行所在地的工资类别标准，以免给我专造成更大的影响。”①

第三，关于地区分类的最终定案。在此次全省工资会议上，意见最多和争论最大的问题即工资标准地区分类问题。综而观之，其争论可分为三类：首先，围绕唐山市执行国家机关第五类工资标准问题，许多地区提出了不同的意见。承德市列举了他们的物价材料，指出主要食品比唐山市高 24.8%，副食品高 14.5%，与唐山同样执行五类标准，认为太低，不合理。秦皇岛市提出他们的物价比唐山高，职工生活费开支高于唐山 9%，却执行四类，比唐山还低一类，有意见。石家庄、保定市认为唐山物价并不高，与各市比较，也不特殊，以前物价津贴仅差 1 个百分点（唐山为 9%，河北为 8%），现在却差了 3%，不但没有使地区差额缩小，反而更加大了，他们的意见是把唐山拉下来（与保定、石家庄一样执行四类）。唐山专区也要求适当解决与唐山、秦皇岛两市之间的工资类别问题。② 其次，围绕北京、天津两市的地区与峰峰市、张家口专区坝上等接合部地区，要求与北京、天津等地看齐或者适当提高类别。通县专区认为密云、怀柔介于承德（五类）、北京（六类）之间，划为三类不合理，主张围绕北京各县应适当提高；天津专区提出汉沽市出盐不产粮，离天津市近，天津市也有些单位在汉沽，应该执行六类，杨柳青接连天津，执行四类太低，芦台、杨村邻近天津市，沿海的县辖区也应照顾。承德专区提出：丰宁县应该与坝上一样，执行六类。③ 再次，保定专区、石家庄专区提出要照顾山区；沧县专区、天津专区提出要照顾沿海；邢台专区和邢台市认为邢台市物价不低于石家庄、保定，工业品的地区差价还高，应

① 河北省工资会议秘书处编：《工资改革简讯》（会议简报）第 10 号，1956 年 7 月 30 日，河北省档案馆藏，档案号：932-2-245。

② 河北省工资改革委员会：《关于召开全省工资会议和当前工资改革方案定案情况的报告》，1956 年 8 月 25 日，河北省档案馆藏，档案号：933-1-558。

③ 河北省工资会议秘书处编：《工资改革简讯》（会议简报）第 4 号，1956 年 7 月 23 日，河北省档案馆藏，档案号：932-2-245。

划为四类（现定为三类）。[1]

从最终的定案来看，会议期间，省委常委会和书记处进行了研究讨论，确定以省人民委员会名义请示国务院，将承德市及承德专区的丰宁、围场二县的坝上地区由五类改为六类；秦皇岛市由四类改为五类；通县专区的通县、大兴、房山、顺义、怀柔、密云六县和天津专区的宁河县由三类改为四类；邯郸市由于将与峰峰市合并，可暂不解决，待与峰峰市正式合并时再请示国务院予以解决。[2]会后按照省委意见请示国务院，并都已正式批准。从这一定案来看，与 7 月 28 日省委处理意见相比，部分解决了通县专区提出的房山、大兴、顺义、怀柔、密云、通县等县份应全部执行四类地区标准要求（之前提出的良乡并没有解决），以及天津专区提出的宁河县类别问题，而争议最大的唐山市分类标准并未调整。此外，关于部分地区提出的照顾山区、沿海等要求并未实现。从各地对这一定案反映意见来看，各地区最终也都予以接受。

从这一定案来看，虽然各地方都提出了自己在工资标准地区分类上的诉求，但省工资改革委员会仅满足了部分县市的部分诉求。各地方出于自身的考虑，要求提高工资标准地区分类无可厚非，但最终调整结果却存在地区间的较大差异，其根源即在于省工资改革委员会在国家与河北省各地方之间所充当的双重角色：一方面，省工资改革委员会作为地方工资改革的组织与领导者，自上而下推行改革，必然要受到国家各项改革政策方针的制约，特别是工资标准及增长指标问题上负有相应职责，所以，其必然从国家整体利益出发不能完全满足各地方的诉求；另一方面，省工资改革委员会亦是地方利益的代表者，在各地方极力追求所谓“合理”的情况下，其不得不兼顾省内地方利益的平衡，满足一些普遍反映“不合理”且要求较强烈县市的部分诉求。当然，省工资改革委员会对部分县市诉求的满足并非随心所欲，从根本上说仍是依据中央所提出的划分地区类别三原则，即物价、生活水平及现行

① 河北省工资改革委员会：《关于召开全省工资会议和当前工资改革方案定案情况的报告》，1956 年 8 月 25 日，河北省档案馆藏，档案号：933-1-558。

② 河北省工资改革委员会：《关于召开全省工资会议和当前工资改革方案定案情况的报告》，1956 年 8 月 25 日，河北省档案馆藏，档案号：933-1-558。

工资情况。而从各地对这一定案反映意见来看，省委意见经传达后许多地区表示："这次虽不能达到完全合理的解决，但希望省级领导今后在研究这些问题时，多考虑一些他们的意见，以求得逐渐趋向合理。"① 这即表明各地方最终接受了这一方案。

二、国家工作人员升级问题的争论及定案

（一）国家工作人员升级问题的争议

调级问题主要涉及企业职工升级，以及国家机关工作人员升级两个方面。新中国成立之初因缺乏健全的升级制度，国家机关干部、企事业职员中因遵循"提职务不提工资"的原则而造成了大批"职级不称"现象，在工人中往往亦因工资指标限制和不重视升级工作，使得许多工人未能得到及时升级。比如对职工的升级问题，各地区普遍反映升级控制严，诸如学徒工不能及时升级：唐山市认为升级控制得太严，有些工厂学徒工 3 年没有晋级，二级工与六级工做一样的活，不能得到同样的报酬；保定市反映多年学徒工得不到升级，针织厂、印刷厂的学徒工占全部工人的 74%，最低的也是 3 年以上的；省社印刷厂工人则自称："我们这儿是徒弟朝"；石家庄市提出该市有的企业学徒工已做七级工的活，还拿学徒工的工资，故此各企业希望取消对工人升级面的控制，但是又害怕工业厅到时给钱少，或者是再对指标加以控制。② 不过，相对企业工人升级问题，国家机关工作人员调级问题争议最多，也是此次会议上各地区争议的焦点之一。自 1952 年河北省职工干部普遍调级后，很多地区就不曾再调级，于是就形成严重的"职级不称"现象。这一矛盾在此次全省工资会议上集中表现出来。而从最终定案来看，这一问题仍未得到全面解决。国家机关工作人员的调级问题可以概述为以下几个方面。

第一，各地区普遍反映职级不称现象严重，而调级费过低，调级面十分有限。例如，邢台专区在县级干部中级职不称的达 34.9%，区、科长级干部

① 河北省工资改革委员会：《关于召开全省工资会议和当前工资改革方案定案情况的报告》，1956 年 8 月 25 日，河北省档案馆藏，档案号：933-1-558。

② 河北省工资会议秘书处编：《工资改革简讯》（会议简报）第 4 号，1956 年 7 月 23 日，河北省档案馆藏，档案号：932-2-245。

在等级线以外的有52%，县级干部有23级的，区、科长级干部有些是25级；沧县专区县委级在18级以下的人员（即等级线以外）占54%，县委书记、县长在16级以下的有40%；区委级在22级以下的（也是等级线外的）占44%，其中还有26级的4人；保定市按新定等级线来看，局长级干部131人中有49人在等级线外。① 又如承德市10个局、科长中8人在等级线以外；玉田县122名干部中27.05%在等级线外。② 各地普遍认为国务院确定的升级增长指标5.5%太少，如果按平均工资计算只能达到40%左右的升级面，但按各地区的测算升级面一般要求达到70%~80%。故此，各地认为相差太多，不能解决本地区的实际问题，纷纷要求向中央反映以提高升级增长指标。此外，各地普遍认为河北是老区，许多干部都普遍年老，但是级别和工资水平却比邻区低，这或多或少影响了干部情绪。如邢台专区1952年后全专区干部70%的人一直没有动级，干部情绪波动很大，有的要求回家，有的发牢骚；通县专区有的人对干部升级问题反映："敢提拔，敢使用，不敢给钱。" ③

第二，各地区对调级费指标的分配和调级的原则也提出许多不同的意见。省人事局对各市、专区调级费的分配原则是：根据各地区的工资水平情况，本着工资高的适当少增，工资低的适当多增，以逐渐缩小地区之间平均工资差额的精神分别确定。对此，唐山则提出不应该逐渐缩小差额，而是应适当加大地区之间的差额，要求将其分配指标由5.38%提高到5.6%；保定市提出省分配指标只根据工资水平而忽视了干部构成情况，认为不全面。④ 此外，在讨论调级原则时，各地一致认为越级控制一般以不超过2级的规定解决不了现有问题，纷纷指出各地区职级不称的严重现象，要求必须适当放宽对调级的控制。保定市提出升级问题上清规戒律很多，"面"加控制，钱

① 河北省工资改革委员会：《关于召开全省工资会议和当前工资改革方案定案情况的报告》，1956年8月25日，河北省档案馆藏，档案号：933-1-558。

② 河北省工资会议秘书处编：《工资改革简讯》（会议简报）第7号，1956年7月27日，河北省档案馆藏，档案号：932-2-245。

③ 河北省工资改革委员会：《关于召开全省工资会议和当前工资改革方案定案情况的报告》，1956年8月25日，河北省档案馆藏，档案号：933-1-558。

④ 河北省工资会议秘书处编：《工资改革简讯》（会议简报）第7号，1956年7月27日，河北省档案馆藏，档案号：932-2-245。

加控制，不得越级等；唐山市提出该市国家机关及非工业部门在市区有不少25级的科长，80%的人员需要升级，并在小组讨论中提出对升级问题的五点意见：（1）自1952年以来，提职没提级的要全部提级；（2）长期在机关，自1952年以来，职级都没有提的要予以提级；（3）军队上有排级干部3年提一级的规定，机关打字员、刻写员等专业人员要3年提级一次；（4）上自领导，下至群众都认为级别不合理者，应做到合理，应该提几级就提几级；（5）17级以下的干部可以越级提，但不得超过三级，据此该市提级面要占71.7%。①

第三，关于指标的分配，省人事局根据逐渐缩小地区之间平均工资差额的原则进行了分配。分配的初步结果：在8个市中有唐山、保定、峰峰、邯郸4个市稍低于5.5%，对此4市都表示反对。唐山市要求把分配指标由5.38%提高到5.6%，理由是：（1）负责干部条件高，领导干部高，而下层干部也相应高了；（2）与厂矿比，政府太低了；（3）唐山市究竟执行哪一级等级问题应考虑。保定市提出：保定老干部多，与上下比起来级别低；领导干部比重大，市的任务越来越大，但干部编制及调动基本上没动，因此，不同意降低分配指标；峰峰、邯郸二市基本上同意保定市的意见。此外，张家口、石家庄、秦皇岛、承德4市提出原平均工资较低，分配指标应予增加，其中石家庄市应由5.61%提高至8%；张家口市应由5.67%提高至7%，不然不仅不能体现逐渐缩小地区之间差额的原则，反而加大了差额。承德专区亦认为调整后专区各县平均工资与其他各县加大了差距不够合理，而石家庄与邢台2个专区认为方案有些平均主义（总指标5.5%，最高5.787%，最低5.25%），没有考虑到干部资历条件。②

（二）省委处理意见及定案

关于国家机关工作人员调级问题，省委意见是省人事局的分配指标基本

① 河北省工资会议秘书处编：《工资改革简讯》（会议简报）第4号，1956年7月23日，河北省档案馆藏，档案号：932-2-245。

② 河北省工资会议秘书处编：《工资改革简讯》（会议简报）第7号，1956年7月27日，河北省档案馆藏，档案号：932-2-245。

上不再变动，个别的可稍作调整。而调级的具体数字，省委同意人事局所提出的方案：保定市由原来 5.23% 提高到 5.38%；唐山市由原来 5.38% 提高到 5.42%；秦皇岛市由原来 5.73% 降低到 5.70%；张家口市由原来 5.67% 降低到 5.60%。[①] 省委认为 40% 左右的晋级面，大体上能解决一些主要的问题，为了不再给中央增加困难，不再向中央提要求；而关于越级提级问题，为了使这次调级能在有限的指标范围内，更多地解决一些问题，省委同意了人事局提出的提级一般不超过两级的意见（中央规定可提三级），即对越级必须严格加以控制。[②] 不过省委同时提出关于“根据现职、结合德才，适当照顾资历”的升级原则仍然适用，且在同样条件下要首先照顾在等级线以外的，更多地照顾中下层干部，对小单位适当加以照顾，带职学习的本单位也要考虑，而脱职学习及脱职病员不再考虑。[③]

针对省委这一处理意见，各地区仍颇有争议，特别是国家机关干部调级费指标的分配问题，总的意见是指标太少，不能完全合理地解决实际问题。天津专区提出：省分配的指标按调一级计算，调级面只能达到 30%~35%，不能解决实际问题，如青县县委副书记自从任职区委时即是 18 级，经过几次提职一直未动，说明职级不称的严重；张家口市提出自 1952 年 80% 的人员没有动过级别，分配指标由 5.67% 又减到 5.60%，这就更不够用了；沧县专区提出由山东省划归的六县，在山东省未赶上调，到河北时已调过了，因此，这 6 个县的工资水平比其他县均低，不仅国家机关干部如此，商业、合作、粮食等系统的工作人员也是一样，请省加以照顾；承德市提出调级费指标 5.7%，做起来有很多难处，原来工资水平即低于其他各市，加之从 1952 年以来有 90% 以上根本未动级，在 177 名科员中有 66 名占 23—24 级；保定市在对调级费不能完全解决职级不称问题上，提出级别不仅是一个工资问

① 河北省工资会议秘书处编：《工资改革简讯》（会议简报）第 9 号，1956 年 7 月 28 日，河北省档案馆藏，档案号：932-2-245。

② 河北省工资改革委员会：《关于召开全省工资会议和当前工资改革方案定案情况的报告》，1956 年 8 月 25 日，河北省档案馆藏，档案号：933-1-558。

③ 河北省工资会议秘书处编：《工资改革简讯》（会议简报）第 9 号，1956 年 7 月 28 日，河北省档案馆藏，档案号：932-2-245。

题，更重要的它是一个政治待遇问题。[①]

对此，中共河北省委第二书记马国瑞提出：“现在干部工资水平基本是合理的，因此，不应再加大地区之间的差距，根据各地区的发言，看来都有些道理，但失之偏持一面，所以多的也有意见，少的也有意见。”他认为从此次算账结果看，各地区晋级面都在40%左右，这个面就不算小了，可以不再向中央要求，并强调工资问题是具体的经济问题，完全合理是不可能的，既要算细账，又要做好政治工作。[②]总体而言，各地区对升级问题虽然仍有诸多意见，不过对方案最终都表示了接受。如唐山市提出：最后分配的指标经过详细算账，虽然距离实际情况还很远，但是我们同意了。通县专区提出：调级的指标想完全解决问题是不可能了，但要求省对大厂回族自治县给以特殊照顾。唐山专区请求省再向中央反映一下，是否能把用款指标再提高一些，已达到基本上解决问题。[③]对这一问题，最终“经过研究协商，大家感到想完全解决问题是不可能了，虽然距离实际情况很远，也就勉强同意了”[④]。

三、工资标准使用及部门工资关系的争论与处理

改进工资关系是此次改革的重要内容之一。关于产业之间的工资关系，此次改革根据产业在国民经济中的重要性、技术复杂程度和劳动条件优劣，同时照顾历史的条件，对各产业的工资标准作了适当调整。但地方工业、基本建设、交通运输，以及非工业部门所属企、事业方面的工资改革方案在工资标准、厂矿排队和工资增长指标分配等问题上亦有许多争论。

① 河北省工资会议秘书处编:《工资改革简讯》(会议简报)第10号，1956年7月30日，河北省档案馆藏，档案号：932-2-245。

② 河北省工资会议秘书处编:《工资改革简讯》(会议简报)第9号，1956年7月28日，河北省档案馆藏，档案号：932-2-245。第4页。

③ 河北省工资会议秘书处编:《工资改革简讯》(会议简报)第10号，1956年7月30日，河北省档案馆藏，档案号：932-2-245。

④ 河北省工资改革委员会:《关于召开全省工资会议和当前工资改革方案定案情况的报告》，1956年8月25日，河北省档案馆藏，档案号：933-1-558。

（一）工资标准使用问题的争议

关于部门工资标准的使用问题，7 月 28 日的领导组会议上，曾对一些部门人员的工资标准作出处理意见。首先，地方工业行政管理人员和技术人员的工资制度和工资标准问题：省委同意把技术人员纳入职务等级之中，按其所担任的职务规定工资；在工资标准上一般说来企业干部应高于国家机关干部一级左右，但在确定企业干部的工资时不应一律占最高率，应根据干部的具体条件来确定，且在确定个人工资时，本人工资提高率一般不得超过20%；对高级技术人员按职务规定工资还可根据其技术水平高低，以及对企业作用之大小加 5%~30% 的津贴，对企业有特殊贡献者还可加发特定津贴，各地区、各单位可提出需加发津贴的技术人员名单报省主管部门核定。其次，关于地方工业生产工人工资标准的问题：省委同意省工资改革委员会提出的修改补充标准。（1）砖瓦厂的工资标准，考虑须与土建工人相适应，但要低于土建工人，因此，在原定一级工 29 元和 30 元两个标准之上，再加一个由 31 元至 74.8 元的标准。（2）交通厅修理厂由于原定工资标准偏高（1956 年一级工资率 32 元，1957 年为 32.5 元），这样对军区后勤部修理厂有影响，因此改为一级工资率 1956 年 31 元，1957 年 32 元，系数为 1∶3。（3）自来水公司工人主要是管道工，司泵工和修表工人数不多，他们类似基建，又近似机修，其工资标准完全按基建或完全按机修都不妥当，考虑可用 30 元至 90 元的八级工资制标准为宜，但八级一栏只准修表工占用。最后，建筑工人的工资标准问题：省委同意省工资改革委员会提出的承德和张家口坝上地区执行 33.6 元至 94.30 元的标准，系数为 1∶2.80；省属市及铁路沿线为避免相互影响，执行 32.64 元至 91.40 元的标准；县以下接近农村，执行 31.88 元至 89.30 元的标准。①

此外，这一方面的问题，交通厅康敏副厅长在 7 月 31 日上午领导组会议上作了“交通运输部门工资标准、分配指标讨论情况、存在问题和意见”的汇报，较为集中地反映了部门行业在执行工资标准等级及类别上的问题。

① 河北省工资会议秘书处编：《工资改革简讯》（会议简报）第 9 号，1956 年 7 月 28 日，河北省档案馆藏，档案号：932-2-245。

综而观之，交通厅的方案中主要存在3个方面的问题：（1）公路方面的指标和管理人员工资标准的等级线偏低。由于1955年公路养护执行的交通职务工资制标准低于国家机关人员标准，且在国家机关改行货币工资制时，公路部门未改，因而这部分人员的等级大致上比国家机关压低了一级。在其系统内讨论中，各地提出意见，认为不合理，要求执行国家机关人员的标准。按这一标准的测算结果，需要把原来指标14.42%提高到16.15%。（2）运输方面由于测算中尽量压缩，因而在讨论时各地也有一些意见，认为新定的标准仅稍高于行政，不符合胡开明副省长报告中企业人员要高于行政一级左右的精神；对运输公司的类别问题，认为本来相当于工业二类厂，但标准实际低于二类厂，主要科员和站长级干部定级后，有的相当于行政同等级的工资，有的还低，而由工人提拔的车队长、技术检验员（原为八级工）等规定在一类职员等级中，却会形成保留工资，按地区制订的标准测算，指标须提高到15.95%，如运输公司按二类厂测算，需提高到19.34%。（3）对工人和所属修理厂的工资标准，还须作一些变更：承德修理厂工人现行工资（一级32.23元）比新定标准（31元）高1.23元，要求适当增加一些比数（3%~5%），承德机械修理厂也是32.23元，准备执行33元；公路基建工人因考虑条件和城市建设局基建工人差不多，应取得一致；汽车司机工资标准，交通部规定四类地区最低是45.56元，最高75元，而国家机关中司机最高为87.5元，相差12元多，认为不合理，应按交通部三类执行；张家口、石家庄、承德三市汽车修理厂同意当地划为二类厂，保定、唐山、邯郸三市执行三类厂标准。[①]

不过，从此次会议讨论的结果来看，许多地区部门反映的问题及要求并没有得到解决。地方工业、基本建设、交通运输方面的工资改革方案，在工资标准、厂矿排队和工资增长指标的分配问题上，亦有许多争论。会议上，城市建设局系统除研究确定了所属建筑企业的工人工资标准外，对工人工资增长指标反复地作了研究讨论。由于工资标准的改变（原拟计时工人全省统一执行31.88~89.26元的标准，改为承德地区、张家口专区坝上执行

① 河北省工资会议秘书处编：《工资改革简讯》（会议简报）第12号，1956年8月1日，河北省档案馆藏，档案号：932-2-245。

33.66~94.25 元，其他地区执行 32.64~91.4 元），以及人数与原测算不符，按中央分配指标实难解决问题，因此，指标作了较大的变动（由 15.6% 提高到 18.33%）。交通局系统在讨论中存在的主要问题是：各地公路局干部现行工资标准，低于国家机关，要改按国家机关工资标准执行则增加工资较多，汽车、航运部分原来测算不准，工资增长指标需做较大的变动，因而在会议上未能定案。[①] 关于这一问题的争议，可以概述为以下三个方面。

第一，不同国民经济各部门间工资标准使用问题。地区及部门之间在工资标准及增长指标分配上本身即存在一定差异性，也正因这种差异性的存在及追求利益最大化的心理驱动下势必引起地区及部门之间的分歧争议。例如，文化局提出所属印刷厂只有承德和河北日报社的印刷厂标准是 29 元，其余厂都在 29 元以下。这次工业厅的印刷厂提到 29 元，所以，文化局提出准备让承德厂、河北日报印刷厂超过 29 元，保定、石家庄市、唐山等地印刷厂放到 29 元，其余放到 28 元。而在管理人员工资标准上，文化局提出合作社、文化局各自一套标准，工资水平不一样，建议对同类性质厂矿的工资标准，应该由各有关部门共同研究制定，进行统一的厂矿排队，以免相互影响。采购厅提出采购厅和合作社的生产工人采用一个工资标准，而采购厅所属厂大部分是由合作社转给，规模并不比合作社的厂子小，但是测算的工资增长指标，采购厅一般的都比合作社低。另外采购厅有一部分油厂和工业厅同样使用一个标准，工业厅此次提高了标准，如果技术水平一样，采购厅不提亦不合理。[②] 如天津专区采购系统即反映非工业部门的工作人员，绝大部分是由供销合作社转给，此次增资率合作社达 30% 以上，采购局只增长了 20%；工业部门中合作社所属的酱醋厂年平均工资达 501 元，但采购局的油棉加工厂仅 474 元，故此认为不够合理。[③] 此外，粮食厅提出在生产工人占用标准上，工业厅和粮食厅碾米厂的生产工人占用标准在第一次平衡时一般

---

① 河北省工资改革委员会：《关于召开全省工资会议和当前工资改革方案定案情况的报告》，1956 年 8 月 25 日，河北省档案馆藏，档案号：933-1-558。

② 河北省工资会议秘书处编：《工资改革简讯》（会议简报）第 12 号，1956 年 8 月 1 日，河北省档案馆藏，档案号：932-2-245。

③ 河北省工资会议秘书处编：《工资改革简讯》（会议简报）第 5 号，1956 年 7 月 25 日，河北省档案馆藏，档案号：932-2-245。

都确定为25元，而工业厅第二次平衡意见将昌黎、芦台、滦县三个碾米厂由25元提到26.5元，故此他们认为在同一地区，规模、技术、设备都差不多，而标准不同（工业厅26.5元、合作社26元、粮食厅25元）对粮食厅厂子有影响；供销合作社提出工业厅大型厂矿的指标问题不大，如果是小厂了将会影响到合作社；而工业厅则提出合作社食品加工厂标准是27元，工业厅是26元，也须考虑。①

第二，同一国民经济部门内工资标准类别的使用问题。不同部门工资标准使用问题体现了地区及部门之间工资关系，但即便在同一部门行业内也存在工资标准执行类别问题，如执行哪一类哪一级的工资标准，特别是企业工资标准还是国家机关工资标准问题。如承德市提出承德木器厂应执行建筑业标准，肥皂厂、大兴铁工厂都提高一类；张家口市提出建筑企业管理人员全省执行一个标准不妥当，应该根据地区分类加以区别，否则与国家机关比较不合理，并提出本市炊事公司、服务公司（旅社照相）、屠宰工人都无工资标准需重新制定；文化系统也提出电影机修理组、站，文物保管所没有标准应加以补充。② 保定市提出银行系统按国家机关的指标进行调整不合理，因其现行工资水平低，要求省银行单独分配指标。③ 交通系统唐山专区公路局提出，如让其执行国家机关的标准，还需重补过去8%的物价津贴才执行，如执行企业标准应给其提高，要求与运输公司拉平；还有些公路局和运输公司提出公路站、运输站不应分等级，因对这一工作重视程度不一样和各地配备干部情况不同，要求一二三等站执行一个工资标准。④

第三，除国民经济各部门之间工资执行标准差异而引起的纷争外，地方与部门之间、厂矿与地方主管之间，以及地方与地方之间都存有各种分

① 河北省工资会议秘书处编:《工资改革简讯》（会议简报）第12号，1956年8月1日，河北省档案馆藏，档案号：932-2-245。

② 河北省工资会议秘书处编:《工资改革简讯》（会议简报）第5号，1956年7月25日，河北省档案馆藏，档案号：932-2-245。

③ 河北省工资会议秘书处编:《工资改革简讯》（会议简报）第7号，1956年7月27日，河北省档案馆藏，档案号：932-2-245。

④ 河北省工资会议秘书处编:《工资改革简讯》（会议简报）第5号，1956年7月25日，河北省档案馆藏，档案号：932-2-245。

歧。石家庄市对工业厅制订的工资改革方案很不满意，反映说工业厅根本没有考虑地区意见。如沈永兴铁工厂规模很大，金华锉厂、衡达台秤厂都比沈永兴的规模小，而在一级工人工资标准上工业厅第一次方案规定：铁工厂 29 元，锉厂、台秤厂为 30 元。石家庄市对上述情况均事先书面和口头提出意见但始终未变动。辛集化学厂提出其工人工资标准应与汉沽化学厂拉齐，专区则不大同意，在提高速度上，厂方认为提高 23% 还解决不了问题，专区则认为提得有些多；辛集棉毯厂亦要求工人的工资标准提高一类。又如唐山市提出在企业管理人员标准上本属二类厂的承德机器厂一级工却比划为一类厂的唐山机器厂一级工高 1 元。他们质疑，如果说是照顾地区物价、生活水平，但唐山和承德都是五类地区，为什么唐山比承德低？①

（二）省委的平衡意见及定案

关于这一问题，会议秘书长王漫同意由同类产业的部门，特别是同在一地的厂矿应该由有关部门共同商定工资标准，进行统一排队，同时要求关于生产工人占用标准、厂矿排队和工资增长指标的平衡等问题，除工业厅已提交工业的书面意见，其他单位应在 7 月 31 日的晚上完成，并送大会秘书处，以便抓紧研究核定。② 31 日下午，召开各工业主管部门汇报会议，各系统对工资方案第二次研究平衡意见汇报中，工业厅系统在汇报中提出：经过几天按系统讨论的结果，各地区提出要变动和补充漏掉的单位，在工人工资标准方面的有 99 个，在确定厂矿类别上的有 68 个，其中除承德地区的 16 个单位还不能定案以外，其他单位均根据各地区所提的意见，照顾到地区关系、地方与国营的关系，以及地区内部关系等精神进行了研究平衡，根据地方意见提高和降低了一些单位的工资标准和厂矿等级，但有的还和地区的意见不一致。如在工人工资标准方面，地区提出提高标准的计 83 个单位，工

① 河北省工资会议秘书处编：《工资改革简讯》（会议简报）第 5 号，1956 年 7 月 25 日，河北省档案馆藏，档案号：932-2-245。

② 河北省工资会议秘书处编：《工资改革简讯》（会议简报）第 12 号，1956 年 8 月 1 日，河北省档案馆藏，档案号：932-2-245。

业厅平衡意见为51个单位；降低标准的4个单位，工业厅平衡意见为6个单位；在厂矿类别方面，地区提出提高类别的计29个单位，工业厅平衡意见仅9个单位，降低类别的11个单位，工业厅平衡意见为14个单位等。根据这次平衡的意见，工资增长指标据初步估计达15%左右，如按各地区的意见估计要达到16.7%，超过省原定指标3.7%，平均工资则上升到62.2元，较第一次平衡增加17元。采购厅在汇报中提出，由于省厅和地区在基本数字上有出入，重新进行了测算。测算是根据工人套级，按照职员提高速度不超过20%，工人晋级不超过30%的精神进行。测算结果，工资增长指标为15.77%，超过省原规定指标2.57%，需再增加99 117元。关于厂矿排队和生产工人占用指标方面，地区基本上没有提出意见。①

而最终平衡的结果是直接带动了工资增长指标的增高。如采购厅系统在讨论中与农业厅、工业厅、文化局、供销合作社的同类企业、同类人员比较，各地普遍认为现行工资水平偏低，要求相应地提高，结果工资增长指标由13.2%提高到了14.01%。此外，至于公安厅所属劳改工业的工资增长指标，中央没有进行分配，省确定的增长指标为20.8%；农业厅、粮食厅、供销合作社的工业部门方案，各地意见不多，故未作变动；地方电信人员的方案，由于邮电部正在开会研究，未提交会议讨论，会后才研究定案。②

第三节　中央及地方对工资改革实施方案之评估

工资增长指标是工资改革的核心问题，直接关系着职工干部的调级面、地区部门间工资关系平衡等诸多问题。反之，各地区对调级问题的要求与争论，以及工资测算方案测漏等因素又直接带动了工资增长指标的提高。从最终的结果来看，再次导致了劳动生产率的增长与工资增长的失衡。

① 河北省工资会议秘书处编:《工资改革简讯》(会议简报)第12号，1956年8月1日，河北省档案馆藏，档案号：932-2-245。

② 河北省工资改革委员会:《关于召开全省工资会议和当前工资改革方案定案情况的报告》，1956年8月25日，河北省档案馆藏，档案号：933-1-558。

一、增长指标分配问题的争议与统一

（一）影响工资增长指标的主因

关于工资增长指标问题，7 月 28 日在领导组扩大会议上，省委曾提出同意国务院分配给河北省的数字，要求各系统、各地区在具体测算时一律不得突破指标，以免再给中央增加困难，不过农业、水利、气象系统的指标如有不足可由省调剂。[①] 但在之后各地区、部门的讨论中，都较为集中地反映了增长指标低的问题，争论颇多。故此，胡开明副省长在 8 月 1 日领导组会议上作了关于迅速把工资增长指标定下来的发言。他指出："国家今年用于增加职工工资收入的钱是不少的（12.55 亿元），工资的增长率也是相当高的（14.5%），是历年来所没有的最高的一年；应该说国家用这样大的一笔钱，是可以解决当前工资水平、工资制度上存在着的一些问题的，是可以相当的改善职工生活，使我国的工资制度走上基本统一合理的道路的，是可以使我国的工资制度更加符合按劳付酬的原则，向着完全的社会主义工资制度过渡的。""除某些部门（如农业、水利、商业）的指标感到紧了些可再请示国务院适当予以解决外，一般的即应该肯定下来，不再变动。即使请示国务院适当解决的部门，在国务院未批准以前，也还必须按照原定指标（可作为第一方案）进行分配，不能超过。把请示国务院的作为第二方案，待国务院批准后，可再按新方案执行。"[②] 故此，胡开明提出希望在既定的指标以内进行研究协商，争取把指标分配得更为恰当合理，更加妥善地处理问题。由此可见，中共河北省委对工资增长指标控制较为严格，认为中央对此次改革工资增长指标是考虑到国家的财政力量、职工生活水平与农民生活水平相适应、工资增长率与劳动生产率相适应和适当保持年度增长的平衡、生活消费品的生产供应等各个方面的情况而确定，对河北省部门工资增长指标的确定也基本上符合河北省情况，其分配原则是在既定的指标以内进行研究协商以求得问题

---

① 河北省工资会议秘书处编：《工资改革简讯》（会议简报）第 9 号，1956 年 7 月 28 日，河北省档案馆藏，档案号：932-2-245。

② 河北省工资会议秘书处编：《工资改革简讯》（会议简报）第 13 号，1956 年 8 月 4 日，河北省档案馆藏，档案号：932-2-245。

的解决。[1] 但是实际实施中很多因素却影响了工资增长指标的变动。

第一，各地区对增长指标的要求。关于工资增长指标，许多部门提出指标分配不切实际，普遍反映不敷分配，甚至增加的工资总数还不够改变新标准之用。如工业厅系统地区汇报中，承德市反映省平衡的工人工资标准低，没有和现行工资情况结合，在其所属 11 个厂矿测算方案中 3 个单位全部工人工资下降，1 个单位大部分下降，少者降 6.3%，多者降 24.5%，唐山市有些厂也存在类似情况。[2] 采购厅分配给邯郸专区采购局所属的 9 个油棉加工厂的工资增长指标为 66 310 元，实际仅标准的变动一项即需 77 290 元，若再加上工人晋级和行政管理人员调资则要用 157 441 元，共计亏 91 131 元，其他如唐山、通县、天津、石家庄等专区亦均相差甚远。[3] 又如衡水酒厂原报省工业厅中的增加工资指标为 9%，省厅考虑太低，故按 15% 分配，但该厂又提出："我们计算错了，应该给我们 19.2% 才能解决问题。"[4] 而在这一点上，商业厅反映的问题更为突出。商业厅的工资改革方案经过系统讨论的结果，各地认为总的指标低，许多地区还不够定级、套级用。如省商业厅给张家口商业系统分配的增长指标为 10.35%，而仅标准的变动一项即需增长 12.23%，实欠 21 437 元；该市反映："标准提再高，指标压很低，实际是空头支票。"[5] 还有些地区提出了营业员既要按技术等级标准评级，又要有增长指标的控制，这种限制并不妥当，且相互冲突。同时商业厅数字与中央下达的控制指标所列人数、工资总额和平均工资也不符合。商业部下达的工资增长指标为 13.13%，并确定 1956 年新平均工资达到 46.82 元，但实际却是达不到这个水平，后经请示商业部，可在不超

① 河北省工资会议秘书处编:《工资改革简讯》(会议简报) 第 13 号，1956 年 8 月 4 日，河北省档案馆藏，档案号：932-2-245。

② 河北省工资会议秘书处编:《工资改革简讯》(会议简报) 第 7 号，1956 年 7 月 27 日，河北省档案馆藏，档案号：932-2-245。

③ 河北省工资会议秘书处编:《工资改革简讯》(会议简报) 第 5 号，1956 年 7 月 25 日，河北省档案馆藏，档案号：932-2-245。

④ 河北省工资会议秘书处编:《工资改革简讯》(会议简报) 第 5 号，1956 年 7 月 25 日，河北省档案馆藏，档案号：932-2-245。

⑤ 河北省工资会议秘书处编:《工资改革简讯》(会议简报) 第 5 号，1956 年 7 月 25 日，河北省档案馆藏，档案号：932-2-245。

过商业部下达的1956年平均工资水平（46.82元）的条件下适当地改变工资增长指标。商业厅据此提出了工资增长指标由13.13%改为15.43%，并经省级有关部门同意由商业厅备文请示中央批准。[①] 各地区及系统部门对工资增长指标的要求无形中也带动了最终增长指标的提高。

第二，工资测算方案中的测漏问题。河北省工资会议在对各部门及地方的测算方案审查、平衡中发现各主管部门与其所属市、专区单位的工资测算方案有诸多差错。有的地区漏测了部分人员或单位。如文化局系统在8个市10专区的方案中有15个地区的职工人数不符，且1955年末的月平均工资，文化局测算数字一般比各市、专区单位高；卫生部门各市、专区测算方案中1955年末的职工人数除张家口市比较接近卫生厅的方案外，其余地区均有出入，其中石家庄专区1955年年底职工人数为1601人，卫生厅方案中却为1494人，相差107人；商业厅系统如唐山市1955年末职工人数为3660人，但在商业厅测算方案中却为1939人，比该市少1721人，而石家庄市则又多出900人；采购厅系统如邯郸专区1955年末职工人数为1642人，月平均工资为28.99元，但采购厅方案中则是682人，平均工资为31.24元；工业厅系统的方案中如沧县、通县、邢台、邯郸等专区经过核对也发现与工业厅测算方案统计数据有所出入。正鉴于测算方案中的数字差错，会议组要求各有关系统对已核对过的方案应继续核对，而商业厅、文化局等部门则将重新核制方案。[②] 各地区及部门改革方案中测漏问题亦反映了此次改革准备上的不足，而导致的直接结果即是增长指标的提高。如供销合作社天津办事处1919名勤杂人员和雇员未列入测算方案，需再增加指标40.5万元；张家口专区工业局漏测了3个厂共168人，指标需再增加11 510元；供销合作社系统所有石碴厂的新定工人工资标准比省有关部门测算的低1元，共计1869人，需增指标2.5万元。[③]

① 河北省工资会议秘书处编:《工资改革简讯》（会议简报）第11号，1956年7月31日，河北省档案馆藏，档案号：932-2-245。

② 河北省工资会议秘书处编:《工资改革简讯》（会议简报）第5号，1956年7月25日，河北省档案馆藏，档案号：932-2-245。

③ 河北省工资会议秘书处编:《工资改革简讯》（会议简报）第7号，1956年7月27日，河北省档案馆藏，档案号：932-2-245。

（二）领导组处理意见及定案

关于工资增长指标分配问题，胡开明批评说：要防止越多越好、越高越好的思想，不要犯本位主义与平均主义，应以实事求是的态度，大体上解决问题即可，不要抱着一次解决一切问题、一切问题都能如愿的想法，只有逐步地取得合理，继续不断地前进，也不要更多地去和邻区、邻县看齐，而应看本身在这方面的实际情况。胡开明着重指出：在考虑增长指标时，还应严肃地对待"三条保证"，对这个问题要认真遵守国务院关于工资改革的决定中有关规定。他强调，中央对"三条保证"很重视，因为这是涉及关于国家财政的战略问题，没有"三条保证"就会使财政收支不平衡而影响国家建设，不能不顾"三条保证"还要多增加工资。最后他指出："今年的工资改革已准备了近半年了，各地的工资改革已经开展了，我省的广大职工群众已经等得不耐烦了，我们应该很快地定下案来，以便使我省的工资改革工作迅速开展，能够又快又好地完成。"①

全省工资会议结束以后，省级各部门根据会议讨论的结果集中力量对本系统的方案又进行了调整修订，除个别部门和小部分人员的方案仍在继续研究以外，绝大部分都由省工资改革委员会作了最后的审查平衡。国家机关（不包括乡干部）的工资改革方案已经省人民委员会批准下达；其他各部门的方案也由省工资改革委员会代替省人民委员会批准定案，并责成各部门分别下达。② 至 8 月 24 日，省级各主管部门的工资改革方案除水利（厅）系统因超过中央指标待呈请中央批准，木材公司因与商业厅意见尚未取得一致，以及城市建设局所属基建行政管理人员和工程技术人员标准尚未正式确定外，其他系统方案均已经省工资改革委员会批准。③ 根据《关于召开全省工资会议和当前工资改革方案定案情况的报告》，各部门定案的情况：（1）在地方工业、

① 河北省工资会议秘书处编：《工资改革简讯》（会议简报）第 13 号，1956 年 8 月 4 日，河北省档案馆藏，档案号：932-2-245。

② 河北省工资改革委员会：《关于召开全省工资会议和当前工资改革方案定案情况的报告》，1956 年 8 月 25 日，河北省档案馆藏，档案号：933-1-558。

③ 河北省工资改革委员会办公室编：《工资改革简讯》第 19 号，1956 年 8 月 25 日，河北省档案馆藏，档案号：932-2-245。

基建、交通运输和电信方面：地方工业包括工业厅、供销合作社、采购厅、粮食厅、农业厅、民政厅及公安厅（劳改工业）7个系统已全部定案；地方基建只有城市建设局的工人部分定案，该局所属各企业的职技人员、交通厅的公路基建和水利厅的基建部分则尚在编制方案；地方交通运输的汽车运输、内河航运和公路养护部分都已定案；地方电信也已定案。（2）在非工业部门所属企业、事业方面：农业、林业、气象、商业（不包括木材公司）、外贸、粮食、供销合作、采购、文化、教育、卫生、广播、体育、人民银行、农业银行、建设银行、保险公司和公安厅劳改农业等19个部门的方案都已定案。[①]

根据上述已经正式定案的部分计算，1955年共有职工599 874人（其中国家机关、教育系统系推算），工资总额281 226 784元（其中非工业企业、事业系统1955年12月数字系推算），每人月平均工资39.07元（全国为45.9元）。1956年工资增长指标为：职工新增工资44 765 115元，工资总额达325 991 899元，每人每月平均增加工资6.22元，月平均工资达45.29元（全国为52.55元），工资改革以后，还达不到全国1955年的平均工资水平（低0.61元），平均工资增长15.92%（全国为14.5%）。[②]具体情况如下：

1. 地方工业、基本建设（仅包括城市建设局所属建筑工人，缺少职员、技术人员和水利厅、交通厅的数据）、交通运输、地方电信，1955年工作人员总数是124 507人，年工资总额为64 582 252元，每人月平均工资为43.22元，1956年每人每月平均增加工资6.43元，月平均工资达49.65元，平均工资增长14.86%。其中：（1）地方基本建设部分：已定案的城市建设局所属建筑企业工人部门1955年为12921人，每人每月平均增加8.67元，月平均工资达55.98元，平均工资增长18.33%，较中央分配全省地方基本建设（包括建筑企业全部人员和水利、交通系统的基建部分）增长指标15.6%，超过了2.73个百分点；而增加绝对数已达中央分配全省地方基建工资增加绝对数（1 906 000元）的70.53%。（2）地方交通部分：中央这次分配的数字

① 河北省工资改革委员会：《关于召开全省工资会议和当前工资改革方案定案情况的报告》，1956年8月25日，河北省档案馆藏，档案号：933-1-558。

② 河北省工资改革委员会：《关于召开全省工资会议和当前工资改革方案定案情况的报告》，1956年8月25日，河北省档案馆藏，档案号：933-1-558。

是仅航运、汽运部分，提高率为13%，最后定案的提高率为14.5%（超过中央分配1.5个百分点），增加工资绝对数为753 840元，超过中央分配款数（581 000元）172 840元。（3）地方工业部分：中央未分配指标的公安厅系统劳改企业和民政厅所属假腿工厂是经部门测算，工资改革委员会研究定案，这两个部门1955年总人数为10 141人，每人每月平均工资为37.15元，1956年平均每人每月增加工资7.78元，平均工资增长20.95%。这一提高速度之所以显得快：主要是因为公安厅劳改系统的原来平均工资水平较低，刑满释放的再就业人员比重很大，其原工资均较社会工人低20%左右，此次改按省定统一的工资标准执行，工资增长较多。同时劳改企业行政管理人员原执行国家机关工作人员标准，现在改按企业工资标准执行，因而工资提高速度就显得快了一些（该厅的提高率达到20.99%）。虽然如此，其新平均工资水平仍比较低一些（44.93元）。[①]

2. 非工业部门的事业、企业单位（不包括教育、供销、水利及木材工资系统）1955年职工人数为135 873人，每人每月平均工资39.38元；1956年每月每人平均增加工资4.68元，月平均工资达44.06元，月平均工资增长11.88%。其中以中央有指标的农业、林业、气象、商业、外贸、粮食、文化、体育、广播等10个部门与中央分配的指标综合比较：1955年人数为107 639人，较中央的数字（95 977人）多了11 662人，每月每人平均工资为39.8元，较中央分配40.41元低了0.61元；1956年每月每人平均增加工资4.78元，月平均工资达44.58元，比中央要求1956年达到的水平（月平均工资44.94元）低0.36元。增加工资绝对数为6 167 946元，超过中央分配数948 276元，月平均工资增长12%，较中央控制指标（11.21%）超过了0.79个百分点。此外，教育部门（包括高师、中等及初等教育）1956年4月人数为146 037人（不包括昌平县及通县7个乡划为北京市的人数1275人）；1956年每月每人平均增加工资8.09元，增加绝对数为14 346 046元，月平均工资达39.77元，平均工资增长25.77%，比全国教育系统1956年的工资水平低2.47个百分点。供销合作社1956年每月每人平均增加工资6.11

① 河北省工资改革委员会：《关于召开全省工资会议和当前工资改革方案定案情况的报告》，1956年8月25日，河北省档案馆藏，档案号：933-1-558。

元（低于中央分配指标 0.3 元），增加绝对数为 8 466 678 元，月平均工资达 39.27 元（低于中央分配指标 1.99 元），平均增长 18.43%（高于中央分配指标 0.05 个百分点）。实际全年增加数较中央分配数少用了 611 622 元。国家机关 1955 年（以 1956 年 6 月份人数推算）为 78201 人，月平均工资 54.41 元（系估算数）；1956 年每月每人平均增加工资 5.04 元，平均工资达 59.45 元，平均工资增长 9.26%。增加绝对数为 4 726 000 元。①

从最终定案的工资增长指标来看：第一，河北省各部门间工资增长率有较大差异。如地方工业、基本建设、交通运输、地方电信等部门月平均工资增长 14.86%，非工业部门的事业、企业单位（不包括教育、供销、水利及木材公司系统）月平均工资增长 11.88%，而教育部门（包括高师、中等及初等教育）月平均工资增长 25.77%。② 第二，总体而言，各部门间工资增长率与全国平均增长率基本持平。如 1956 年河北省每人每月平均增加工资 6.22 元，月平均工资达 45.29 元（全国为 52.55 元），改革后平均工资增长 15.92%（全国为 14.5%）。其中地方工业部分：中央分配给包括工业厅、供销合作社、文化局、粮食局、采购厅、农业厅 6 个工业部门的增长指标为 13%，经省最后定案为 13.78%，比中央分配的指标提高了 0.78 个百分点，但由于工作人员较中央分配指标数字少 3199 人，因而 1956 年的工资总额实际只达到中央分配指标的 98.38%。③ 第三，工资标准的变动等因素亦使得部分国民经济部门突破了原工资增长指标。如工业厅系统有 83 个单位要求提高工人工资标准，40 个单位要求提高厂矿等级，还有许多单位要求增加工资增长指标；按各地区提出的意见计算，总的提高率需要达到 16.7%，经过反复讨论协商平衡后有 61 个厂矿单位提高了工资标准，厂矿等级则除了个别单位上调外一般的未予变动，改变的结果，总的提高率较中央分配数字 13% 提高了 0.68 个百分点；又如文化局系统所属印刷厂由于原拟方案使用了较低

① 参见河北省工资改革委员会：《关于召开全省工资会议和当前工资改革方案定案情况的报告》，1956 年 8 月 25 日，河北省档案馆藏，档案号：933-1-558。

② 河北省工资改革委员会：《关于召开全省工资会议和当前工资改革方案定案情况的报告》，1956 年 8 月 25 日，河北省档案馆藏，档案号：933-1-558。

③ 河北省工资改革委员会：《关于召开全省工资会议和当前工资改革方案定案情况的报告》，1956 年 8 月 25 日，河北省档案馆藏，档案号：933-1-558。

的工资标准类别，与工业厅同类企业比较显得低了些，故许多地区要求加以合理地平衡，最后 15 个印刷厂中 6 个单位提高了工资标准类别，承德印刷厂因现行工资水平较高，使用原拟工资标准不合理，所以，又增加了一个较高的新标准，由于标准的提高，工资增长指标亦随之相应增加，由 12.1% 增长到 13.49%。①

二、中央及地方对工资改革实施方案之评估

1956 年工资改革后，中央、地方及国民经济各部门对此次改革中领导组织、工资增长总额、工资制度及工资关系等方面进行了总结评估。通过对此次工资改革各方面的评估差异，亦可反映出国家、地方及国民经济各部门间的利益博弈。

第一，工资制度和工资关系方面。1956 年工资改革在工业、交通运输、基本建设企业中取消了工资分制度，在国家机关、事业单位、商业企业中取消了物价津贴制度，同时，对于物价较高的地区，为避免出现过高的工资标准而采取了工资标准以外另加生活费补贴的办法。但对于我国经济发展不平衡所造成的地区之间物价生活水平差异问题，在规定企、事业和国家机关工作人员的工资标准时又不能不加以考虑。而如何表达地区之间物价和生活水平差额的地区类别问题，1956 年工资改革时，中央提出物价、生活水平及现行工资情况作为划分地区类别三原则。但从实际执行效果来看，由于主次条件不明确，执行时各自强调一点，结果各地意见纷争不休。由此，河北省认为 1956 年中央掌握地区分类上存在偏差。比如北京、天津 2 市及其郊区执行六类地区工资标准，而河北省与北京、天津毗连的一些县份却执行三类，有些过分悬殊。如果北京、天津 2 市的市区执行六类合理，其郊区也不应与市区一样，与郊区毗连的县份更不应有如此大的悬殊，进而提出应采取逐渐下降的办法，且认为类别之间差率较大亦应考虑适当缩小。②

---

① 河北省工资改革委员会:《关于召开全省工资会议和当前工资改革方案定案情况的报告》，1956 年 8 月 25 日，河北省档案馆藏，档案号：933-1-558。

②《对劳动部“关于 1956 年工资改革工作的总结和 1957 年工资工作的安排的意见（提纲稿）”的意见》，河北省档案馆藏，档案号：932-1-180。

针对这一问题，中央亦认为在同一地区内，国民经济各部门工作人员都采用统一的形式和办法来表达地区之间物价和生活水平的差别，比改革后所实行的在同一地区国民经济各部门的工作人员之间采用不同的形式和办法可能要好一些，相互影响要小一些。故提出：随着国民经济的发展，在全国范围内用以表现地区之间物价和生活水平差别的形式和办法应采取逐步趋向统一的方针。[①]河北省对此方针表示赞同，但同时强调地区分类的原则和条件应进一步明确主次关系，主张划分地区类别的主要条件应依据物价，生活水平和现行工资可当作照顾因素，以避免毗邻地区差距过大；并提出中央对确定地区类别的权力应适当下放，在一定原则下省可作适当调整，以便个别特殊问题因地制宜地解决。[②]

第二，工资增长率方面。较多地增加职工工资总额是1956年工资改革目标之一。改革中，中央亦考虑到社会生产和国家积累的增长状况、国家财政收支的状况、消费物资供应力量以及工农生活水平的适当关系等因素，确定增加工资的总额。但从最终的改革效果来看，仍未避免工资总额的过多增加。究其原因，劳动部认为，其一，由于增加新职工过多，影响工资总额增加五六亿元；其二，部分如乡干部、供销合作社营业员、粗壮工和低级别工人等人员的工资标准定得偏高；其三，升级过多；其四，工资改革中没有注意结合修改落后的定额和整顿奖励津贴制度，也不适当地多支付了一部分工资。而工资总额的过多增加亦加重了国家财政困难和市场供应的紧张状况。故此，劳动部认为“1956年工资总额增加得多了一些”是此次工资改革中的一个严重缺点。[③]

关于1956年工资增长问题，河北省劳动局1957年8月26日—9月1日召开的全省工资会议上一致认为全国和全省1956年的工资增加是过多了

①《关于1956年工资改革工作的总结和1957年工资工作的安排的意见（提纲稿）》，河北省档案馆藏，档案号：932-1-180。

②《对劳动部“关于1956年工资改革工作的总结和1957年工资工作的安排的意见（提纲稿）”的意见》，河北省档案馆藏，档案号：932-1-180。

③《关于1956年工资改革工作的总结和1957年工资工作的安排的意见（提纲稿）》，河北省档案馆藏，档案号：932-1-180。

一些。[①] 这一点与中央对1956年工资改革中工资增长的评估一致。以工资增长指标为例，河北省一些部门确实有较大突破，如地方电信，原中央分配年提高率为8.1%，由于之后邮电部在全国邮电工资会议上确定将原拟较低的地方电信人员工资标准改按较高的国营邮电标准执行，以及原报请中央的方案系推算估计，与之后经实际摸底测算出入很大，因而最后定案的数字为12.48%，超过中央分配数的4.38个百分点。[②] 与此同时，河北省对于劳动部提出的“工资总额增加得是多了一些”的原因提出异议。

其一，对于中央提出的乡干部、供销合作社营业员、粗壮工和低级别工人等人员工资标准偏高问题，河北省认为不应这样笼统地肯定下来。就河北省而言，这些人员的工资标准并不高，有的还稍低些。如1—3级工的平均标准工资与农业社劳动力的收入比较并不高，如果具体到一些中、小企业单位，则还要低于其收入。此外，河北省认为这一问题不仅要从工资标准上去研究，还应从实际工资和名义工资的差别上予以考虑。1956年工资改革后，物价特别是副食品价格上涨使职工实际工资与货币工资出现非对称性增长。故有职工反映：“工资增加了物价也提高了，这是国家想把去年增加的工资捞回去。”[③] 其二，关于中央提出的“升级过多”问题，河北省认为也需进一步分析，应明确哪些方面升级过多，是工人还是职员？是企、事业单位还是国家机关？因为1956年工资改革中许多方面是重新定级，很难区分升级多少的问题，并提出应考虑到升级问题的历史因素。就河北省而言，如果说1956年升级过多，亦是1954年、1955年升级过少而“压”下来的结果。因为过去没有升级制度，在国家机关干部与企、事业职员中遵循提职务不提工资的原则，造成了大批职级不称，在工人中往往因工资指标限制和不重视升级工作，使许多该升级的没有得到升级，从这种情况来看，1956年的职工升级就

① 河北省劳动局:《关于全省工资会议情况的报告》，1957年10月3日，河北省档案馆藏，档案号：932-3-3。

② 河北省工资改革委员会:《关于召开全省工资会议和当前工资改革方案定案情况的报告》，1956年8月25日，河北省档案馆藏，档案号：933-1-558。

③《对劳动部“关于1956年工资改革工作的总结和1957年工资工作的安排的意见（提纲稿）”的意见》，河北省档案馆藏，档案号：932-1-180。

不能不多些。故此主张应从升级制度方面加以根本解决。[①]

第三，关于改革领导问题。中央和地方评估亦存在某些差异。如此次改革中为使各方面工资关系保持平衡合理且不突破工资增长指标而采取了适当的控制，控制的关键之处即在于增加工资总额的绝对数，个人增加工资的最高绝对数，一个产业、一个地区、一个部门、一个单位全体职工增加工资的绝对数三个方面。劳动部认为只要把这三道杠子卡紧，就不会有大的漏洞。但 1956 年的工资改革中恰恰在这三个方面控制得不严不死，开了许多“后门”而造成许多地方的被动。[②] 对此，河北省认为三道杠子中控制个人增加工资的最高绝对数这一点还需进一步研究，因为要改进工资制度与标准就必须按照按劳取酬原则将人员纳入适当的等级，控制个人增资最高绝对数则会出现某些人员纳入不了应占的等级，因此，主张三道杠子可以不要。此外，对劳动部提出的在规定工资标准、倍数上采取宁紧勿松的方针，河北省亦提出不同的意见，认为这种提法不积极、不主动，即意味着从紧到放，让大家讲价还价，其结果还可能屡次变动。故提出应事先弄清基数，做好调查研究和平衡工作，确定之后就贯彻始终，不再改变。[③]

三、工资改革中国家、地方及部门之关系及其博弈

从河北省工资改革实施方案的制定来看，国家虽很少直接参与到地方工资改革当中，但地方的工资改革是以国家的方针政策为指导，这也是国家对地方工资改革工作施加影响的主要方式。1956 年 2 月 29 日至 4 月 7 日，劳动部召开了全国工资会议，中央及全国各地有关部门 500 余名代表参加。[④] 之后各地方如辽宁省、陕西省、山西省、河南省等都召开了干部大会或工资

①《对劳动部“关于 1956 年工资改革工作的总结和 1957 年工资工作的安排的意见（提纲稿）”的意见》，河北省档案馆藏，档案号：932-1-180。

②《关于 1956 年工资改革工作的总结和 1957 年工资工作的安排的意见（提纲稿）》，河北省档案馆藏，档案号：932-1-180。

③《对劳动部“关于 1956 年工资改革工作的总结和 1957 年工资工作的安排的意见（提纲稿）”的意见》，河北省档案馆藏，档案号：932-1-180。

④《全国工资会议结束》，《劳动》1956 年第 5 期。

会议，传达全国工资会议精神。[①] 河北省也于 7 月 20 日召开全省工资会议，根据会议安排，自 7 月 21 日下午会议进入分组讨论，先是阅读和讨论了时任国务院副总理李富春、时任全国总工会主席赖若愚、时任劳动部部长马文瑞等领导在全国工资会议上的报告和发言，自 23 日会议才进入第二阶段，即研究、讨论平衡方案。[②] 全国工资会议后，中共中央发布了如《国务院关于工资改革中若干具体问题的规定》（1956 年 6 月 16 日）、《国务院关于工资改革方案实施程序的通知》（1956 年 7 月 4 日）、《国务院关于颁发国家机关工作人员工资方案的通知》（1956 年 7 月 6 日）、《国务院对于目前工资改革中若干具体问题的补充规定》（1956 年 8 月）等一系列重要工资改革指导性文件。各地方都是以这些中央文件展开具体改革工作。比如国家机关工作人员的升级办法，国务院发布通知要求："国务院关于工资改革中若干具体问题的规定中，已有具体规定。现在根据中央和地方国家机关工作人员的目前工资水平和工作人员的构成情况，分别确定 1956 年中央和地方国家机关工作人员升级控制数字，希研究执行。各部门和各地区如果对分配的升级控制数字有意见，可以报国务院审核。但非经国务院批准，不能自行增加。"[③]

此外，关于改革的组织领导问题，国务院规定：这次工资改革的经常工作由各省、自治区、直辖市人民委员会根据《国务院关于工资改革的决定》《国务院关于工资改革中若干具体问题的规定》和工资改革的方案，统一领导进行；并要求从中央到地方均成立统一办事机构，即工资改革工作办公室或工资改革委员会；各省、自治区、直辖市人民委员会对工资标准、工资增长指标等问题负有相应责任。[④] 河北省认为省工资改革委员会的主要工作应

① 劳动部工资局编印：《工作简讯》第 1 号，1956 年 4 月 30 日，石家庄市档案馆藏，档案号：40-2-25。

② 河北省工资会议秘书处编印：《工资改革简讯》第 4 号，1956 年 7 月 23 日，河北省档案馆藏，档案号：932-2-245。

③《国务院关于颁发国家机关工作人员工资方案的通知》（1956 年 7 月 6 日），中国社会科学院，中央档案馆编：《1953—1957 中华人民共和国经济档案资料选编》（劳动工资和职工保险福利卷），中国物价出版社 1998 年版，第 486 页。

④《国务院关于工资改革方案实施程序的通知》（1956 年 7 月 4 日），中国社会科学院，中央档案馆编：《1953—1957 中华人民共和国经济档案资料选编》（劳动工资和职工保险福利卷），中国物价出版社 1998 年版，第 485 页。

放在审查、平衡和制定全省工资改革方案、分配工资增长指标上，并将此视为关键性的工作。[①] 由此可见，各省、自治区、直辖市人民委员会直接代表国家履行职能，组织领导地方工资改革的实施，地方工资改革中也处处可以看到国家的影子。应当说“国家”这一角色在工资改革不同阶段往往由地方政府来兼任，而兼任了“国家”这一角色的地方政府在履行国家职责时，主要依据的是早已经各方利益平衡后所制定的各项改革方针政策及实施方案。比如在省工资改革方案制定阶段，省委、省政府兼任了“国家”这一角色，而改革方案在省内各地方及部门实施推行阶段，曾在全省工资会议上为自身利益争论不休的各县市地方政府又兼任了“国家”这一角色，在职工评级升级等问题上处处以维护国家利益为根本使命，并以“国家”代表的身份履行对民众的思想政治教育职责。

换言之，省工资改革委员会在国家与省内各地方间实际扮演了双重角色。这也就形成了国家与地方之间很微妙的关系：国家虽然很少直接参与到地方工资改革实施中，但在整个工资改革过程中却居于主导地位；而各地方政府一方面作为履行国家职能的代表，负有自上而下推行工资改革的责任与义务，另一方面作为地方利益的代表又存在与国家、地方及各部门之间的利益冲突，而利益冲突的解决恰恰是国家、地方及国民经济各部门间利益博弈的过程。从工资改革领导机构成员构成、工资改革实施方案的制定，以及工资改革方案的评估等都体现这一博弈过程。

其最终目标是在各方互动中实现一种良性博弈。当然这种良性博弈有其实现的条件，其中革命性的政治思想教育在协调各方利益中起着重要作用，河北省在工资改革方案制定及其之后实施中对政治思想教育工作非常重视，这是各利益主体间良性博弈实现的重要因素。如河北省各地方及部门在工资标准地区分类、增长指标分配等问题上的诉求虽多未实现，但最终都表示接受这一改革方案，胡开明副省长即表示：“中央分配我省的指标，也是考虑了我省各方面的具体情况和我们的意见的，中央各部对我省部门

① 国务院工资改革工作办公室编印:《工作简讯》第8号，1956年7月14日，石家庄市档案馆藏，档案号：40-2-25。

的工资增长指标的确定，基本上是符合我省情况的。”[①] 这亦表明地方对国家最大程度的理解。

小　结

总体而言，1956 年河北省工资改革实施方案的制定是国家、地方及国民经济各部门间互动的过程，其实质即是各方利益的博弈。

第一，从工资改革委员会的成员构成来看，基本上由党政主要领导牵头，成员囊括了各主要经济部门，多数地区由劳动、人事、工业、商业、农业、财政、教育、计委、建筑工程、卫生、采购、统计、运输、供销社、工会及党委组织部、工业部、财贸部、宣传部等部门组成，有些地区则根据实际需要吸收了上述的一些部门，并由有关部门抽调一批干部组成了办公室。[②] 可见，各地工资改革委员会吸收的部门极为广泛，这亦是全省工资会议参会人员主体。此外，河北省工资改革委员会成立前，省劳动局即协同省级工业、建筑业、交通运输、农林水利、文教卫生、商业和合作贸易等部门对现行工资制度、工资标准、职工晋级、奖励计件和津贴福利待遇等问题作了调查研究。[③]5 月 27 日至 6 月 5 日，省、市各产业工会亦组织专职干部、各县工会主席等 375 人举行了河北省群众工资工作会议，传达贯彻全国工资工作会议精神，并部署本省群众工资工作。[④] 这些举措不仅保证了改革方案制定的权威性，更是为了兼顾各方利益以减少改革阻力，亦保证了方案的可行性。

第二，1956 年工资改革实施方案制定中工资标准地区分类、国家工作人员升级、增长指标分配等问题的争论，其实质都体现着国家、地方及国民经济各部门之间的利益博弈。如工资标准地区分类问题的争论，集中反映了

---

① 河北省工资会议秘书处编:《工资改革简讯》第 13 号，1956 年 8 月 4 日，河北省档案馆藏，档案号：932-2-245。

② 河北省工资改革委员会办公室编印:《工资改革简讯》第 1 号，1956 年 5 月 30 日，河北省档案馆藏，档案号：932-2-245。

③ 河北省工资改革办公室:《我省积极进行工资改革准备工作》,《河北日报》1956 年 5 月 11 日，第 1 版。

④ 卓侯:《省工会联合会召开群众工资工作会议》,《河北日报》，1956 年 6 月 12 日，第 1 版。

各地区之间的利益博弈。争论的最终目标亦是实现自身利益的最大化，如对众矢之的唐山市执行第五类工资标准问题，承德市虽提出异议，但关涉自身利益时亦表示：“对于唐山、通州等地区执行五类标准没有意见，但是承德市执行五类，思想搞不通。”① 又如通县专区对其执行三类标准表示了极为不满，并抱怨“理可说，账可算，不合理决不点头。”② 而从争论的结果来看，一方面，国家某种程度上满足了一些地方部分诉求；另一方面，各地方所反映的问题虽未能得到完全解决，但亦表示接受最终的方案。不可否认这种接受带有某种无奈性，但根本上来说是国家与地方之间存在利益统一性，且正因为如此，使得各地方寻求利益最大化时最终会以国家根本利益为底线。

第三，从工资改革实施方案效果的评估来看，中央与河北省在工资制度、工资关系、工资增长率及改革领导等方面的认识基本一致，但在其中一些具体问题上亦存在一定的差异，如工资增长率方面，虽然有些地区认为具体到本地区、本系统似乎不多，认为没有超过工资改革方案计划，甚至有的单位还剩了一些钱；但从年终工资支付结果上看，从工业劳动生产率、农业生产及消费品增长速度和消费品的供应方面看，1956 年工资增加过多了一些是充分肯定的。③ 但河北省却对其原因提出异议，如对于中央提出的粗壮工和低级别工人的工资标准定得偏高问题，河北省认为如就全国情况而言某些方面偏高是存在的，但就河北省地方工业来看，除少数单位因照顾历史遗留下来的现行工资水平面而稍有偏高外，此类人员工资标准一般并不高。④ 这种认识上的差异除表明河北省工资改革的典型性及特殊性外，某种程度上亦是中央与地方利益博弈的结果。

① 河北省工资会议秘书处编：《工资改革简讯》（会议简报）第 4 号，1956 年 7 月 23 日，河北省档案馆藏，档案号：932-2-245。

② 河北省工资会议秘书处编：《工资改革简讯》（会议简报）第 10 号，1956 年 7 月 30 日，河北省档案馆藏，档案号：932-2-245。

③ 河北省劳动局：《关于全省工资会议情况的报告》（1957 年 10 月 3 日），河北省档案馆藏，档案号：932-3-3。

④《对劳动部“关于 1956 年工资改革工作的总结和 1957 年工资工作的安排的意见（提纲稿）”的意见》，河北省档案馆藏，档案号：932-1-180。

第三章　制度何以落实：1956年工资改革在地方的推行

新中国初期是社会主义工资制度构建的重要时期，其间开展了两次全国性工资改革，最终确立了较为统一、规范的社会主义工资体系。综观这一时期的工资制度改革与调整，可以归结为自上而下推行，由多元逐步趋向统一的过程。国家之所以能够在如此短的时间内实现各项新制度的构建与推行，除了中国共产党高度的执行力和贯彻力，还在于其有一套较为成熟的行之有效的贯彻机制。黄道炫曾提到抗战时期中国共产党“在革命理念和政治文化的范导下，会议、巡视、检查、突击、竞赛、群众路线、数目字管理这些具体的落实机制交相影响，共同打造着一个效能优先、有令必行的落实体系”[①]。新中国成立后，在新制度的推行构建中，这套贯彻机制依然有效，并被广为采用。比如会议、说服教育、考勤与竞赛、经验交流会、群众路线、积极分子培训、工资接待站等落实机制，共同推进着各项政策落到实处。不过，如黄道炫所言“许多贯彻机制，都不为中共所独有，何以中共能够将其力量充分发挥，值得深究”[②]。综观1956年工资改革在地方的推行，虽然各环节存在一些问题，但在国家的积极应对下最终实现了新工资理念的深入人心，以及新制度体系的构建，这不仅在于整个贯彻机制的行之有效，同时一个重要因素即是思想政治宣传教育发挥着重要作用，并贯彻于整个制度推行的始终。本章主要论述1956年8月初河北省全省工资会议后各地及系统部门工资改革具体实施情况，通过改革组织构建、宣传教育的开展以及测评定级中的问题与应对，探讨1956年工资改革在地方的推行，以及政治思想宣传与教育在整个贯彻机制中的作用。

① 黄道炫：《如何落实：抗战时期中共的贯彻机制》，《近代史研究》2019年第5期。

② 黄道炫：《如何落实：抗战时期中共的贯彻机制》，《近代史研究》2019年第5期。

第一节 改革总体部署及地方的实施

1956年年初，河北省即已开始工资改革各项资料的准备工作，4月全国工资会议后，河北省各地开始编制方案。7月初国务院发出“关于工资改革的决定”，7月下旬至8月初河北省召开了全省工资会议传达并布置了全省的工资改革工作，之后随着工资改革实施方案、工人技术等级标准的制定等一系列工作相继确定完成，各地区及系统部门随即进入改革的具体实施阶段。至1956年年底，除工业、基建、交通运输企业领导人员的工资改革尚未结束外，全省其他各类人员的工资改革已经完成。以下主要论述1956年8月初河北省全省工资会议后各地及系统部门工资改革的具体实施情况。

一、工资改革的总体部署

根据“国务院关于工资改革方案实施程序的通知”要求：（1）中央各部门、各地区的工资改革方案，均须于7月10日以前下达，并报国务院备案。国营企业工人、职员的工资改革方案由中央各主管部门分别下达到所属基层单位，同时抄送有关省、自治区、直辖市及企业所在地的市人民委员会；地方国营企业工人职员的工资改革方案，由各省、自治区、直辖市人民委员会下达；事业单位和国家机关的工资改革方案，由中央各主管部门分别下达各省、自治区、直辖市人民委员会。（2）中央各部门与各省、自治区、直辖市人民委员会均于7月20日以前将工资改革方案的具体实施计划报告国务院。（3）各地区向基层单位进行传达、组织学习新技术标准和有关文件、进行技术鉴定或考工评级，以及按照新的工资标准补发工资等，一般的都应于8月底以前完成。（4）中央各部门、各地区9月底以前应将所属企业、事业和国家机关的工资改革工作总结上报国务院，并且应对工资改革中的各项遗留问题进行处理。[①] 根据中央这一工作部署，河北省人民委员会作出决议：

①《国务院关于工资改革方案实施程序的通知》（1956年7月4日），中国社会科学院，中央档案馆编：《1953—1957中华人民共和国经济档案资料选编》（劳动工资和职工保险福利卷），中国物价出版社，1998年版，第484页。

全省各个基层单位的工资改革工作，分别自7月中旬至8月上旬正式进行，8月底最迟9月上旬大体结束；各市、专区和省级各部门须在9月20日以前将工资改革工作总结报到省工资改革委员会，全省的工资改革工作于9月底以前结束，并总结上报国务院。[①]

根据上述时间安排，河北省人民委员会也作出相应的安排部署：（1）在地方工业、基本建设、交通运输企业单位应该先评定等级（先工人，后职员）后公布工资标准：先改革工资等级制度，后改进或推行计件及奖励工资制度。省级各企业主管部门应在7月底以前，将统一拟定的或修订的各产业、各企业的工人技术等级标准正式定案，公布实行。各个基层企业单位应根据新技术等级标准的要求，立即展开考工或评级工作，组织职工学习技术标准。同时企业领导要对本单位的技术等级标准作统一的解释和说明，使工人得到充分的了解，明确今后努力的方向，为考工、评级工作做好准备。在考工、评级工作中，要严格掌握技术等级标准，切实进行技术摸底，达到心中有数。此外还须加强领导，做好宣传教育工作，以保证做好考工、评级工作。（2）省人民委员会于8月10日以前，将全省地方工业、基本建设、交通运输企业的工资改革方案颁布实行。各单位须根据这一方案正式确定各类人员的工资等级，编制本单位的实施方案，经上级批准后执行，争取于8月底最迟9月10日以前将计时工资标准的增加部分以及升级所增加的工资补发完毕。工资改革工作结束后即进行总结，报主管上级和当地工资改革委员会。（3）国营企业应根据中央主管部门的要求在当地人民委员会的统一领导下进行，国家机关、非工业部门所属企业、事业单位的工资改革在人民委员会统一领导下按部门系统进行。在中央主管部门下达工资标准和工资增长指标后，经过省人民委员会的平衡，确定各地区的工资增长指标统一下达；各地区各单位接到下达指示后，应立即按照上级的要求，编制实施方案，展开工资改革的实际工作；各单位的工资改革应尽可能地提前结束，但也要避免草率从事。而关于工资改革的进行步骤，

① 河北省人民委员会：《关于工资改革的实施计划（草稿）》，河北省档案馆藏，档案号：933-1-558。

各地区、各部门、各单位可根据实际的具体情况，制定详细的实施步骤。[①]

二、河北省工资会议后地方工资改革的开展

全省工资会议以后，除部分重灾区的工资改革工作稍予推迟以外，各地区、各部门的工资改革工作已全面展开。截至8月24日，各地区、各部门的工作进展情况如下。

第一，各地部署改革工资会议陆续召开。如保定市于8月18日召开了全市工资会议，布置了改革工作，并在市工资改革委员会设立了工业、交通运输、基建、商业供销合作、粮食、教育、文化、卫生、市政公用建设、国家机关、手工业社11个分会，负责掌握本系统的工资改革工作，监督工资增长指标的正确使用，审查平衡本系统各类人员之间的工资关系，总结和交流工作经验等。另外承德专区、保定市、邢台市、泊头市、龙关县、密云县、怀柔县等部分地区工资改革的实施计划（或草案）业已制出下达；唐山市实施计划亦已在8月10日的市工资委员会第五次（扩大）会议上确定，并确定于15日召开全市工资会议，贯彻省工资会议精神与布置该市工资改革工作。[②]

第二，汇报制度的建立。鉴于省级各主管部门工资改革方案业已着手陆续下达，全省工资改革工作即将全面展开，省工资改革委员会指示：在工资改革期间各级工资改革委员会必须加强联系，立即建立起汇报制度。省级各主管部门和各市、专区工资改革委员会（办公室）在本系统、本地区工资改革工作开展后须每7天向省工资改革委员会作书面报告一次。报告的主要内容应包括工资计划、工作进度、工作中所遇到的问题和解决的办法，以及职工的意见、要求和思想动态等。至于各项专题报告和工作经验应及时报送省工资改革委员会，以便组织交流推广。另外，为了又快又好地完成工资改革工作，省工资改革委员会要求各地区、各部门应根据需要与可能编印“工作简讯”，借以报道工作进度，交流工作经验。[③]截至8

① 河北省人民委员会:《关于工资改革的实施计划（草稿）》，河北省档案馆藏，档案号：933-1-558。

② 河北省工资改革委员会办公室编:《工资改革简讯》第19号，1956年8月25日，河北省档案馆藏，档案号：932-2-245。

③ 河北省工资改革委员会:《关于建立汇报制度的通知》，1956年8月15日，河北省档案馆藏，档案号：933-1-545。

月24日，关于工资改革简报除唐山市早已编印外，天津、承德、通县、张家口专区和龙关县以及张家口市工业局、河北省纺管局等也都先后出版，报道了工作动态，并交流工作经验，对推动工资改革工作的开展起了积极作用。①

第三，工人技术等级标准的制定与下发。关于工人技术等级标准问题，除基建、纺织、粮食加工、商业、交通运输的基建、养路、汽车司机及助手、修理等产业或工种按照中央统一制定的执行外，其他产业（工种）由省级各主管部门自行制定。截至8月24日，印发下达情况如下：（1）文化局制定的印刷厂工人技术等级标准，交通局制定的内河航运工人技术等级标准，保定市代省负责制定的糕点、醋酱业技术等级标准，均已下达。（2）工业厅参照中央各部生产工人技术等级标准，由省统一制定下达的有：煤矿、铁矿、机器制造、电力、硫化碱、砖瓦、棉纺织、针织、印染、造酒等产业；采石碴、炼焦、石棉加工、导火线制造、石灰、陶瓷、机器制油、棉毯、制线、手工造纸、制药、火柴、电池、搪瓷、骨肥骨胶、木器、皮革、皮毛加工、文教用品、其他食品、玻璃器皿、猪鬃加工等。不过，由于统一制定问题很多，且不易解决，故此河北省工资改革委员会只在各厂矿拟制的技术等级标准中选印了一部分印发下达，供各地区、各单位参考，并提出如在执行当中不适合实际情况，可在征得同级工会同意后加以修改，暂先执行。此外，机器造纸、钨矿、锰矿、石棉矿、橡胶、麻袋、缫丝、制鞋、被服、耐火材料等生产工人的技术等级标准，由于涉及面不大，故河北省工资改革委员会提出暂不统一制定，各单位可征得同级工会同意后，暂按本厂矿自拟的技术等级标准执行。（3）自来水和城市勘测设计等城市建设工人的技术等级标准，原确定由省城市建设局制定，后中央已有该系统（工种）的技术等级标准，各有关单位可按中央统一规定执行。（4）扎花及手工制油工人的技术等级标准，采购厅已拟出初稿交本系统产业工会征求意见，随即可印发下达。②

---

① 河北省工资改革委员会办公室编：《工资改革简讯》第19号，1956年8月25日，河北省档案馆藏，档案号：932-2-245。

② 河北省工资改革委员会办公室编：《工资改革简讯》第19号，1956年8月25日，河北省档案馆藏，档案号：932-2-245。

三、地方推行主要方法与步骤

河北省各地工资改革的实施虽有差异，但总体而言，此次工资改革经历了改革实施方案的制定、政策的宣传教育、测评定级的开展等几个主要环节。如保定市遵循着中央和省的指示，在党委、政府的直接领导下对本市地方国营、老公私合营、合作社营、工业、基建、交通运输和国家机关、团体以及各事业单位完成了此次工资改革的任务，其过程基本分为调查摸底、发动群众、实施改革三个阶段。[①] 该市从6月初开始至9月5日，一般单位的群众评定即告结束，9月底补发了工资，至11月底，除省建一公司因工资增长指标尚未确定外，其他已全部结束。[②] 正定县此次工资改革亦可分为三个阶段：改革前的准备工作、贯彻工资改革方针政策、评级定级工作。7月中旬开始对全县各单位的现行工资进行调查研究，摸底测算，编制了工资增长初步方案，同时利用不同方式开始对职工进行工资改革的宣传，为工资改革进行了充分的准备工作。8月中旬省工资会议结束后，正定县即正式展开了工资改革工作，深入贯彻工资改革的方针政策，并组织职工进行学习讨论，工业、商业、卫生、供销社等系统的职工学习了技术标准。不过由于该县水灾较重，各系统工资增长指标下达较晚，所以，学习讨论时间较长。9月中旬以后正式指标陆续下达，正定县各单位即开始了评级定级工作，其中国家机关和执行国家机关工资标准的其他单位要求先补发工资标准增长部分之后再晋级；供销社、文化、教育、卫生、农林、商业等系统由于工资标准改变，需重新评定级别，过去没有级别的纳入级别。[③] 张家口市原龙关县工资改革也大体分宣传贯彻准备阶段、党内外民主评议、审查批准三步进行。[④] 总体而言，各市的工资改革实施方法步骤虽有差异，但大体相仿，各地方改革的推行大致可分为三个阶段。

---

① 保定市地方志编纂委员会编:《保定市志》第1册，方志出版社，1999年版，第635页。

②《保定市工资改革委员会关于1956年工资改革工作总结》，1956年11月30日，河北省档案馆藏，档案号：932-3-138。

③《正定县工资改革工作总结》，1956年11月6日，河北省档案馆藏，档案号：933-1-555。

④《龙关县在干部评级、升级工作中的几点经验》，河北省工资改革委员会办公室编:《工资改革简讯》第24号，1956年9月19日，河北省档案馆藏，档案号：932-2-245。

第一，改革前的宣传、摸底测算、方案制定等准备阶段。通州市此次工资改革工作是在省工资座谈会后就开始进行，首先在党委的统一领导下建立了工资改革委员会及办公室等组织机构来指导全市的工资改革工作，随即拟订了工资计划，召开了全市干部大会，传达了全国工资会议精神，贯彻了工资改革的方针政策。同时立刻召开了全市工资改革单位的座谈会，部署了工资改革的宣传及测算工作，各单位于6月中旬先后展开了这一工作。经过一个月的时间，至7月中旬各单位测算工作基本结束，为正式开展工资改革工作奠定了初步的基础。[①]龙关县在宣传讨论当中一般是由领导干部亲自指挥，发挥基层组织积极分子的作用，提出问题，随时解释，就地解决。[②]承德市为了做好工资改革准备工作，根据上级指示对各单位的现行工资进行了摸底和测算，同时印发了工资改革宣传提纲，开展了宣传动员工作；另外，在基层单位成立了工资改革委员会和小组，并对1952年之后职工生产和生活情况作了重点调查，通过以上工作为之后改革的具体实施提供了有利条件。[③]

第二，改革实施中宣传教育、测评定级阶段。通州市在8月初省工资会议后，将省工资会议精神向市委及工资改革委员会作了汇报，随后拟定了全市工资改革实施计划，并协助商业、教育系统制定了工资改革实施方案。8月中旬，全市各个系统的工资改革工作正式全面地展开，9月中旬全市工资改革工作基本结束。[④]承德市在正式改革阶段召开了机关、事业、工厂企业等单位干部大会，传达和贯彻了中央和省的工资会议精神，并依据本市具体情况向各系统作了布置，随后开始在基层单位开展（执行）标准的学习和考工、评级工作。为了做好这一工作，该市除了及时召开各主管领导会议交流工作经验外，还组织了检查小组进行巡回检查，发现问题及时解决，并在较大的基层单位建立了工资接待室（站），市工资改革办公室

①《河北省通州市工资改革委员会关于1956年工资改革工作总结报告》，1956年11月17日，河北省档案馆藏，档案号：933-1-555。

②《龙关县在干部评级、升级工作中的几点经验》，河北省工资改革委员会办公室编：《工资改革简讯》第24号，1956年9月19日，河北省档案馆藏，档案号：932-2-245。

③《承德市工资改革工作总结》，1956年12月30日，河北省档案馆藏，档案号：933-1-558。

④《河北省通州市工资改革委员会关于1956年工资改革工作总结报告》，1956年11月17日，河北省档案馆藏，档案号：933-1-555。

也接待了群众来访和来信，解答职工对工资改革中的疑难问题，同时协助各主管部门解决工资改革中遇到的一些具体问题。至10月末，承德市基层工资改革工作已基本结束，全市工资改革工作到11月末，除中央指定工业、交通、基建企业行政人员另评外，其他已全面完成。① 龙关县在升级和定级评定上，多数部门事先由上而下，先由领导提出升级、定级名单简稿，交党团支部大会讨论，意见求得一致后方进入民主评议，再由下而上进行审查批准，一般工作较为顺利。如人民银行领导事先进行充分准备工作，反复考虑了升级人员名单，凡提出的升级对象都有确实的德、才材料，因而在党内外民主评议当中没有大的变更，群众满意。有的人说："这样做既目标明确，也充分发扬了民主。" ②

第三，改革后的复查、补发工资阶段。龙关县于8月10日至20日，在宣传贯彻准备阶段进行了学习、摸底、测算、搞通思想、提出定级、升级草稿等工作，8月20日后转入党内外民主评议，原计划月底结束，由于召开秋季工作会议，延期至9月5日方结束；9月5日到10日改革第三阶段中已完成测评定级的部门进一步审查批准，并发动职工开展工作竞赛，进一步激发职工工作积极性。③ 此外，各地在改革临近结束时对很多单位重点进行了全面复查，也发现了一些不合理的问题。如通州市铁工厂对过去没有明确降级的工人在这次工资改革工作中降了级，公安局的警察应晋级的没有晋，引起部分人员的不满，经复查后均予以纠正解决。另外，为了使补发的工资及早发到职工手里，该市对各单位的实施方案进行了审查平衡，至9月底，补发的工资已全部发放完毕。该市工资改革工作经过5个月的时间基本上顺利结束。④ 沧县自省工资会议后成立了工资改革委员会，但因干部投入防汛，于

①《承德市工资改革工作总结》，1956年12月30日，河北省档案馆藏，档案号：933-1-558。

②《龙关县在干部评级、升级工作中的几点经验》，河北省工资改革委员会办公室编：《工资改革简讯》第24号，1956年9月19日，河北省档案馆藏，档案号：932-2-245。

③《龙关县在干部评级、升级工作中的几点经验》，河北省工资改革委员会办公室编：《工资改革简讯》第24号，1956年9月19日，河北省档案馆藏，档案号：932-2-245。

④《河北省通州市工资改革委员会关于1956年工资改革工作总结报告》，1956年11月17日，河北省档案馆藏，档案号：933-1-555。

9 月 7 日才恢复正常工作，11 月 3 日基本结束。①

第二节　组织领导及宣传教育的开展

领导机构建设是改革实施的第一步。河北省全省工资会议前，改革组织机构即已筹建，自全省工资会议后，各市、专区、县及一些省级部门都已经成立了工资改革委员会及办公室，有些企业、事业单位也成立了工资改革的组织，改革领导机构建设得到进一步完善。同时各地改革宣传教育工作也随之展开。总体而言，可分为两个阶段，一是准备阶段，二是改革评级阶段，而不同阶段问题不同，宣传教育的内容侧重也有差异。

一、组织机构建设及其完善

1956 年工资改革的经常工作由各省、自治区、直辖市人民委员会根据“国务院关于工资改革的决定”“国务院关于工资改革中若干具体问题的规定”和工资改革的方案，统一领导进行。为了及时解决工资改革工作中的各项问题，从中央到地方均成立了工资改革工作办公室或工资改革委员会等统一的办事机构。这些办事机构的任务：一是负责与各单位的联系，检查工作进行情况；二是处理各方面所提出的具体问题，遇有重大问题向上级反映和请示；三是编辑工资改革工作简报，组织交流工作经验。各省、自治区、直辖市人民委员会在这次工资改革中对工资标准、工资增长指标等问题负有如下责任：（1）对中央各部门所颁发的工资标准和中央国营工业、基本建设、交通运输企业，以及中央各部门直属事业单位的工资增长指标发现有问题应提出平衡意见报告国务院，同时抄送中央有关主管部门。（2）对于商业企业、事业单位（中央各部门直属的事业单位除外）和地方国家机关的工资增长指标进行平衡；地方国营企业和由地方财政开支的事业单位所增加的工资基金可自行调剂。（3）对此次制定工资改革方案中漏列的企业、事业单位负责比照同类性质企业、事业单位制定工资标准，组

①《沧县工资改革委员会关于工资改革工作的总结报告》，1956 年 11 月 24 日，河北省档案馆藏，档案号：933-1-555。

织贯彻执行，所需工资基金由该企业、事业单位的上级负责解决。①

河北省工资改革领导机构早在7月省工资会议之前，许多地区及部门即已开始筹建，不过很多地区进展并不顺利，一些地区改革机构建设缓慢，已建立的地区其机构亦多不完善，组织力量相当薄弱。对此，胡开明提出：各部门、各地区和各单位的领导干部必须高度重视，认真加强领导，并健全工资改革的工作机构。为了保证做好工资改革工作，他要求省级各部门都应建立临时的工作机构，专管这一工作，并应有一个厅（局）长亲自领导；未成立工资改革办公室的县应该立即成立，凡是进行工资改革的基层单位都必须以行政和党委负责人为主成立工资改革委员会或工资改革办公室。②自全省工资会议后，河北省对这一问题有了更明确的指示，“关于工资改革的实施计划”（草稿）明确规定：为了加强对工资工作的经常领导，省人民委员会决定由省工资改革委员会统一管理全省工资改革工作；各市、专区、县一律成立工资改革委员会，负责管理当地工资改革工作；各企业、事业主管部门可根据本部门的具体情况成立工资改革委员会（或办公室），由本厅（局）负责人亲自主持，具体领导。其任务主要是负责本厅（局）所属基层单位工资增长指标的平衡，以及工资改革实施方案的审查批准工作，并及时交流工作经验，保证工资改革工作正确贯彻执行。各基层单位必须在党委的统一领导下建立以党、政负责人为领导的基层工资改革委员会，并吸收有关方面的人员参加，以保证本单位工资改革工作的顺利进行。各级、各部门、各单位的工资改革工作机构为临时性的组织，任务完成后即予撤销，将日常工作交由各事业主管部门管理。③

之后河北省各地区及各部门单位都成立并完善了工资改革领导机构。如保定市在此次改革中成立了市工资改革委员会，下设办公室负责日常工作，

①《国务院关于工资改革方案实施程序的通知》（1956年7月4日），中国社会科学院，中央档案馆编：《1953—1957中华人民共和国经济档案资料选编》（劳动工资和职工保险福利卷），中国物价出版社，1998年版，第484页。

② 河北省工资会议秘书处印：《胡开明副省长在河北省工资会议上的报告》，1956年7月20日，河北省档案馆藏，档案号：933-1-558。

③ 河北省人民委员会：《关于工资改革的实施计划（草稿）》，河北省档案馆藏，档案号：933-1-558。

办公地点设在市劳动局，整个升级工作由工资改革办公室负责，升级指标由办公室统一掌握。[①] 丰润县在县委的统一领导下以党、政、工、团干部建立了工资改革委员会，由县长、组织部长等 3 人为正副主任，工会主席、劳动科长等 7 人为委员，并由各部门抽调 7 名有力干部到人民委员会办公。各机关、企业单位、团体也根据工资改革委员会意见，以党、政、工、团干部建立起工资改革小组，逐级领导共同推动这一工作。[②] 沧县自省工资会议后，在县委统一领导下抽调有关部门负责干部 15 人成立工资改革委员会，由县长任主任，同时抽调 4 名干部成立了办公室，并在 27 个单位中分别建立了工资改革委员会和小组，下设办公室，且指定了专人负责这一工作。[③] 正定县 8 月中旬即根据省工资会议精神由有关部门领导组成了工资改革委员会，下设办公室，全县各单位根据性质和在工资改革当中的联系程度划分为 12 个系统，每个系统由党、政负责人组成工资改革办公室，许多单位也组成了工资改革小组，县办公室直接领导各系统，各系统领导各单位。县办公室根据工作和系统进行了分工，除对各系统召开会议听取汇报进行领导外，还经常深入各系统各单位了解情况与个别指导。[④] 此外，省直各系统部门也要求其所属各市、县单位在地方工资改革委员会的领导下成立相应的领导机构。河北省农业厅在“农业企事业工资会议”中要求：会后省直属专区、市、县单位应在当地党政领导下成立工资改革委员会或工资改革小组，人数不限，吸收工会、青年团等懂技术且具有代表性的各方面人员组成，专门做这一工作，并且由场长或党委书记（或支书）专门负责此事。工资改革期间，党委以及场（站）务会议应多次讨论，做到合理平衡，专区、市、县农林局应注意本地区各部门间的平衡。[⑤]

① 保定市地方志编纂委员会编：《保定市志》第 1 册，方志出版社，1999 年版，第 635 页。

②《丰润县工资改革委员会关于工资改革工作的总结报告》，1956 年 11 月 19 日，河北省档案馆藏，档案号：933-1-555。

③《沧县工资改革委员会关于工资改革工作的总结报告》，1956 年 11 月 24 日，河北省档案馆藏，档案号：933-1-555。

④《正定县工资改革工作总结》，1956 年 11 月 6 日，河北省档案馆藏，档案号：933-1-555。

⑤ 河北省农业厅：《农业企事业工资会议总结》，1956 年 7 月 27 日，河北省档案馆藏，档案号：932-1-178。

总体而言，省、专区、市、县及各基层单位由党、政、工、团等负责人员临时组建的工资改革委员会（小组）实际领导了此次工资改革。不过在一些地区工资改革委员会的组建却也存在一些问题。如有些地区工资改革办公室力量薄弱，领导上缺乏必要的督促和指导；有些主管部门领导没有足够的重视，只是由一两个做具体工作的人员负责。文安县是一个灾情严重的县，生产救灾是压倒一切的中心工作，因各部门负责干部及参加办公室的人员多投入到救灾工作，所以，工资改革委员会及办公室的组织虽然从名义上建立，但是实际整个工资改革工作是由人民委员会人事科和组织部负责，较大的单位，如县社、粮食局等机关都成立了工资改革小组，县总工会还建立了工资改革解答处。[①]

应该说，不断完善的工资改革组织领导机构为改革的顺利进行，以及改革中各项问题的解决提供了组织保障。石家庄市由党、政、工负责人员组成了市工资委员会，委员会下设办公室，办公室下又分秘书、工业、非工业等组。各非工业系统和工业单位也由党、政、工、团负责人组成了工资改革委员会或领导小组，统一领导全市或各系统和各工矿的整个工资改革工作。[②]石家庄市要求各石矿车间或较大的工段必须建立评级小组，成员包括车间或党、政、团负责干部、劳动工资干部、技术员，以及工人中技术较高、生产积极、思想进步的有代表性的先进生产者；为了切实发挥组织作用，还要求各单位工资改革委员会或领导小组必须建立与健全会议、汇报制度，工作人员特别是负责干部要更多地深入实际，加强调查研究工作，发现问题，及时解决，把将要发生的偏差消灭在萌芽阶段，以保证工资改革的正确贯彻执行。[③]张家口医士学校在党总支的领导下，校院以党、政、工、团干部及教师代表成立了工资改革委员会。学校和医院各成立了工资改革小组，先是向全体教职工传达了工资改革的政策和有关工资改革的指示和精神，为做好职工思想准备工作，工会组织召开了座谈会，在领会文件精神和政策的思想基

---

①《文安县工资改革工作总结》，1956 年 12 月 9 日，河北省档案馆藏，档案号：933-4-349。

②《石家庄市工资改革总结》，1956 年 12 月 16 日，河北省档案馆藏，档案号：933-4-349。

③《石家庄市工资改革办公室对工人评级工作的意见》，河北省工资改革委员会办公室编：《工资改革简讯》第 21 号，1956 年 9 月 13 日，河北省档案馆藏，档案号：932-2-245。

础上，将办公室拟定的初步评定工资级别的意见向全体教职工进行公布，听取职工意见，之后又将反映的问题加以研究和修订交工资改革委员会评定。这样经过3次的反复讨论，张家口市医士学校才整好方案报市委文教部审批同意后报厅批示，并于1956年11月15日完成了工资改革工作。[①]

二、宣传教育工作的开展

（一）宣传教育工作的开展与特点

在中央及地方工资改革领导组织建设的同时，改革的宣传工作也随即展开。1956年4月7日全国工资会议后，《人民日报》《工人日报》及河北省等地方报刊纷纷报道了工资改革的时事动态，以及就工资改革的相关问题向民众进行宣传。如《人民日报》5月28日报道了全国工资改革方案平衡会议有关全国各产业、各地区的工资改革方案情况；[②]6月3日在“答读者问”中对为何改革工资制度、何为职务工资制、为何实行职务工资制，以及为何废除工资分，实行货币工资制等民众关心的问题进行了解答。[③]全国总工会也编写了《工资改革提纲》，用通俗易懂的语言介绍了工资改革原因、原则、内容及群众应怎样看待此次改革等问题。[④]就河北省而言，各地工资改革委员会成立后，随即召开了全体会议，传达全国工资会议精神及国务院指示，并根据省人民委员会关于进行工资改革准备工作的通知研究了准备工作。省工会联合会也于5月27日召开了全省群众工资工作会议，省、市各产业工会组织的专职干部及各县工会主席等375人参加。会上传达贯彻了工资改革精神，并对河北省群众工资工作进行了检查，对今后群众工资工作做了部署和安排。[⑤]此外，改革推行中各厂矿、事业单位及时地在工资改革的各个阶段进行了具体的宣传。如唐山市委在工资改革一开始对宣传工作就作了专门部

① 河北省张家口医士学校:《1956年工资改革工作总结》，1956年12月12日，河北省档案馆藏，档案号：933-4-349。

②《工资改革方案最后平衡工作即将完成》，《人民日报》1956年5月28日，第1版。

③《答读者问：关于改革工资制度的几个问题》，《人民日报》1956年6月3日，第6版。

④ 中华全国总工会工资部:《工资改革提纲（修正稿）》，河北省档案馆藏，档案号：933-1-558。

⑤ 卓俟:《省工会联合会召开群众工资工作会议》，《河北日报》1956年6月12日，第1版。

署，提出了具体要求，各厂矿、事业单位也较及时地进行了具体的安排：在准备阶段，全市就有78 000名职工听了工资改革原则、政策的报告；在改革阶段，各单位都较具体地宣传了本单位的工资改革方案，解答了职工提出的具体问题；在补发工资中，又进一步地宣传了工资改革的各项政策，鼓励职工提高思想觉悟和生产积极性。如唐山市机车车辆修理工厂某工人听了宣传之后说："有技术的应比没技术的赚钱多，因为技术高对国家贡献大"，并说"我今后一定要努力学习技术"[①]。总体而言，工资改革的宣传教育具体可分为两个阶段，一是准备阶段，二是改革评级阶段，而不同阶段问题不同，宣传教育的内容侧重也有差异。

改革准备阶段的思想问题主要是职工对改革不了解而感到迷茫。如有的职工反映："改革也不过是弄盒烟吸"，也有的职工认为"这次改革增加工资一定很多"，于是就计划补发工资后买表、车子、被子，接老婆进城等。[②]故此，这一阶段着重宣传工资改革的原则、方针、意义。如唐山钢厂在准备阶段中检查了本厂自1955年到1956年劳动生产率的增长与平均工资增长不相适应的情况，以及对宣传工作不深透而产生的模糊认识，并对"认为今年增长工资33%"等不正确认识进行了具体的解释。机车车辆修理工厂、开滦煤矿、唐山机器厂、发电厂等单位在学习技术标准、鉴定技术等级前对工人的思想情况进行了具体的了解。如机车车辆修理工厂，当时存在的主要问题是：（1）少部分青年工人带有自满情绪，认为自己"理论中""实际也可以"，就不认真学习。（2）有些老工人"怕考试""怕降低等级"。（3）辅助工人认为"自己没有前途"，要求改变工种调动工作。（4）实行计件工资制的工人"认为与自己关系不大"。（5）少数人认为工作都重要，都应升级。该厂针对以上思想专门编写了宣传提纲进行了具体的宣传、解释，使上述思想问题及时得到解决。[③]

① 唐山市工资委员会:《关于工资改革工作的报告（初稿）》，河北省档案馆藏，档案号：932-3-138。

②《石家庄市工资改革总结》，1956年12月16日，河北省档案馆藏，档案号：933-4-349。

③ 唐山市工资委员会:《关于工资改革工作的报告（初稿）》，河北省档案馆藏，档案号：932-3-138。

另外，改革阶段则着重宣传工资改革中的具体问题，解决如高工资地区调来职工新工资低于原地区问题、改变工种工人工资评定问题、如八级改七级统一技术标准是否降低原工资等工资等级制度改革问题、职工升级是否受限制等改革中职工遇到的实际问题和思想问题。如石家庄市企业的党委或工资委员会针对改革中出现的各种问题作了分析研究，认为问题产生的原因主要是向职工解读政策不够，对具体问题的解释与宣传不到位。之后各企业针对本单位存在问题的情况分别采用广播、座谈、个别谈心等形式进一步解读政策，问题也随着政策的贯彻逐步解决。此外，为了摸清现行工资情况和此次改革实际需要增加工资数，做到心中有底，该市进行了一次全面的工资测算。[①]

总体而言，此次改革中各厂矿单位广泛利用广播台、大字报、报告会、讲座等各种工具和方式进行工资政策的宣传教育。如丰润县由县委主持召开了县属机关单位并包括附近10里左右的工业学校职工扩大会议，贯彻有关会议精神，并组织讨论；同时，为了使工资改革工作得到广泛宣传，采取了以扩大器为工具，利用傍晚在街道中心放音，并将有关文件精神及有关文件以文字指示或通知形式及时传达，同时办公室人员在基层工作时也不断进行宣传，特别是使用基层的组织力量，利用黑板报、读报组从而打开局面，使工资改革工作深入人心。[②] 又如邯郸市贸易公司以人事科为主组成了7人工资小组，结合黑板报工资改革问答大力开展宣传工作，并于8月中旬召开了门市部负责人会议进行了贯彻，制发了售货员工资等级标准表，明确了各级售货员的工资额度，鼓舞了其钻研业务的热情。[③]

（二）宣传教育工作中存在的问题

各地区各部门工资改革宣传教育工作虽取得良好成效，但部分地区及单位也存在宣传教育工作不深入等问题，产生原因有如下几个方面。

---

①《石家庄市工资改革总结》，1956年12月16日，河北省档案馆藏，档案号：933-4-349。

②《丰润县工资改革委员会关于工资改革工作的总结报告》，1956年11月19日，河北省档案馆藏，档案号：933-1-555。

③《邯郸市贸易公司工资改革总结报告》，1956年9月25日，河北省档案馆藏，档案号：932-3-138。

第一，由于某些部门和单位忙于业务，忽视工资改革工作的具体领导，对工资改革方针、政策及其重要意义未能很好地宣传贯彻，致使职工对政策领会不深，对工资改革认识模糊，存在思想上的偏差。如丰润县采购局认为："同志们听过了报告，看过了报纸就行了。"从而忽视了说服教育工作，因之许多人存在思想情绪，有的说："工资改革是雷声大，雨点稀。"① 又如承德市贯彻党和国家工资改革的方针政策不够深透，致使有的系统和单位不敢放手发动群众，领导怕麻烦，简单从事，如玻璃厂吹工车间只用了 15 分钟讨论一下就由厂方公布执行了，结果钱也花了而职工仍然有意见。② 通州市工资改革委员会办公室在工资改革工作开展后没有及时地深入下层具体地帮助指导，因而有的单位领导对这一工作重视不足，工资改革的各项规定贯彻得不够透彻，职工对政策领会不深，所以，有些职工在工资改革中产生一种不正确的思想和不合理的要求。如市贸易公司某职工反映说："张三要晋级我就应该晋级"，还有的工人说："这次工资改革普遍增加工资，怎么还有保留工资呢？" ③

第二，有的单位领导干部存在个人主义，作风不民主的问题，宣教工作未开展起来。如丰润县印刷厂仅有领导干部厂长 1 人，并担任着厂的党支部书记。虽进行过宣传，也建立了工资改革小组，但由于厂长作风不民主，宣传教育工作无声无息，流于形式，致使工人们对工资改革的政治意义尚不明确，甚至工资改革小组的委员，有来办公室反映问题。④

第三，有些单位重于宣传，轻于教育，缺乏宣传工作与教育工作的有机结合。如丰润县运输站虽然进行过较为广泛的宣传，并组织过对有关文件的学习，但终因缺乏教育和政策宣传，使部分人存有模糊思想，如有的在大

①《丰润县工资改革委员会关于工资改革工作的总结报告》，1956 年 11 月 19 日，河北省档案馆藏，档案号：933-1-555。

②《承德市工资改革工作总结》，1956 年 12 月 30 日，河北省档案馆藏，档案号：933-1-558。

③《河北省通州市工资改革委员会关于 1956 年工资改革工作总结报告》，1956 年 11 月 17 日，河北省档案馆藏，档案号：933-1-555。

④《丰润县工资改革委员会关于工资改革工作的总结报告》，1956 年 11 月 19 日，河北省档案馆藏，档案号：933-1-555。

街上边走边讨论说:“领导看人行使，咱们吃不开。”[①]另外还有的单位对工资改革后的善后工作较差，对职工消极思想或不合理的要求缺乏耐心的解释教育。如通州市铁工厂未能升级（不应该升级）的某工人说:“别人都过社会主义生活，我还过新民主主义生活”，化工厂有二级工人因没有升级，有人让他给看看机器，他说:“这是三级工人的事，二级工人看不了。”[②]

综观1956年工资改革，政治思想宣传教育贯穿于改革的始终，而且在改革不同阶段为各项问题的解决发挥了重要作用。在改革推行阶段，各地区及厂矿单位采取广播台、大字报、报告会、讲座等多种方式宣传工资政策，为职工思想问题的解决发挥了积极作用。如唐山市开滦赵各庄矿、西林矿等单位通过建立宣传队、宣传车等形式，深入街道、工房区进行宣传，有的单位如唐家庄召集了33个座谈会，组织了车间区长、班长、工会工资委员深入到职工、家属当中访问，使全矿1177名有思想顾虑的职工大部分思想问题得到了解决，同时为贯彻产业之间新的工资关系，组织了华新纱厂工人参观钢厂工人的实际劳动，参观之后工人反映:“钢厂的工人应当多拿工资”。[③]由此可见，政治思想宣传教育在推进改革顺利开展中发挥了重要作用，即便在改革后遗留问题的处理中也是如此。1956年工资改革后受物价波动、消费观念改变等因素的影响，出现了货币工资与实际工资非对称性增长现象，部分职工实际生活水平下降。对此，国家及各基层企、事业单位采取了勤俭建国、勤俭持家、爱国储蓄运动等各种干预措施，以引导民众趋于理性消费。这一运动中，各地通过大字报、电影院、戏院等向民众广泛宣传储蓄的意义，而且这些宣传教育带有强烈的政治性和革命性。

①《丰润县工资改革委员会关于工资改革工作的总结报告》，1956年11月19日，河北省档案馆藏，档案号：933-1-555。

②《河北省通州市工资改革委员会关于1956年工资改革工作总结报告》，1956年11月17日，河北省档案馆藏，档案号：933-1-555。

③ 唐山市工资委员会:《关于工资改革工作的报告（初稿）》，河北省档案馆藏，档案号：932-3-138。

第三节　测评定级及补发工资的开展

测评定级是职工最为关心的问题，也是工资改革中关键的一环，而技术等级标准又是评级定级工作顺利开展的先决因素。故此，各地区在开展评级工作前都组织了工资等级标准的学习。之后各地区根据自身情况制定了相应的评级方案，其中普遍采取“领导提名、群众评议、领导批准”的评级方法。

一、技术等级标准的学习

第一，学习方法。职工评级工作是做好工资改革的重要环节，而学习技术标准是评定等级的先决条件。评定工人等级必须严格根据技术等级标准，即一方面按照技术等级标准的要求，凡达到上一级技术水平的即应升级；另一方面技术等级标准是鉴定工人等级的唯一依据，其他非技术性因素——劳动态度、劳动纪律、服从领导等均不应包括在内，这才能符合按劳付酬原则，才能做到真正合理。因而，各地区大部分厂矿对此都投入较多的力量，工人们学习得也比较深透。石家庄市在评级工作前后组织了工人、职员评级经验交流会，另外还组织工人学习技术标准，并补充修改了技术标准。[①] 邯郸市贸易公司为测验和评级工作的顺利进行，于 8 月 22 日至 9 月 4 日集中组织了学习。为使这一学习得到良好的收效，在学习前购买了 20 多本工业品知识手册，印发 36 份业务技术标准，每个门市部均发了一份，大门市部发了两份至三份，结合实际操作按照做什么工作学习什么业务，并找出薄弱环节着重学习。其中五门市部、青年门市部两个较大门市部根据同类商品性质集中组织学习、讨论。较小门市部因相距太远，不能集中学习，采取自学为主，互教互问，彼此督促、监督进行学习，保证每天学习 1 个半小时至 2 小时。此外，工资小组和门市部负责人对学习加强了领导与辅导，进行商品排队分类，确定每个人先学什么后学什么，有计划地进行学习，避免了学习忙乱、

①《石家庄市工资改革总结》，1956 年 12 月 16 日，河北省档案馆藏，档案号：933-4-349。

目无头绪的现象。[①]

虽然各基层单位关于技术等级标准的宣传学习方法多有差异，但综观开滦煤矿、机车车辆修理工厂、唐山机器厂等几个较大厂矿的学习方法，可总结为以下几点：（1）准备印发学习资料，即把技术标准按工种印成小册，编写学习技术标准的提纲，与技术标准一起发到各班、组或是每个人，以便于工人学习。（2）组织干部、积极分子先学。组织车间主任、班长、生产组长、工会工资委员先学习技术标准，研究解决在学习当中遇到的问题，也给群众学习准备了辅导员。（3）组织工程技术人员给工人讲解技术标准。如开滦煤矿动员与组织了工程师、技术员等讲解技术标准，遇有不易理解的内容则组织实际操作表演。（4）组织工人学习技术标准。各厂矿除组织学习讨论外，还大力组织工人之间相互学习。如老工人向理论较高的青年学习理论，青年工人向老工人学习实际操作等，并发动工人签订互学合同，在学习当中注意各种学习思想问题的解决。[②]

第二，学习的效果。各地区、各部门所开展的各种学习活动取得了一定的效果，工人们不仅明确了自己本工种的应知、应会的内容，实际技术水平也有所提高。如唐山机器厂经过十天的学习，有 70% 的人领会了技术标准应知、应会的要求；该厂某五级工人之前一些复杂的技术是死记硬背通过，经过学习真正掌握了计算的方法。此外，工人的学习情绪高涨，如开滦唐家庄矿职工平均学习出勤比别的会议提高了 20%，并利用各种空闲时间来学习。各厂矿企业的工人对此次学习也比较满意，实际效果良好，并积极主动去学习。如开滦煤矿有的工人说："过去也学习过技术标准，哪一次也没有学这么透，这几天的学习，就顶我一年的技术学习。"[③] 又如邯郸市贸易公司随着先进生产者运动的开展和考工、评级工作的进行，职工掀起了学习业务、钻研技术、努力工作的高潮，认识到做好工作不能单单凭热情。如第五门市部鞋

①《邯郸市贸易公司工资改革总结报告》，1956 年 9 月 25 日，河北省档案馆藏，档案号：932-3-138。

② 唐山市工资委员会：《关于工资改革工作的报告（初稿）》，河北省档案馆藏，档案号：932-3-138。

③ 唐山市工资委员会：《关于工资改革工作的报告（初稿）》，河北省档案馆藏，档案号：932-3-138。

组部分职工过去对业务生疏，识别不清各种皮鞋是什么皮料，该组 4 人到生产社鞋厂进行了学习，现已能辨清各种皮鞋的皮料。食品组某职员联系食品厂知道了鸡蛋糕制作的原料；青年门市部食品组赵景玉练习一秤称准，一般不用二秤。文具、百货、针织、布匹组部分职工除对业务技术标准、工业品手册进行学习外，还到百货公司服装社、花纱布等有关单位向内行请教。粗细瓷、席、竹组职员虽没有学习材料，但大都是由私营行业转来，有多年的经营经验，一般都有一技之长，以门市部为单位结合商品互相介绍自己的知识，粗瓷 17 门市部崔岐山等不但了解到商品的规格、质量、特点，并抽时间担水试验了每种缸、锅能盛多少桶水。①

第三，技术等级标准学习中的经验。各地区及单位在技术等级标准的学习中，都强调必须认真掌握技术标准，并结合现实情况总结了诸多经验。如石家庄市要求技术标准要切合或接近本厂实际情况，使其能真正成为衡量工人技术高低的尺度，在评定时要认真掌握。② 并且总结提出在贯彻技术等级标准和评定工人等级的过程中应注意的问题：（1）在组织群众学习技术等级标准时，各单位应邀请技术人员统一、详细地解释技术等级“应知”“应会”的各项技术要求，然后进行反复讨论，使技术等级标准为职工包括评级小组成员所熟悉与掌握，这是做好评级工作的一个关键问题。（2）上级颁发的技术等级标准，凡遇不完全符合本单位的技术设备及生产劳动组织等具体情况时，在不降低新技术等级标准水平的原则下进行适当地补充和修改，经过同级工会同意后暂时执行，并报上级主管部门备案。（3）对分工较细，经常做一种或几种工作的专业工人，如按技术等级标准全面要求并不恰当。因此，在这次评级当中应予以适当照顾，以便更好地发挥工人的生产积极性。在评定这部分工人的技术等级时，应以他们经常操作的技术为主，其他方面的技术要求为辅，但必须教育工人今后注意全面发展，以符合新技术等级标准的要求。（4）老年技术工人生产经验丰富，但由于文化水平的限制，在理论方面知道得很少。因此，在评定这一部分工人技术等级时，应以技术等级标准

①《邯郸市贸易公司工资改革总结报告》，1956 年 9 月 25 日，河北省档案馆藏，档案号：932-3-138。

②《石家庄市工资改革总结》，1956 年 12 月 16 日，河北省档案馆藏，档案号：933-4-349。

的“应会”为主，对“应知”的要求应该加以适当照顾，并将之作为努力的方向，如个别青年工人对这种照顾不满意的，可向他们进行解释。（5）某些工人或学徒工因工作的需要一开始就学做某一高级工种，如做七级工的工作。经过一段时间之后可以单独操作，但与七级工的全面技术要求相差很远。这类人员应该让他们适当地升级，但不能一步升到现在所做工作的技术等级（七级工），升为哪一级才为合适可经过群众评议予以适当确定。各单位对这类人员应该加强全面技术培养，使其很快地达到本等级的技术要求。①

二、测评定级主要方法

测评定级是此次工资改革的关键环节之一，各地区及单位都根据自身的情况采取了如“领导提名、群众评议”“自报公议”“考工评级”等相应的评级方法。

第一，领导提名、群众评议、领导批准。此定级方法先由领导进行深入细致摸底，组织有关人员并吸收职工中积极分子拟定晋级名单，然后公布初步意见，发动职工讨论修改，个别不同意评定级别者进行考工解决，最后领导批准上报。如正定县评级一般是根据“领导提名，征求支部意见，经群众讨论，最后由领导核定”的办法，各单位的工资改革小组或办公室根据上级下放指标及本单位职工情况，审定初步方案，经党支部研究，有的应由党员或党团员讨论，再经群众反复讨论，最后由领导核定报县工资改革办公室审核，平衡批准。有的单位或系统发扬民主较为广泛、彻底，如教育系统，教学教员的级别先后讨论了三次。② 这种方法的优点是：易宏观掌握，控制增长指标，且节约时间。如石家庄市根据绝大部分厂矿企业的技术力量薄弱及改革任务紧迫性等情况，采取了这一方法，并认为此方法较之“考工评级”既可减少如设备不足、技术人员力量小、考试命题复杂等困难，又可节省时间，较之“自报公议、领导批准”可更少出偏差。该市总结经验：首先，在领导提名之先，要注意依靠与发动群众，特别是基层的评级小组，进行

①《石家庄市工资改革办公室对工人评级工作的意见》，河北省工资改革委员会办公室编：《工资改革简讯》第21号，1956年9月13日，河北省档案馆藏，档案号：932-2-245。

②《正定县工资改革工作总结》，1956年11月6日，河北省档案馆藏，档案号：933-1-555。

深入细致的技术摸底，并征求一部分群众（党、团员）的意见，经过审查平衡，然后提出升级名单，交付工人讨论；其次，在讨论时必须充分发挥民主，使群众无保留地提出意见，作为领导研究修改的依据；再次，在反复讨论审查时，必须吸收更多的骨干分子参加，以便做到更加接近实际，使大家基本满意。①

第二，自报公议、领导批准。这一定级方法先由领导细致摸底，摸底结果由领导掌握公布，然后在党、团组织内酝酿，俟成熟后再组织职工自报公议级别。如通州市各单位多采用这一方法，先由领导提出晋级定级名单初稿，让群众充分地讨论，然后再根据群众意见修改定案报上级批准执行。具体步骤如下，首先，召开职工大会贯彻工资改革政策，公布技术等级标准，并组织职工进行学习和讨论；其次，对干部德、才，对工人技术方面进行细致的摸底工作，根据摸底情况分类排队，做到领导心中有数；最后，在工人学习技术等级标准和初步排队的基础上，领导提出晋级定级名单草稿，广泛地组织职工讨论，修改定案报上级批准执行。②这一方法的优点是定级形式比较民主，不过缺点也较为突出，容易产生抬高或压低现象，不易控制增长指标，且准备工作时间长。如正定县有的单位评级当中采取自报公议或由群众漫无目标评定的方法，结果由于放弃了领导，个人估计过高，普遍反映此方法不易公平合理，群众意见也多。③

第三，考工定级方法。此方法即根据技术标准要求进行理论与实际操作测验评定级别，采用这种方法的工厂要求有较强的组织领导力量、业务能力较强的工资干部，以及一定数量的技术人员。如唐山机器厂、机车车辆修理工厂采取了考试定级的方法：首先，按技术标准的要求，准备考试题材和材料，制定考试办法，唐山机器厂把考试办法、考试的工作物都预先告诉工人，使工人在思想上有所准备；其次，由考试小组提出受考名单，交群众讨论修

①《石家庄市工资改革办公室对工人评级工作的意见》，河北省工资改革委员会办公室编：《工资改革简讯》第 21 号，1956 年 9 月 13 日，河北省档案馆藏，档案号：932-2-245。

②《河北省通州市工资改革委员会关于 1956 年工资改革工作总结报告》，1956 年 11 月 17 日，河北省档案馆藏，档案号：933-1-555。

③《正定县工资改革工作总结》，1956 年 11 月 6 日，河北省档案馆藏，档案号：933-1-555。

改，分期分批组织考试；再次，组织考试，在考试中注意解决工人由于不习惯而引起的紧张气氛；最后，公布考试结果，并注意搜集与解决群众的意见。[①] 又如邯郸市贸易公司也采用了考试测验的评级方法：该单位经营的商品有布匹、服装、针织、百货、玩具、小五金、食品、文具、小五金、粗细瓷、席竹、石灰、鞋等16种商品。为有关单位统一步调，属于市掌握的布匹、百货、针织、玩具等商品的营业人员，会同百货、花纱布公司及郊区4个社单位制定了笔试、口试、实际操作、珠算题及答案。贸易、百货两公司制题小组人员分别交叉（贸易公司到百货公司，百货公司到贸易公司）以顾客的身份深入门市部，进行业务人员技术水平摸底工作，根据业务员的技术水平对测验题又作了切合实际的修改，如实际操作、包装、算账等操作时间一般偏长，制题小组人员又进行了具体操作试验修改，缩短了操作时间。不属于市直接掌握的粗细瓷、石灰、土五金等10余种商品的营业人员，由本单位自己制定各项测验题。5日至8日为考期，应参加考试人数157人，实参加考试人数136人，因病和在党校、商校学习者21人未参加测验。考试项目有笔试、口试、实际操作、珠算，开始分2个考场，按商品种类分开进行测验，由业务科先定两人担任笔试主考，其他项目亦有内行来担任主考，并建立了一天一碰头的会议制度，找出当日存在的问题，安排出次日的工作。[②]

这一方法的优点是能够合理地确定工人级别，并更容易得到工人的理解。如唐山机器厂没有考上的工人说："这回没考上，啥说的也没有了，就是今后努力提高自己技术。"[③] 不过这一方法操作较为复杂，花费时间较长，且对工厂技术人员数量等条件要求较高，在推行实施中也出现了一些问题。如邯郸市贸易公司考试测验，最初分2个考场，按商品种类分开进行测验，但后因分2个考区检场人员少，参加考试人员因文化程度低，还得找人代笔，

① 唐山市工资委员会：《关于工资改革工作的报告（初稿）》，河北省档案馆藏，档案号：932-3-138。

②《邯郸市贸易公司工资改革总结报告》，1956年9月25日，河北省档案馆藏，档案号：932-3-138。

③ 唐山市工资委员会：《关于工资改革工作的报告（初稿）》，河北省档案馆藏，档案号：932-3-138。

加之工作人员少，出现忙乱现象，经研究合并成一个考场。[①] 而唐山市商业部门的考试因题材脱离实际，工作方法生硬，业务人员意见较大，最终根据现有的实际情况改用了其他评定办法；唐山机器厂由于工人不习惯考试，有数十名工人已达到升级条件而未得到升级。[②]

第四，评定与考试相结合的方法。评级的方法多种多样，各地区在实施中往往是多种方法交叉运用。石家庄市认为领导提名、群众讨论，结合考工的方法较好，因为一般企业领导力量不够，工资部门业务水平不高，技术人员少，改革时间短，同时提出采用这种方法必须注意充分发扬民主。[③] 唐山市在晋级、定级的工作上将“评定等级”和“考试”两种方法灵活结合，如开滦煤矿、启新水泥厂、德盛瓷厂等 50 多个单位都采取了评定的办法，少部分单位原来的基础好，组织力量较强，产品也适合考试的机车车辆修理工厂、唐山机器厂等采取了考试的办法；个别单位采取考试与评定相结合的办法。两种晋级方法基本上都适合各厂矿的情况，都取得了较好的效果及经验。如开滦煤矿、启新水泥厂等各厂矿采取评定等级方法并总结以下经验：（1）做好摸底工作。领导提名，较好的单位达到 90% 的准确，如开滦唐家庄矿、唐山电厂等单位由车间领导提出晋级名单，经车间平衡小组反复平衡后交群众讨论，即达到 90% 的准确。（2）要求严格按技术标准，防止偏高、偏低。（3）发扬民主，领导提名要和依靠群众相结合。（4）对少部分工人的意见，解决不了的，组织考试，如钢厂对 22 名有意见的工人进行了考试，6 名成绩通过升级，未通过者也心平气和。[④]

总体而言，各地采取“领导提名，群众评议”的定级方法最为普遍，不过各种评级方法并非泾渭分明，在改革实践中各地区及部门往往根据自身的实际情况采用多种定级方法灵活结合的方式，以达到最大程度的优势互补。

---

①《邯郸市贸易公司工资改革总结报告》，1956 年 9 月 25 日，河北省档案馆藏，档案号：932-3-138。

② 唐山市工资委员会：《关于工资改革工作的报告（初稿）》，河北省档案馆藏，档案号：932-3-138。

③《石家庄市工资改革总结》，1956 年 12 月 16 日，河北省档案馆藏，档案号：933-4-349。

④ 唐山市工资委员会：《关于工资改革工作的报告（初稿）》，河北省档案馆藏，档案号：932-3-138。

如石家庄市多采取“领导提名、群众评议、领导批准”的方法，但同时提出必须结合适当的考工，以便做到工人心服口服，使之绝大多数满意。[①]河北省工资改革委员会副主任、劳动局局长王漫在市、专区工资改革工作汇报会议上的综合发言中也说：根据各地经验，定级、升级工作采取“领导提名，群众讨论，最后由领导批准”的办法是比较稳妥的，但必须事先做好准备工作，摸清底细，领导心中有数，才可不出或少出偏差。由于经过群众讨论，发扬民主，更多地吸取了群众的意见，因而群众也拥护和满意。不过他同时也强调这一办法在工人中应该适当地结合考工。[②]

三、测评定级中的问题与应对

测评定级环节，各地区都组织了等级标准的学习，并根据自身情况制订了相应的评级方案，取得了较好的效果。不过评级中在组织领导及职工群众的心理认知等方面出现了一些问题。针对评级中的问题，各地方单位都采取了相应的措施。

（一）测评定级中的主要问题

1. 领导组织层面问题

第一，本位主义。有的单位领导干部存在本位主义思想，只片面地追求本单位及个人利益最大化，而不考虑对其他部门的影响，也不适当照顾下层，引起很多干部群众不满。如尚义县供销社共 51 人，计划晋级 34 人，其中领导干部 16 人，占晋级人数的 47%。该社正副主任 4 人，晋 2 级的 3 人，晋 1 级的 1 人，科长 12 人，全部晋级，其中晋 3 级的 2 人，晋 2 级的 6 人，晋 1 级的 4 人，而这与河北省规定的在等级线以内的（包括提 1 级即到等级线以内的）只能提 1 级的原则精神明显背离。该供销社扬言说：“供销社不和

①《石家庄市工资改革办公室对工人评级工作的意见》，河北省工资改革委员会办公室编：《工资改革简讯》第 21 号，1956 年 9 月 13 日，河北省档案馆藏，档案号：932-2-245。

②《河北省工资改革委员会副主任、河北省劳动局局长王漫同志在市、专工资改革工作汇报会议上的综合发言》，河北省工资改革委员会办公室编：《工资改革简讯》第 27 号，1956 年 10 月 29 日，河北省档案馆藏，档案号：932-2-245。

任何部门比，上级给多少钱我们就花多少。”[①] 又如丰润县各机关企业单位领导人员得到普遍晋级，一般干部应晋级者作了推迟，而对工人的考工升级各工厂却均未执行；也有的单位如印刷厂厂长将行政管理人员的工资平均提高36.75%，自己提高了83%，而对工人仅提高9.17%。[②]

第二，主观主义。此次改革评级一般是工资改革小组按技术标准，“根据德、才，适当照顾资历”的办法确定其级别，并取得党组同意后采取民主讨论。不过有的单位在研究方案时从个人主观和印象出发，致使评级出现偏差，引起工人不满。如文安县有些单位教研室研究小学教员级别方案时，未按上级规定的条件和标准去考查，而是凭主观印象评级，结果在全体教师会上公布方案时遭到提级当事人当场质疑：“县是否给我定错了，不对头吧，我怎么也提不了那么高啊。”结果经过讨论相差3级。[③] 唐山市如启新水泥厂、修配厂也未能很好地执行按照技术标准评定工人等级的原则，对部分女工照顾得过宽，使工人的评级出现偏高偏低的现象。[④] 丰润县有的单位也发现感情用事，而不考虑德、才和资历予以晋级的现象，如医药公司有一职工基本不应升级，但因领导喜爱，此次也得到了晋级，致使群众不满。[⑤]

第三，晋级方法问题。晋级方法上有的地区与单位缺乏周密研究分析，急于求成。如唐山市德胜窑业厂整个工人升级工作由厂长作动员报告，学习技术标准，再到评定等级只用了3天的业余时间，由于缺乏领导，底数不清，致使工人定级工作返工3次，时间拖长半月之久，使工人不满，思想波动，生产也受到了影响。[⑥] 有的机关由于过分地强调发扬民主而忽视了领导的结

①《张家口专区在评级、升级中存在的问题和解决意见》，河北省工资改革委员会办公室编:《工资改革简讯》，第24号，1956年9月19日，河北省档案馆藏，档案号：932-2-245。

②《丰润县工资改革委员会关于工资改革工作的总结报告》，1956年11月19日，河北省档案馆藏，档案号：933-1-555。

③《文安县工资改革工作总结》，1956年12月9日，河北省档案馆藏，档案号：933-4-349。

④ 唐山市工资委员会:《关于工资改革工作的报告（初稿）》，河北省档案馆藏，档案号：932-3-138。

⑤《丰润县工资改革委员会关于工资改革工作的总结报告》，1956年11月19日，河北省档案馆藏，档案号：933-1-555。

⑥ 唐山市工资委员会:《关于工资改革工作的报告（初稿）》，河北省档案馆藏，档案号：932-3-138。

合，党内未很好准备即发动全体职工由下而上评比，结果延长了时间，得不到统一，如文安县个别机关发生了争吵和骂街现象。[①] 又如张家口专区赤城县开始采取了群众自评方式，领导也没有提名，张北县卫生院对工资改革工作表现急躁，党内没有很好评议就拿到群众中讨论；尚义县采取了党支部提名的方法未和党组结合进行。同时也有单位不相信群众不敢公开讨论，或有的则放松对小组评议工作领导，如怀安县文化科领导提出的晋级名单不敢让群众讨论，怕乱了套。[②] 另外有个别单位领导缺乏按政策办事的观念，如通州市铁工厂在这次工资改革中对工人考工晋级时，不是按上一级的技术标准考，而考的是本等级的技术标准，如四级工不是考五级工技术，而是考四级工技术标准，这就违背了严格按技术标准办事的原则。[③]

2. 职工认知及心理层面问题

第一，争闹级别待遇现象。评定级别与干部职工切身利益直接关联，所以，在这一环节中很多地区及单位多出现争闹级别的现象。如丰润县运输站三个站长被评为同一级别，但其中一个站长闹情绪，认为上级做法不合理，说"不会拍马屁，吃不香东西！"又如黄各庄轧花厂支书原行政级别 17 级，要求升到 16 级，县工资委员会考虑其原级别较高应照顾下层的晋级，未批准其晋级要求，但他却认为工资委员会意见不正确。[④] 有的单位在评议晋级时个别人专找比自己级别高的攀比，甚至有极个别以离婚等方式威胁上级，如怀来县某驻乡指导员说："这次如提不了级，就和老婆离婚。"万全县梁家庄售粮点业务员说："如果这次给我增加工资就继续干，不给我增加工资我就不干了。"[⑤] 此外，也有人带着个人情绪，自己不能提级，也不愿让别人提级。如文安县医院个别人员由于过去相互存有一些个人成见长期得不到解决，在

①《文安县工资改革工作总结》，1956 年 12 月 9 日，河北省档案馆藏，档案号：933-4-349。

②《张家口专区在评级、升级中存在的问题和解决意见》，河北省工资改革委员会办公室编：《工资改革简讯》第 24 号，1956 年 9 月 19 日，河北省档案馆藏，档案号：932-2-245。

③《河北省通州市工资改革委员会关于 1956 年工资改革工作总结报告》，1956 年 11 月 17 日，河北省档案馆藏，档案号：933-1-555。

④《丰润县工资改革委员会关于工资改革工作的总结报告》，1956 年 11 月 19 日，河北省档案馆藏，档案号：933-1-555。

⑤《张家口专区在评级、升级中存在的问题和解决意见》，河北省工资改革委员会办公室编：《工资改革简讯》第 24 号，1956 年 9 月 19 日，河北省档案馆藏，档案号：932-2-245。

此次工资改革评定级别时产生纠纷，评级会成了检查错误斗争会，使工作形成僵局无法进行，后经工资改革办公室派人调解后才继续进行。①尚义县粮食局在讨论两个股长晋级时形成斗争会，大家光给提缺点，而这两个股长便向局长提出辞职。②

第二，对工资改革有消极抱怨情绪。有的干部不了解工资改革的意义，没有认识到劳动生产率必须高于工资的增长率，职工的生活水平要和农民生活水平相适应，部分人员单纯地认为多增加工资，才算工资改革，增得少与工资改革名称不相称。如龙关县赵川街社干部田某说“这次工资改革是雷声大，雨点小”，赵川银行营业所干部说“工资改革闹得凶，具体增加钱不多”，有的听说增资，就计划买自行车、买皮鞋等，但补发工资后，未达到计划目的，不高兴，还讲怪话。③又如文安县医院的卫生技术人员过去在定级中不是按照本人的技术能力和标准来评定，故在此次工资改革中按照全国统一的卫生技术等级标准衡量时，有的卫生技术人员的级别出现了偏离现象，有的卫生技术人员因技术能力达不到新的技术标准而出现了保留工资，所以，对工资改革抱着消极态度和不满情绪，如有的人说：“不改也是8两，改也是半斤。”④

（二）测评定级中问题的应对

1. 问题应对的主要方式方法

第一，训练培养大批宣传干部和积极分子。《工人日报》社论评论说：工资改革就要在全国范围内展开，工会各级组织要保证这项重要任务的顺利完成，除了配合行政共同制定工资改革方案以外，还应该在党委的统一领导下着手进行宣传教育、组织建设等准备工作，目前重要的准备工作之一就是

① 《文安县工资改革工作总结》，1956年12月9日，河北省档案馆藏，档案号：933-4-349。

② 《张家口专区在评级、升级中存在的问题和解决意见》，河北省工资改革委员会办公室编：《工资改革简讯》第24号，1956年9月19日，河北省档案馆藏，档案号：932-2-245。

③ 《张家口专区在评级、升级中存在的问题和解决意见》，河北省工资改革委员会办公室编：《工资改革简讯》第24号，1956年9月19日，河北省档案馆藏，档案号：932-2-245。

④ 《文安县工资改革工作总结》，1956年12月9日，河北省档案馆藏，档案号：933-4-349。

要做好积极分子的训练。[1]故此，各地为加强工资改革宣传力量，贯彻工资改革方针、政策，培训了大批工资改革积极分子。如唐山市开滦煤矿、唐山钢厂、华新纺织厂等30个单位利用业余时间训练了7335名工会、行政干部、积极分子和党的宣传员，并总结了开办训练班工作的经验：（1）做好开课前的准备，对训练班的学习内容、学习资料、学习方法与时间安排都要做好准备，避免忙乱和被动；（2）讲课要强调通俗易懂，具体结合本厂的实际情况和学员的思想要求，深入地贯彻工资改革的各项政策；（3）对学员提出的疑难问题要认真地研究处理，做到吸收群众的意见，教育群众提高政策思想水平，最后训练班还必须取得党委的领导与支持。此外，有些单位如开滦唐山矿在工资改革的不同阶段采用了一事一训的办法训练工资改革积极分子，较小的单位以区为单位开办了训练班，少部分如机车车辆修理工厂亦组织了干部、积极分子听了两三次工资改革的报告，他们亦都成为工资改革中的骨干力量。[2]

第二，利用多种途径进行工资政策的宣传，培养职工对工资改革形成正确的认识。石家庄市先后组织两次厂矿、非工业部门负责干部会议，传达此次工资改革的原则、方针、意义和主要内容，以及进行改革的方法、步骤，并组织了工资改革训练班以具体阐释政策和方法，并利用广播电台、报纸、影院等宣传媒质向全体职工进行宣传，还举办了工资改革画片展览、工资改革讲座。各企业除传达了市工资会议精神外，也利用本单位的宣传工具进行宣传，如编写工资改革简报、大字报、黑板报、广播，建立工资接待站等。[3]文安县在工资改革开始时，先由领导根据上级的工资改革宣传提纲向县直机关、企业、教员等全体人员进行了贯彻，各部门结合召开的业务会议进行了传达。教育系统结合本县具体情况进行了讨论，认识到工资改革的重要意义，明确了工资增长率和劳动生产率的关系，解除了个别职工认为是单纯多给钱的片面思想。之后又根据省工资会议精神，进一步就本地区工资改革的重点、

---

①《社论：做好工会工资积极分子的训练工作》，《工人日报》，1956年5月16日，第1版。

② 唐山市工资委员会：《关于工资改革工作的报告（初稿）》，河北省档案馆藏，档案号：932-3-138。

③《石家庄市工资改革总结》，1956年12月16日，河北省档案馆藏，档案号：933-4-349。

各系统工资增长的幅度，以及全体职工对工资改革应持的态度等问题向全体职工干部进行详细贯彻，并有领导结合本系统直属上级所发的有关文件进行了讨论，在统一思想、统一认识的基础上，各工资改革小组及单位负责干部即准备测算、摸底工作。[①]

第三，建立工资改革接待站，帮助职工解决实际问题。改革中很多地方与单位都建立了工资改革接待站，以此作为深入了解职工思想、宣传具体政策、解决职工问题的途径，并且实践中取得较好的效果。据唐山市 21 个单位的统计，建立了 77 个工资接待站（室）。如开滦林西矿在俱乐部、工房区、矿内主要路口都建立了工资接待站，利用职工活动时间进行接待，能解答的当即解答，不能解答的事后也作了认真的处理，总计接待职工及家属 2158 人，接待和解答了 1040 条意见和问题。工人们反映说："工资接待站真解决问题。"[②]又如唐山机车车辆修理工厂的工资改革接待站不到 5 天的时间就有 16 名工人提出有关晋级方面的合理要求，开滦煤矿唐山矿从 6 月 14 日到 16 日就有 992 人向工资改革接待站反映了工资中存在的问题。[③]这一方式不仅给职工群众带来很大方便，也大大激励了职工群众的生产热情。《河北日报》评论说：工资改革接待站，是依靠职工群众做好工资改革的很好组织形式，它能及时吸引和采纳来自职工群众的批评和意见，促进广大职工监督和帮助企业行政领导纠正在工资改革工作中的缺点，对推动这次工资改革工作有很大作用。[④]

2. 问题应对的主要思路与特点

第一，坚持群众路线的工作方法，克服主观主义与本位主义。胡开明在河北省工资会上的报告中特别强调走群众路线的工作方法。他认为："工资改革之所以强调这一工作方法，不仅因为它是关系到每个职工的切身利益，而且还由于群众更为了解实际情况，与之讨论才能把工作做得更好。"[⑤]他批评

①《文安县工资改革工作总结》，1956 年 12 月 9 日，河北省档案馆藏，档案号：933-4-349。

② 唐山市工资委员会：《关于工资改革工作的报告（初稿）》，河北省档案馆藏，档案号：932-3-138。

③《建立工资改革接待站》，《河北日报》1956 年 7 月 18 日，第 2 版。

④《建立工资改革接待站》，《河北日报》1956 年 7 月 18 日，第 2 版。

⑤ 河北省工资会议秘书处印：《胡开明副省长在河北省工资会议上的报告》，1956 年 7 月 20 日，河北省档案馆藏，档案号：933-1-558。

那种把工资改革问题向职工“保密”的做法是完全错误的。“凡是怕麻烦借口‘经过群众意见更大更多，招致工作被动’或认为不经过群众亦可把工作做好，因而不充分发动群众、不经过群众讨论、不倾听群众意见，那么，在职工工资级别的确定上就难免主观主义、官僚主义，以致招致职工的不满，甚至影响生产、工作和团结。”[①]《关于工资改革的实施计划（草稿）》也规定：各基层单位必须在党委的统一领导下建立以党、政负责人为领导的基层工资改革委员会，并吸收有关方面的人员参加。[②]总体而言，各地区及基层单位坚持贯彻走群众路线，不断完善改革组织领导机构，这为保障改革顺利推行，克服本位主义、主观主义打下了基础。如河北卫生厅系统各级医疗单位在当地工资工作改革委员会的领导下组成本单位的工资改革委员会，下设办公室和工资改革小组，根据单位大小、任务的不同由3~7人组成，由院长和副院长主持，吸收医务领导干部及有关科、室、党、团、工会负责人参加，并根据工作需要制订会议、汇报等制度。[③]

不过，改革中一些地区在这一工作方法上却出现了一些问题。如石家庄市各厂矿企业单位的工资改革委员会或领导小组的组织成员绝大多数是由党、政、团负责干部和劳动、人事科长组成，只有少数单位吸收了技术人员和职工代表。因此，在工资改革工作进行中，特别是评级阶段，组织形式与实际需要出现了不相适应的现象。[④]正定县个别系统也存在领导包办现象，其工资改革办公室没有吸收群众当中的积极分子。[⑤]对此，胡开明提出：各个企业单位的党、团、工会组织，应该特别加强发动群众的工作，必须广泛发动职工群众，倾听群众的意见，在群众的监督下进行工资改革工作，而“依靠群众，首先要依靠生产积极、在群众中有威信的积极分子，吸收他们参加

---

① 河北省工资改革委员会：《关于工资改革工作的总结报告》，1957年1月10日，河北省档案馆藏，档案号：933-1-573。

② 河北省人民委员会：《关于工资改革的实施计划（草稿）》，河北省档案馆藏，档案号：933-1-558。

③ 河北省卫生厅：《关于执行国家卫生事业机构各类工作人员工资标准及有关规定的补充通知》，1956年8月2日，河北省档案馆藏，档案号：932-1-178。

④《石家庄市工资改革办公室对工人评级工作的意见》，河北省工资改革委员会办公室编：《工资改革简讯》第21号，1956年9月13日，河北省档案馆藏，档案号：932-2-245。

⑤《正定县工资改革工作总结》，1956年11月6日，河北省档案馆藏，档案号：933-1-555。

工资改革，使他们形成工资改革中的骨干力量，成为领导上的有力助手。”①故此，石家庄市强调一定要在研究和审查工人评级方案时通过扩大会议吸收一部分基层干部、技术人员和工人代表参加。②正定县各基层单位的组织形式要求吸收党、政、工、团及积极分子共同组织工资改革办公室，认为这样既能发挥各组织的力量又能联系群众。③

第二，结合各阶段及本单位的具体情况进行深入的宣传教育。应当说政治思想宣传教育贯穿了工资改革的始终，各地方及单位对宣传教育都比较重视，针对改革各个阶段中职工的不同思想情况进行了宣传教育工作。以正定县为例，改革之初，职工对工资改革希望很大，同时由于报纸刊物大力宣传及该县宣传工作中盲目许愿，使职工对工资改革期望值过高，省工资会议贯彻落实方案后职工感到工资增长太少，特别是国家机关人员增长更少，有些人说是“雷声大雨点小”，有的甚至认为希望不大，情绪消沉。针对这种情况，该县召开了全县职工大会，由工资改革委员会主任、副县长靳淑荷作了报告，表扬正确的思想，对要求过高的思想进行了批评，为评级定级工作奠定了思想基础。在评级定级中，职工真正体会到按劳取酬的社会主义原则，积极努力地工作，但有些人不根据政策原则和本人条件单纯要求提高个人工资，达不到目的就消极怠工、啼哭，甚至恐吓谩骂。对这部分人除了本单位领导进行个别解释教育外，该县在工资改革结束时又召开全体职工会议，对那些认清了工资改革意义，积极工作的同志进行了表扬，对片面要求提高工资的思想进行了批评，并教育其努力工作，争取 1957 年增加工资。④

第三，注重宣传与教育的结合，纠正职工工资改革认识上的偏差及思想问题。如河北省农业厅在“农业企事业工资会议”上强调宣传中要防止“希望过大”的偏向，也要防止“没什么大油水”的偏向，要讲透、

① 河北省工资会议秘书处印:《胡开明副省长在河北工资会上的报告》，1956 年 7 月 20 日，河北省档案馆藏，档案号：933-1-558。

②《石家庄市工资改革办公室对工人评级工作的意见》，河北省工资改革委员会办公室编:《工资改革简讯》第 21 号，1956 年 9 月 13 日，河北省档案馆藏，档案号：932-2-245。

③《正定县工资改革工作总结》，1956 年 11 月 6 日，河北省档案馆藏，档案号：933-1-555。

④《正定县工资改革工作总结》，1956 年 11 月 6 日，河北省档案馆藏，档案号：933-1-555。

讲全。[①] 总体而言，宣传与教育密切相连，各地方及单位在进行工资改革宣传时，通常与改革中各种思想教育工作结合开展。

以沧县为例，该县利用休息时间训练了基层工会干部和积极分子158人作为骨干，开展了宣传周运动。但改革之初，职工思想很混乱，在学习讨论中职工反映说："讨论什么方针、政策，一讨论就通，将来一定级问题就出来啦。""讨论半天还不是按领导上的意图。"还有个别认为个人技术不够，怕降低工资。针对以上思想情况，该县召开了全县1021人的职工大会，进一步贯彻了工资改革的方针和政策，对不同的思想在会议上进行了解释。首先，说明此次升级定级一定会充分发扬民主，虚心听取群众意见，绝不是走形式，并对过去个别调整工资时的领导包办作了批评；其次，发动鼓励职工发现问题并及时反映，做好监督检查工作，协助这一工作的顺利完成；最后，贯彻工资改革方案的同时，对各单位的领导干部强调提出这次工资改革一定要按政策、原则办事，严防个人主义成分和印象观点。由于以上会议的召开，解决了职工中的混乱思想，在工资改革中树立了正确的观点。同时，为了克服领导包办，充分地发挥民主，在评级定级时展开了批评与互相批评。如毛毯厂工人朱某因技术不够未能升级，表示不同意，群众在讨论时对他的技术作了批评，并说明思想不通可以考工，最后其本人表态不考工了，今后努力学习，提高技术，争取下次升级。[②] 又如张家口医士学校经过对工资改革有关文件的报告和座谈会等方式进行了宣传教育，使全校职工充分认识到这次工资改革的意义，着重解决平均主义观点。护士专业某教员于1952年8月由山东医学院护士专科二年毕业，参加工作后即不安心工作，借故回家探亲，一去半年不工作，后来被评为卫生技术19级，本人认为待遇低，多次给省厅反映待遇问题，后经过这次工资改革有关文件的学习扭转了过去平均主义的认识。[③] 此外，改革后针对仍有思

① 河北省农业厅:《农业企事业工资会议总结》，1956年7月27日，河北省档案馆藏，档案号：932-1-178。

②《沧县工资改革委员会关于工资改革工作的总结报告》，1956年11月24日，河北省档案馆藏，档案号：933-1-555。

③ 河北省张家口医士学校:《1956年工资改革工作总结》，1956年12月12日，河北省档案馆藏，档案号：933-4-349。

想情绪的职工，很多地区同样做了耐心解释和说服工作。如武安县邮电局对乡邮员因此次改革晋级较少产生的思想情绪，该县采取召开工资改革小组会议进行讨论、分析与解释等办法，又用黑板重新讲解了方案，反复说明意义，最后这些有情绪的人员一致表示没有意见了。①

综观此次改革在地方的推行，各地区及基层单位在测评定级中的举措及问题应对虽各有差异，但一个共同点即是都比较注重工资改革与政治思想工作的结合。对此，河北省工资改革委员会给予积极的评价："今年有许多单位的政治思想工作做得是好的，他们除了针对各种思想情况进行了具体的宣传解释以外，还贯彻始终地进行了关于个人利益和整体利益一致性和发挥生产与改善生产一致性的教育，这就把工资改革工作通过政治思想工作与生产紧密地结合起来了。""这就证明：政治思想教育是必须要做好的。"② 简言之，政治思想教育在评级定级各项问题的解决中发挥着重要作用。

四、补发工资的经验与效果

补发工资是此次工资改革中的重要内容之一，各地都采取了积极的措施并取得了较好的效果。根据国务院指示精神，此次改革采取按月计算补发工资的方法。唐山市为了把钱尽快地发到职工手中，如开滦煤矿、唐山发电厂等晋级工作较快的单位在晋级后连同晋级增加工资一起补发，晋级工作较晚的钢厂、机器厂、国家机关等单位采取先套级，补发新、旧标准的差额，然后晋级的办法。在计算工资工作中开滦唐山矿集中了财务科、工资科 60 名干部计算工资，保证了工资及时发放。此次唐山市全市总计补发 20 多万元，唐山市认为数额虽不多，但职工反映良好，如开滦唐山矿井下掘进工人贺某说："我脱了班还按月补发了工资，今后一定努力生产保证出勤。"各厂矿职工学习技术、提高生产的情况都有了新的表现。③ 又如开滦土建公司三工地

①《武安县工资改革工作总结》，1956 年 11 月 21 日，河北省档案馆藏，档案号：933-1-555。

②《河北省工资改革委员会关于工资改革工作的总结报告》，1957 年 1 月 10 日，河北省档案馆藏，档案号：933-1-573。

③ 唐山市工资委员会：《关于工资改革工作的报告（初稿）》，河北省档案馆藏，档案号：932-3-138。

补发工资以后，工人家属普遍对党和政府表示感激，纷纷鼓励自己的丈夫、亲人努力工作，创造更大的成绩。不少工人家属天不亮就把自己的亲人叫醒，要他们提前上班去。工友惠某把钱拿到家里以后，他的爱人高兴地说："过去哪有这样的事，要不是共产党和政府，咱们哪有今天，你要好好干，我一定把家务操持好"。有的女工把钱交给婆婆，婆婆高兴地说："呀！补了这么多的钱，快做件花袄吧"。据了解，补发工资后很多工人都有了储蓄，如木工鲁某补发工资 56 元，自己另加了 4 元，凑成 60 元存到了银行。[①]

此外，各地方及基层单位在补发工资中也总结了诸多经验。其一，抓住补发工资时机进一步做好宣传、教育工作，贯彻工资改革的各项政策。如开滦唐山矿宣传了以下四点内容：进一步交代"按劳付酬"的工资政策，鼓励工人努力提高技术，为提前完成生产任务而奋斗；讲清补发工资中政策性的问题及尚未解决的问题；讲清补发工资的计算方法；宣布工资率，晋级结果。这一方法也取得积极效果。唐山矿回柱工周某说："旧社会是干不干一般多，低工种拿高工种钱，真不合理，现在是技术高，对国家贡献大，收入就多。国家好比一家过日子，日子过好了就要吃好的、穿好的，这回下井一定要努力生产，多回旧料"。[②] 其二，适当地控制与安排补发工资时间，以有利于市场的供应，同时积极干预职工生活，帮助其解决生活困难。如唐山市各厂矿一面帮助工人安排生活，一面动员职工把富余的钱存入银行。开滦唐家庄矿帮助 212 户职工及家属安排生活；全矿有 3360 名工人参加储蓄（占补发人数的 66.6%），4 天当中就存入银行 160 850 元（占补发钱的 43.9%）。各厂矿单位对于补发工资少或不补发工资而生活困难的职工进行了适当的补助，开滦煤矿、启新水泥厂、机车车辆修理工厂 3 个单位就补助 3879 人，生活费 44 327 元。[③] 总体而言，补发工资得到广大职工的欢迎，不过有的地区也出现了一些问题。丰润县反映对复员军人和转业军人的纠正及工资补发曾发现

①《开滦土建公司三工地的工资改革工作是怎样进行的》，河北省工资改革委员会办公室编:《工资改革简讯》第 22 号，1956 年 9 月 15 日，河北省档案馆藏，档案号：932-2-245。

② 唐山市工资委员会:《关于工资改革工作的报告（初稿）》，河北省档案馆藏，档案号：932-3-138。

③ 唐山市工资委员会:《关于工资改革工作的报告（初稿）》，河北省档案馆藏，档案号：932-3-138。

问题，如煤建公司复员军人李某原来工资 29.5 元，此次评级确定为 21 级，工资 59 元，实属于纠正级工资补发问题，应从批准之日起补发其工资，却由 4 月 1 日起增补了工资。此外，对临时合同工人的补发工资问题，有的单位没有进行。如食品公司对 4 月就参加工作，至 10 月期满回家的临时工人，认为合同上怎么规定就怎么执行，所以未进行补发。[①]

综而观之，组织学习技术等级标准，评定工资等级是此次改革的主要内容，各地区及基层厂矿都投入了大量精力开展这一工作，并取得了较好的效果。不过由于各单位的基础不同，生产、管理条件不一样，因此，在方法、工作程度、结果上都不相同。唐山市在工资改革方案确定后，组织工人学习技术标准、评定等级（或考试）成为工人工资改革的主要部分。此项工作在该市的工资改革中占了很大的时间和力量，特别是一些原来没有等级基础的 17 个（启新、地方工业 16 个）单位的工作就更为繁重与复杂。其中开滦煤矿、机车车辆修理厂、启新水泥厂、唐山机器厂等单位在晋级工作中下的力量较大，他们在车间建立了评级小组，利用四五天至半个月的时间学习了技术标准，在评定等级当中领导干部亲自深入到实际工作，发现问题及时解决。如开滦煤矿及时纠正了高级工人升级过多的偏差；机车车辆修理厂进行了复查考试，纠正 100 多名生产骨干应升级而未升级的偏差。但是少数单位如德顺隆瓷厂领导对晋级工作认识不够，工人技术标准学习得很差，结果在评级当中等级普遍偏高，工人思想也很混乱，在区委和市有关部门的帮助下往返了两三次才得到解决。[②] 又如开滦土建公司三工地强调实事求是，按照技术标准办事，在讨论初期该工地发现工人普遍存有升级思想，特别是木工升级的要求很大，主要是由于 1956 年 6 月掌握情况不够，个别的不应该升级的升级了，工人意见很大。因此，这次形成离开技术标准按人乱比的趋势。发现这种情况，该工地当即向工人说明此次必须按照技术标准纠正之前的错误。经过反复解释之后，工人才心平气和地接受，普遍反映说："拿技术标准来衡

①《丰润县工资改革委员会关于工资改革工作的总结报告》，1956 年 11 月 19 日，河北省档案馆藏，档案号：933-1-555。

② 唐山市工资委员会：《关于工资改革工作的报告（初稿）》，河北省档案馆藏，档案号：932-3-138。

量，自己真达不到，今后只有加倍努力提高技术。”①

小　结

1956 年工资改革在各地方实施方式方法虽有差异，但总体而言，此次改革在地方的推行大体经历了改革实施方案的制定、政策的宣传教育、考工评级的开展等几个主要环节。1956 年 7 月下旬，河北省召开全省工资会议，传达并布置了全省的工资改革工作。各地区及系统部门随即进入改革的具体实施阶段，一方面，召开部署改革工作会议、建立汇报制度、制定与下发工人技术等级标准等改革的准备与推进工作；另一方面，不断完善改革组织机构建设，各市、专区、县都成立了工资改革委员会及办公室。各基层单位在党委的统一领导下也纷纷建立起以党、政负责人为领导的基层工资改革委员会，并注重吸收有关方面的人员参加。与此同时，改革的宣传工作也随之全面展开。

总体而言，工资改革分为两个阶段，一是准备阶段，二是改革评级阶段，而不同阶段问题不同，宣传教育的内容侧重也有差异。改革准备阶段着重宣传工资改革的原则、方针、意义；改革测评定级阶段则着重宣传工资改革中的具体问题，解决工人实际问题。测评定级是工资改革的中心环节，各地区在开展评级工作前都组织了等级标准的学习活动。之后，各地区都根据自身情况采取制订了相应的评级方案。关于评级方法主要有“领导提名、群众评议”“自报公议”“考工评级”三种，其中“领导提名，群众评议”的定级方法最为普遍，不过在改革实践中各地区及部门往往根据自身的实际情况采用多种定级方法灵活结合的方式，以达到最大程度的优势互补。总体而言，各地工资改革评级工作进展较为顺利，但也存在一些问题：从领导组织层面来看，主要问题是存在本位主义、主观主义，以及晋级方法的急躁；从评级干部及群众的认识与心理来看，主要问题是出现了争闹级别待遇，以及对工资改革的消极抱怨情绪。对此，各地方政府和单位都采取了多种方式予以协调

①《开滦土建公司三工地的工资改革工作是怎样进行的》，河北省工资改革委员会办公室编:《工资改革简讯》第 22 号，1956 年 9 月 15 日，河北省档案馆藏，档案号：932-2-245。

与应对。比如，不断加强组织领导建设，克服本位主义、主观主义；训练培养大批宣传干部和积极分子；利用多种途径进行工资政策的宣传；结合各阶段及本单位的具体情况进行深入的宣传教育；建立工资改革接待站。总而言之，在测评定级中，各地方及基层单位所采取的具体应对方案与措施各有差异，但各方利益平衡很大程度上是通过新中国初期行之有效的革命性政治思想教育来实现的。1956 年年底，全省工资改革工作基本完成。

第四章　理念追求与现实考量：1956年新公私合营企业工资问题

从新中国社会主义工资制度构建理念来看，其中一项重要原则即是符合当时国民经济发展的需要，寻求各产业及地区之间工资关系的统一与平衡。这一理念下，1956 年历经数次工资制度改革与调整，符合当时工资制度构建理念的一套社会主义工资制度体系基本确立。这一背景下，新公私合营企业旧工资制度中各种问题便突显出来，由此，对工资制度的改革迅速被提上日程。但与国营单位不同，公私合营企业工资改革更为复杂，既要以社会主义工资制度构建理念为导向，同时也不得不顾及诸多现实因素的考量。正因为如此，此次改革的方针引起各方颇多不满及争议。本章即以 1956 年新公私合营企业工资改革为研究对象，探讨此次改革的缘起、改革方针及其争议，以及改革的内容与实施。

第一节　新公私合营企业工资改革缘起

1956 年，私营企业实行全行业合营后，其性质随之改变，成为具有社会主义过渡性质的新公私合营企业，但是工资制度方面尚未得到相应的调整，旧的工资制度与新体制逐渐不相适应，失去其存在的合理性。应当说，新公私合营企业性质的改变势必要求分配制度相应的改革与调整。故此，此次工资改革的目的和任务即是“为了改进新公私合营企业中混乱、不合理的工资状况，逐步建立起社会主义的工资制度”[①]。具体而言，新中国初期，新公私合营企业工资制度主要存在以下几个方面的问题：

---

① 赖若愚:《关于新公私合营企业工资改革的若干方针政策问题》，河北省档案馆藏，档案号：932-3-110。

其一，工资形式混乱。新中国成立初期，私营企业虽进行了公私合营改造，不过工资制度多未改革，有些行业的工资形式不够完善、合理。特别是与计时工资制职工相比，新合营工业中实行计件工资制的职工问题较多，如很多企业计件工资多有单价而无定额，且多保留着旧的计件工资形式。此外，新合营商业行业中的饮食、服务业，工资形式更为复杂，有的采用营业额提成制，有的采用营业额提成兼厘头制。如：安徽省蚌埠市旅店业的拆账比例虽曾作了一些改进，但仍保留大、中、小不同企业按营业额23%、26%、28%等三种拆账比例，因拆账比例未随经营情况及时调整，由此出现收入高低相差四倍的情况。[①] 再如山西省祈县的新合营商业，之前大部分实行“年度定薪，陆续支取”的制度，1956年虽改为月薪制，但仍是月终下账不付现金，而是职工根据需要随时支用。[②]

其二，变相工资大量保留。新中国初期，历次工资改革与调整的一项重要内容即是革除旧工资制度中的变相工资，其间私营企业社会主义改造中虽然也逐步取消了一些变相工资，但合营以后很多行业仍然较普遍存在，某些工资待遇也不尽合理。如上海市变相工资达19种以上，包括伙食、升工、年奖、公记、回乡旅费、守岁费、人寿保险等，占标准工资总额的38.1%，平均每人享受17.7元。[③] 故此，按照中央确定的方针政策，1956年公私合营后，很多省市随即拟制方案，进行测算，着手新公私合营企业的工资改革，以便逐步改变工资中的混乱与不合理状况，建立社会主义的工资制度。关于变相工资，以今天的目光来看，类似各单位的职工福利。新中国成立初期，中共中央对这一变相工资的处理，其本质并非取缔职工福利，而是不允许未被纳入社会主义统一工资体系的职工福利，并将其视为不合理的变相工资。

---

① 安徽省人民委员会工资改革办公室：《安徽省新公私合营企业的工资情况和初步意见》（1956年8月），中国社会科学院，中央档案馆编：《中华人民共和国经济档案资料选编（1953—1957）》（劳动工资和职工保险福利卷），中国物价出版社，1998年版，第592页。

② 中国商业工会全国委员会工资部：《新公私合营企业的工资现状》（1956年11月），中国社会科学院，中央档案馆编：《中华人民共和国经济档案资料选编（1953—1957）》（劳动工资和职工保险福利卷），中国物价出版社，1998年版，第589页。

③ 中国商业工会全国委员会工资部：《新公私合营企业的工资现状》（1956年11月），中国社会科学院，中央档案馆编：《中华人民共和国经济档案资料选编（1953—1957）》（劳动工资和职工保险福利卷），中国物价出版社，1998年版，第590页。

其三，工资水平普遍偏低。新中国初期，私营企业因多为小规模经营，故其工资水平普遍较低。以新合营的工业企业为例，由于生产规模小、设备简单，且大多厂都是手工生产或半手工操作，技术水平低，产品质量差，人数少、机构不健全等诸多因素，致使其工资水平普遍偏低。此外，新合营的商业企业，由于小业主较多，经营多较为困难，部分行业为此进行过几次降薪调整，加之 1953 年到 1955 年对私营行业职工年终双薪、奖金的减发与取消，并对资方从业人员拿高薪以及挂名领薪者进行处理，这都使其工资水平逐步趋低。以安徽省商业厅所属纯商业性质的新合营商业计算：6 个省辖市的主要行业平均工资为 34.18 元，较当地国营公司低 8.92%；当涂、凤阳、宿县、阜阳、宣城、嘉山等县城的资料统计，主要行业的平均工资为 28.78 元，较当地国营公司低 14.2%。①

其四，工资关系不平衡。寻求不同地区、行业及人员之间工资关系的平衡是 1956 年工资改革的重要目标之一，也是新中国初期社会主义工资制度构建的重要理念。而新公私合营企业普遍存在地区、行业、新公私合营企业与国营企业之间，以及企业内部工资关系的高低悬殊，特别是服务性行业因工资制度不统一，工资收入高低悬殊尤为突出。如河北省唐山市反映，理发业有四六提成，供伙食，有五五、六五提成，不供伙食；浴池业有的工人固定工资加提成，有的工人四五、五五提成，企业供伙食；钟表业、照相业有二五、七五提成，企业供伙食，有三七提成，不供伙食；货栈业是基本工资加红利。这亦使得职工收入差距很大，特别是淡旺季收入更为悬殊，如货栈业从业人员月基本工资一般 30 多元，红利平均每人每月 20 多元，公私合营后至 1956 年红利每月可得 70 多元左右，若加基本工资其月收入有百余元。又如照相业从业人员 1956 年旺季有的每月提 180 多元，而淡季有的每月仅提三四十元。理发业从业人员旺月有的每月提 80 多元，淡季有的每月提 30 多元。②

① 安徽省人民委员会工资改革办公室：《安徽省新公私合营企业的工资情况和初步意见》（1956 年 8 月），中国社会科学院，中央档案馆编：《中华人民共和国经济档案资料选编（1953—1957）》（劳动工资和职工保险福利卷），中国物价出版社，1998 年版，第 591 页。

② 唐山市工资委员会：《新公私合营企业工资改革宣传提纲》，1956 年 11 月 8 日，河北省档案馆藏，档案号：932-3-110。

总而言之，新公私合营企业工资改革，从改革的动因来看，是出自社会主义改造的需要，同时也是社会主义工资制度构建的需要。正是新公私合营企业在工资形式、工资水平等方面存在的问题，不仅妨碍了生产的进一步提高和社会主义经营管理原则的贯彻执行，而且也与当时的社会主义工资制度构建理念相悖。工资改革之前，新合营企业内的工资状况较为混乱复杂。虽然在私营时期，一些主要的行业和较大的企业进行过工资改革与调整，基本上实行了国营企业的等级制度，但大部分企业仍保留着原有的旧工资制度未进行改革。全行业合营后，很多企业进行了生产改组，人员亦有较多的调动，工资制度混乱复杂的状况更为突出。故此，为了改变新公私合营企业中混乱与不合理的工资状况，逐步建立起社会主义的工资制度，对新合营企业进行一次工资改革，并根据在发展生产、提高劳动生产率的基础上逐步改善职工生活的原则，根据企业生产、营业、成本等方面的情况和财务开支的可能性，适当提高现行工资待遇，对工资水平较低的工人、职员和私方人员显得尤为必要。①

第二节　新公私合营企业工资改革方针争议及其结果

新公私合营企业工资改革是社会主义工资制度构建的必然要求，一方面要求按照新的工资理念改革其旧的工资制度，但另一方面出于国家经济发展现状与需要等种种现实因素的考量，对这一旧工资制度的改革又不可能一蹴而就，很难做到新工资理念下的完全合理，由此也引起各方对这一方针的诸多意见分歧。

一、新公私合营企业工资改革方针

关于此次改革的方针，1956 年 10 月 12 日国务院全体会议第 39 次会议通过的《国务院关于新公私合营企业工资改革中若干问题的规定》中提出："新公私合营企业的工资标准和工资制度，应该逐步向同一地区、性质相同、

① 唐山市工资委员会:《新公私合营企业工资改革宣传提纲》，1956 年 11 月 8 日，河北省档案馆藏，档案号：932-3-110。

规模相近的国营企业看齐。新公私合营企业的工人、职员和私方人员的现行工资标准，同当地同类性质的国营企业的工资标准相比较，高了的不减少，低了的根据企业生产、营业情况和实际可能，分期逐步增加。现行工资标准高于新定工资标准的部分，给予保留。保留的工资，今后应该随着提高工资标准和升级逐步抵消。”[①] 这一方针可以进一步解读为以下两个原则：

1. 理念追求：逐步同国营企业看齐

这一原则即“新公私合营企业的工资标准和工资制度，应该逐步向同一地区、性质相同、规模相近的国营企业看齐。”这应当是新公私合营企业工资改革的方向和最终目标。新中国成立后，中共中央一直努力构建一套符合社会主义原则的工资体系。应当说，新公私合营企业工资改革正是社会主义工资制度合理化构建的需要。“合理化”的标准主要是按劳分配及国民经济发展的需要，这种合理化工资制度的最终目标可以理解为，构建一套以按劳分配及国民经济发展相适应的工资等级体系。具体而言，即是向国营企业工资看齐。因为“国营企业的工资标准和工资制度，是在发展生产和提高劳动生产率的基础上，根据按劳取酬的社会主义原则和国民经济有计划按比例发展的需要建立起来的。向同一地区、性质相同和规模相近的国营企业看齐，就可以具体地贯彻实现规定工资的社会主义原则。”[②] 而新构建的公私合营企业工资制度最终目标及要求即是，根据按劳付酬的原则进行合理调整，采取适当的步骤，逐步地达到统一合理。在这次工资改革中，“要求企业内部的工资制度能够达到基本上统一合理；行业之间、行业内部以及各类人员之间的工资悬殊的状况能够有所改善。”[③] 应当说，1956年第二次全国性工资改革，初步确立起了我国以按劳分配为原则的社会主义工资体系，新公私合营企业

---

① 中华人民共和国国务院：《国务院关于新公私合营企业工资改革中若干问题的规定》，1956年10月12日，河北省档案馆藏，档案号：932-3-110。

②《新公私合营企业的工资改革》（1956年11月），中国社会科学院，中央档案馆编：《中华人民共和国经济档案资料选编（1953—1957）》（劳动工资和职工保险福利卷），中国物价出版社，1998年版，第616页。

③ 中华人民共和国国务院：《国务院关于新公私合营企业工资改革中若干问题的规定》（1956年10月12日），河北省档案馆藏，档案号：932-3-110。

工资改革正是此次改革的重要组成部分及延续，最终目标是将其纳入1956年年初步构建的以国营企业为标杆的社会主义工资体系。

2. 现实考量：从国民经济发展与需要出发

“向国营企业看齐”是当时社会主义工资制度构建的需要，但是制度的构建是一个长期的过程，在这一过程中又不得不兼顾现实。所以，此次改革在提出这一目标的同时，也强调指出：“新公私合营企业与国营企业不同，这次改革工资增加额，是根据企业生产、经营、成本等方面情况和财务开支的可能性，来适当提高工资水平。”① 因为“国营企业的工资标准和工资制度，是经过解放以来不少次的工资改革和调整逐步建立起来的，新公私合营企业的工资制度不可能经过一次改革就可以完全做到统一合理，而应该是既根据按劳取酬原则进行合理的调整，又要从实际出发，采取适当的步骤，逐步达到统一合理。”② 故此，此次改革在追求公私合营企业工资制度合理化的同时，又不得不兼顾诸多现实因素的考量。其中主要涉及以下两种情况：

一是现行工资标准低于国营企业，应根据企业生产、营业情况和实际可能，分期逐步增加。这就是说，“现行工资标准和国营相差不多的，可以一次看齐；相差多的就应该分期提高”③。这一原则其实是兼顾了理想与现实，一方面强调工资制度的统一合理，但另一方面又考虑到新公私合营企业同一地区、同一行业，甚至同一企业内部工资高低悬殊的现实复杂性，强调在拟定工资标准时应该充分考虑企业生产、营业、成本、利润等方面的情况和开支的可能性，在发展生产、提高劳动生产率的基础上逐步改善职工生活。

二是现行工资标准高于国营企业的不予降低。“高的不动”是这次工资

---

① 唐山市工资委员会:《新公私合营企业工资改革宣传提纲》，1956年11月8日，河北省档案馆藏，档案号：932-3-110。

②《新公私合营企业的工资改革》（1956年11月），中国社会科学院，中央档案馆编:《中华人民共和国经济档案资料选编（1953—1957）》（劳动工资和职工保险福利卷），中国物价出版社，1998年版，第616页。

③《新公私合营企业的工资改革》（1956年11月），中国社会科学院，中央档案馆编:《中华人民共和国经济档案资料选编（1953—1957）》（劳动工资和职工保险福利卷），中国物价出版社，1998年版，第616页。

改革中一个重要的原则。之所以采取这一方针，同样是出于现实因素的考量。因为“据几个大城市不完全统计，大约有 40% 职工的工资高于国营企业，有 60% 职工的工资相当于或低于国营企业，如果高的减下来，势必要有相当数量的职工减少工资。实行公私合营，而职工工资却减少了，这是说不过去的。同时，为了有利于资本主义工商业的和平改造，在公私合营过程中，资本家高工资不减，这种情况下，减少职工的工资更是不公平的。”[①] 另外，“高的不动”也意味着工资标准比国营企业高的亦不增加，主要是考虑到现行工资标准如果已经高于国营企业，再提高标准，则会加大高低悬殊的距离，而这是与“逐渐缩短这种不合理的距离”的工资改革要求相悖。

二、新公私合营企业工资改革方针问题争议

第一，高工资标准是否降低问题争议。按照新中国初期工资制度合理化构建理念，工资标准高于国营企业的应当降低。但是出于种种现实因素的考量，此次改革最终采取了“高的不动”的原则，由此也引起很多人的不解和不满。如高的要不要减下来，普通高的减不减，特别高的要不要减等，都成为人们争议的问题。一部分工资水平较低的职工和私方人员对“高的不降”有意见，有的说“占便宜的还是占便宜，吃亏的还是吃亏”，有的主张“高的不降低我们工资低的也得提上去，应和他们一样”。[②] 对此，陈云主张：工资标准比国营高的不减，“因为人多，如果减下来，会使很多人都减工资”[③]。而且在私营工商业座谈会上，中央宣布了资本家的收入不降低，小业主的收入也不降低，之后又提出农业合作社要保证 90% 的社员增加收入。在这种情况下，如果公私合营企业中降低职工的工资，显然是不公平的。此外，不仅普通高的不减，工资突出高的陈云仍主张暂时不动。其理由：一是人数不多，花钱有限；二是资本家过高的工资不减，减他们的工资值得考虑；三是

① 唐山市工资委员会：《新公私合营企业工资改革宣传提纲》，1956 年 11 月 8 日，河北省档案馆藏，档案号：932-3-110。

② 河北省新公私合营企业工资改革委员会办公室：《工资改革工作简报》第 1 号，1956 年 2 月 18 日，河北省档案馆藏，档案号：932-3-110。

③《陈云同志在全国新公私合营企业工资会议上的发言记录》，河北省档案馆藏，档案号：932-3-110。

国务院已经决定高的一律不减，如果减了，他们就会告状；四是因为突出高没有标准，难以掌握，存在扩大化的危险。故主张将来采取另一套办法解决，“等到适当时机再解决特高的问题，到那时候，就水到渠成”[①]。

第二，公私合营企业保留工资问题的处理。此次改革采取工资标准高于国营者不予降低的原则，由此形成大量保留工资。保留工资的处理也成为各方关注的问题，特别是保留面太大而引起工人的不安情绪。有些工资较高的人对“保留工资”抱怀疑态度，他们说：“将来还不是领导上的一句话，说取消就取消”，也有的人未认识到自己的工资是“合理的”，因此，抱着“不降就行”漠不关心的态度。[②]陈云在全国新公私合营企业工资会议上也提出：“如果相当多的人保留工资，会不会动摇人心？他们是否会有些害怕：‘今天保留，明天不保留？’因为减工资已经在工人中造成一种印象，克服困难要减工资；一个运动来了也要减工资。”[③]解决的方法主要有两种，一种意见如天津市提出再给这部分人增加一部分工资，二是以政治工作的方式解决其思想问题。从改革实践来看，第一种方式并不理想，1956 年河北省国营企业工资改革中，对保留工资者即采取了再增加部分工资的方法，但未达初衷，不仅引起职工群体间的分歧，保留工资群体内也情绪复杂。故此，此次公私合营企业工资改革，陈云对这一方法也提出疑问：如果增加，增加多少？是真增加还是象征性地增加？如象征性地增加二三角，恐怕行不通。所以他倾向用政治工作的方法，通过会议等途径向工人解释说明。同时陈云认为工人怕减工资是从实际经验中得来的，故此提出应反思以往这方面工作的疏忽，考虑需要事先做些什么工作，才能使得有保留工资的工人不会发生波动。[④]

第三，工资标准高于国营企业的工资提升问题。工资标准本身高于国营

①《陈云同志在全国新公私合营企业工资会议上的发言记录》，河北省档案馆藏，档案号：932-3-110。

② 河北省新公私合营企业工资改革委员会办公室：《工资改革工作简报》第 1 号，1956 年 2 月 18 日，河北省档案馆藏，档案号：932-3-110。

③《陈云同志在全国新公私合营企业工资会议上的发言记录》，河北省档案馆藏，档案号：932-3-110。

④《陈云同志在全国新公私合营企业工资会议上的发言记录》，河北省档案馆藏，档案号：932-3-110。

企业的工资问题，有人主张再加一点，使大家都得好处，也有人提出不增加只保留，结果有的地方出现大面积保留工资现象，并认为这算不得工资改革。对此，陈云、赖若愚等都主张不予增加。具体而言，主要出于以下三方面考量：一是从当时职工普遍的心理状态来分析，虽然很多职工希望通过工资改革提高工资待遇，但也有相当部分职工，特别是公私合营企业职工考虑更多的并非工资的增加，而是害怕运动中工资的降低。工人们说“老骨头要收拾了”就是怕降低工资。所以陈云主张对这部分高工资人员不再增加，各方面工作都更好办一些。[①] 二是增加之后，会加剧公私合营企业与国营企业之间的高低悬殊。国营企业经过历次的工资改革，工资标准和工资制度已经比较统一合理，而新合营企业则仍相对较为混乱，其改革的方向是向国营看齐。如果现行工资标准已经高于国营，就会加大高低悬殊的距离。而“工资改革的要求，却正是逐渐缩短这种不合理的距离，不应该再加大这种不合理的距离，以致给劳动力的计划分配和工资调整造成更大的困难”[②]。三是象征性的增加其效果会适得其反。在全国新公私合营企业工资会议上也有人提出给工资标准高于国营的这部分人员象征性地增加部分工资，但是从当时的改革实践来看，这一方法其效果不尽如人意。陈云提到：上海给高级知识分子盖了十几栋房子，他们给总理来信，说是“象征性地改善生活”，盖了房子还挨骂，假如大家同意象征性地增加工资，每人加 1 角，花钱不多，那个问题倒不大，不过这样会不会挨工人骂？可见象征性地加工资还不如不加好。[③]

第四，工资标准低于国营企业的工资增加问题。按照新中国初期社会主义工资制度构建理念，公私合营企业工资改革的方向是向国营看齐，实现国营与公私合营企业工资体系的统一合理。但就当时国民经济发展状况又不具备实现这一目标的条件。因此，工资标准低于国营的工资问题变得尤为复

①《陈云同志在全国新公私合营企业工资会议上的发言记录》，河北省档案馆藏，档案号：932-3-110。

②《新公私合营企业的工资改革》（1956 年 11 月），中国社会科学院，中央档案馆编：《中华人民共和国经济档案资料选编（1953—1957）》（劳动工资和职工保险福利卷），中国物价出版社，1998 年版，第 616 页。

③《陈云同志在全国新公私合营企业工资会议上的发言记录》，河北省档案馆藏，档案号：932-3-110。

杂，一方面，国家竭力追求统一合理的社会主义工资制度构建理念；另一方面，不得不考虑种种现实条件的制约，面临增加多少，一步到位还是分几次逐步增加，比国营高的要不要增加，是否会对国营企业有影响等诸多现实问题的考量。如公私合营企业和国营企业的工资关系问题，虽然当时追求按劳分配原则下的工资制度的统一合理，但工资调整中，受惯性心理的影响，人们无意中又以原有的工资关系来评价自身的工资水平，对职工个人而言，他们更多关注的是自己的工资增加了多少，别人工资增加了多少，从而得出一个最直接的感官认识，而较少考虑工资制度的合理问题，比如国营加了3元，合营加了6元，工人就会说“国营不如合营”。故此，陈云特别强调：“低于国营的要加，但一次加的钱数太多了，会不会引起国营企业的工人有意见？如果国营企业工人有意见，怎么解释？搞方案的时候，应该考虑到这一点。”[①]中共中央亦指示：在宣传工资改革的时候，要强调从现实情况出发，向国营企业看齐，必须经过相当长的时间，不是一年两年所能做到的；要反复说明工资增加只能是逐步的，必须充分考虑到国家财政支出和物资供应的可能性。[②]

三、争议结果：新公私合营企业工资改革方案测算分析

综观新中国初期历次工资制度改革与调整可以归结为自上而下推行由多元逐步趋向统一的过程。1956年，新公私合营企业工资改革正是社会主义工资制度构建中的重要一环。按照这一时期社会主义工资制度构建理念及此次改革的方针，新公私合营企业的工资改革最终是要向国营看齐。但出于种种现实因素的考量，这一目标又不能一步实现。通过此次工资改革方案测算的结果分析，亦可看到这种理念追求与现实考量间的冲突，即改革的趋向与理念追求的差距。以河北省为例，根据河北省新公私合营企业工资改革委员会

①《陈云同志在全国新公私合营企业工资会议上的发言记录》，河北省档案馆藏，档案号：932-3-110。

②《中共中央关于目前新公私合营企业工资改革问题的指示》（1956年12月），中国社会科学院，中央档案馆编：《中华人民共和国经济档案资料选编（1953—1957）》（劳动工资和职工保险福利卷），中国物价出版社，1998年版，第599页。

第二次会议审议通过的秦皇岛、邯郸、峰峰、张家口、保定等市或专区新公私合营企业 1956 年下半年工资改革增长指标方案分析，具有以下特点：

第一，此次改革，全省及各系统新公私合营企业职工工资普遍调整与提升。全省改革前月平均工资 35.11 元，改革后月平均工资提高为 42.16 元，提高率为 20.07%。各系统情况亦是如此。如工业系统改革前月平均工资 44.4 元，改革后月平均工资 50.7 元，提高率为 14.19%。商业系统，改革前月平均工资 34.72 元，改革后月平均工资 41.9 元，提高率为 20.68%。此外，从增资人数来看，此次改革新公私合营企业职工普遍增资。全省增加工资人数 92471 人，占总人数的 91.79%。各系统增加工资人数占比，交通运输系统高达 99.08%，居第 1 位，其他依次为，供销社系统 97.12%，商业系统 92.53%，粮食系统 89.08%，建筑业系统 88.28%，采购系统 84.70%，工业系统占比最低，但增资人数亦高达 76.20%。

第二，改革后，从月平均工资绝对值来看，新公私合营企业同地方国营企业比较，无论改革前还是改革后，新公私合营企业较地方国营企业普遍偏低。改革前，新公私合营企业月平均工资 35.11 元，地方国营企业为 43.62 元，改革后新公私合营企业月平均工资 42.16 元，地方国营企业为 50.22 元。各系统情况亦是如此。如改革前，商业系统新公私合营企业 34.72 元，地方国营企业为 40.3 元，改革后，分别为 41.9 元、46.52 元。又如供销社系统，改革前新公私合营企业为 27.92 元，地方国营企业为 32.31 元，改革后，分别为 35.32 元、41.35 元。

第三，从改革后，新公私合营企业与地方国营企业职工月平均工资增长率来看，虽然新公私合营企业月平均工资绝对数额较地方国营企业偏低，但提升率没有太大差别，且总体高于地方国营企业。这在一定程度上也反映出此次改革，新公私合营企业职工工资增长幅度偏高，从工资等级制度及工资标准方面努力向国营企业看齐。如，全省新公私合营企业增长率为 20.07%，地方国营企业为 15.13%。各行业系统中，商业系统、交通运输系统、粮食系统公私合营企业增长率都较地方国营企业偏高，其中商业系统公私合营企业增长率为 20.71%，地方国营企业为 15.41%；其他除工业系统、采购系统地方国营企业增长率较新公私合营企业相差较大外，供销社系统、建筑业系统两者增长率基本持平。[①]

此外，从全国新公私合营企业职工工资水平来看，各地具有一定的差异性，如四川省全省新公私合营企业的平均工资增长 16.33%。[②] 武汉市测算的结果，增长指标为 8.05%。[③] 这一差异性的形成与各地区新公私合营企业的发展程度密切相关。又如根据河北省新公私合营企业工资改革委员会第二次会议审议通过的秦皇岛市、邯郸市、峰峰市、唐山市，以及保定专区、张家口专区、天津专区、邯郸专区等地新公私合营企业 1956 年下半年工资改革增长指标方案分析，亦可看出，各地区平均增长率与调整后月平均工资金额的排比并不匹配，甚至相差甚大。如唐山市调整后平均工资最高，为 54.08 元，不过增长率仅为 8.73%，出现这一现象的原因在于唐山市改革前的平均工资亦最高，为 49.74 元。而邯郸专署、张家口专署工资增长率最高，不过改革前月平均工资额亦最低，分别为 26.87 元、27.99 元。[④] 唐山市工资增长率偏低，以及邯郸专署、张家口专署工资增长率偏高，某种程度上也反映了改革后各地区的工资差距有所缩小。

第三节　新公私合营企业工资改革方针争议原因分析

从新中国初期社会主义工资制度合理化构建理念来看，公私合营企业的工资亦应纳入向国营企业看齐的工资体系，而且这一理念经历次工资改革与调整，至 1956 年第二次全国性工资改革已经深入人心。故此，同年进行的

① 以上数据根据《河北省新公私合营企业工资改革方案》(1956 年 10 月 30 日，河北省档案馆藏，档案号：932-3-110) 相关数据整理计算而来。

② 四川省人民委员会工资改革办公室:《四川省新公私合营企业工资改革方案(草案)》(1956 年 8 月 4 日)，中国社会科学院，中央档案馆编:《中华人民共和国经济档案资料选编(1953—1957)》(劳动工资和职工保险福利卷)，中国物价出版社，1998 年版，第 605 页。

③ 武汉市工资改革办公室:《武汉市为准备新公私合营企业工资改革进行初步测算的情况及对改革的意见》(1956 年 8 月 3 日)，中国社会科学院，中央档案馆编:《中华人民共和国经济档案资料选编(1953—1957)》(劳动工资和职工保险福利卷)，中国物价出版社，1998 年版，第 601 页。

④ 根据《河北省新公私合营企业工资改革方案》(1956 年 10 月 30 日) 及河北省新公私合营企业工资改革委员会《关于批准新公私合营企业 1956 年下半年工资改革增长指标》(河北省档案馆藏，档案号：932-3-110) 相关数据统计计算而来。

新公私合营企业工资改革中，人们更为强烈地追求这一目标。

一、新公私合营企业工资改革方针争议根源

新中国成立后，我国进入国民经济恢复时期，中央采取了一系列有效措施，抑制通货膨胀，稳定城市居民生活，在此基础上，对工资制度进行清理、调整。但因生产资料所有制形式和经济调节方式的差异，分配方式也带有明显的多样化特征，不同的地区和部门实行如供给制、薪金制多种分配方式并存的分配制度，工资计算单位也多有不同。这对于保证城市居民的基本生活需要、稳定社会秩序及恢复生产具有积极意义。但这种多元的分配制度内涵本身即存在诸多不相容的因素，且与当时社会主义工资制度构建理念相悖。

综观新中国初期社会主义工资制度合理化构建，其最终目标是构建以按劳分配为根本原则，有着各行业技术标准及工资等级标准、符合当时国民经济发展需要的工资制度与体系，而这一工资制度体系构建的一个突出特征即是：自上而下推行由多元逐步趋向统一的过程。正因为如此，“合理、统一”成为新中国初期历次工资制度改革与调整中使用最为频繁的词汇之一，亦是改革所追求的目标与价值理念。1950 年 8 月，中央劳动部和全国总工会联合召开全国工资改革准备会议，确定改革工资制度，为建立全国统一合理的工资制度打下初步基础。[①] 随后 1951 年至 1953 年，全国以各大行政区为单位分别进行了一次全国性的工资改革，以“工资分”作为全国统一的工资计算单位。1954 年 6 月，政务院颁发了《国家机关工作人员工资、包干费标准及有关事项的通知》，把供给制的津贴、服装、伙食费三项合并为包干费，以缩小工资制与供给制之间的差距。1955 年 8 月，国务院又决定“将现有的一部分工作人员所实行的包干制待遇一律改为工资制待遇，以统一国家机关工作人员的待遇制度”，“在国家机关所属事业单位先行废除工资分计算办法，改行货币工资制”。[②] 在此基础上，1956 年中央推行第二次全国性工资改革，其任务就是要“根据按劳取酬原则克服过去工资制度中某些不合理不统一的

① 庄启东等:《新中国工资史稿》，中国财政经济出版社，1986 年版，第 49 页。

② 李唯一:《中国工资制度》，中国劳动出版社，1991 年版，第 31—32 页。

状况，贯彻统一的工资政策，建立起比较统一、比较合理的工资制度”①。

1956年工资改革基本确立了符合新中国初期合理化的社会主义工资制度构建理念的工资体系。这一体系内的职工根据各自的技术标准评定相应的工资等级，并形成国民经济各部门及不同职工群体间工资收入的大体平衡，而且这一工资制度构建理念经此次改革亦已深入人心。正因为如此，如新中国初期历次工资改革中所采取的保留工资政策，1956年工资改革后其问题开始突显，而带有较浓厚个体经济色彩的仍在1956年工资改革所构建的工资体系之外的搬运工工资问题也广受争议。②1956年新公私合营企业工资改革正是在这一背景下进行。全国新公私合营企业工资会议要求“经过这次工资改革，使新合营企业内部的工资制度能都达到基本上统一合理，行业之间、行业内部以及各类人员之间的工资悬殊的状况能够有所改善”③。应当说，新公私合营企业工资改革是1956年第二次全国性工资改革重要组成部分。这一背景下，公私合营企业的工资改革中，人们更为强烈地追求以国营企业为标杆的工资制度的统一、合理，此次改革方针也明确了这一最终目标，即新公私合营企业工资最终也要纳入1956年国营企业工资改革所构建的工资体系内。但与此同时，国家出于诸多现实因素的考量，又无法通过一次工资改革实现这一目标体系的构建。由此也造成人们对这一方针的诸多不解与不满。如此次改革中很多人提出：现行工资标准高的，有许多是很不合理的，为什么不予降低？

应当说，人们的疑问是合理的，是符合当时工资制度合理化构建理念的。但是，从国家层面而言，所要考虑的要远远多于普通民众。虽然“高的不降”有违按劳分配、同工同酬的社会主义分配原则，但是这一问题同时关系到对公私合营企业进行社会主义改造的一个根本政策问题。在社会主义改造高潮中，职工以极大的热情支持了全行业公私合营，如此时降低工人的工资，势

① 河北省工资改革委员会翻印：《李富春副总理在全国工资会议上的报告》，河北省档案馆藏，档案号：933-1-558。

② 郑京辉：《新中国初期社会主义按劳分配工资制度构建：以1957年河北省搬运工为例》，《江西社会科学》2019年第9期。

③《全国新公私合营企业工资会议闭幕，确定新公私合营企业进行工资改革》，《工人日报》1956年8月21日，第1版。

必造成企业公私合营前，工人有较高的工资待遇，公私合营以后反而降低了工资，工人会感到合营还不如私营。正如赖若愚说："在公私合营以后，如果还要减低工人的工资，这是无论如何也说不过去的，也是群众难以接受的。"①此外，在全行业公私合营当中，国家对私方人员采取了包下来的政策，无论有无技术、实职或非实职的都安排了工作，工资待遇都不降低。这种情况下对职工自然不能苛刻。因此，对现行工资过高的只能采取不降低的方针。如唐山市所言："高的不减是目前情况下所必须采取的一种特殊的措施。这有利于社会主义建设和社会主义改造事业，有利于全体职工的团结。"②

简言之，应当说此次新公私合营企业工资改革的方针兼顾了理想与现实需求。以这一时期社会主义工资制度合理化构建理念衡量，此次改革是不彻底的，人们对其不满也恰恰体现了理念追求与现实需求之间的矛盾。陈云亦明确提出："我们承认，这次调整工资以后，还不能完全合理。资本主义的工资制度原来就是不合理的，我们承继下来了。现在把不合理的保留下来，只把低的加以调整，这是不彻底、不完全的工资改革，这是一种在特殊情况下的特殊办法。"③加之1956年新公私合营企业工资改革较国营更为复杂，企业合营时间不长，企业管理、生产管理和工会工作的基础都比较薄弱。由此也使得此次改革从方针的制定到制度的推行充满各方的利益纠葛。

二、新公私合营企业工资改革方针争议的具体因素

综上所述，1956年新公私合营企业工资改革方针的争议及其不满，可归结为以下四点：

第一，新工资理念认同与制度建设的不同步性。1956年新公私合营企业工资改革方针，之所以产生诸多争议，其根源是在于旧工资制度与新工资理念的冲突。新中国初期是社会主义各项制度构建与转型的重要时期，工资

① 赖若愚：《关于新公私合营企业工资改革的若干方针政策问题》，河北省档案馆藏，档案号：932-3-110。

② 唐山市工资委员会：《新公私合营企业工资改革宣传提纲》，1956年11月8日，河北省档案馆藏，档案号：932-3-110。

③《陈云同志在全国新公私合营企业工资会议上的发言记录》，河北省档案馆藏，档案号：932-3-110。

制度即是其中重要任务之一。中共中央以其一套行之有效的贯彻机制，以及强大的政治宣传教育与社会动员力，迅速实现了新工资理念的推广与新制度构建。但是新制度的建设不可能一蹴而就，而且民众对新理念的接受及认同度往往与制度的推行具有不同步性，这亦是改革中诸多争议问题产生的重要因素。故此，全国新公私合营企业工资会议特别强调："在工资改革过程中，要加强对职工进行政治教育。"① 这在某种程度上是为了寻求民众在新工资理念下的制度憧憬与现实制度建设之间的协调与总体平衡。

此外，此次改革特别强调改革的循序渐进，以及因地制宜的原则。如此次改革中关于工资制度的统一问题，赖若愚解释说："我们所说的统一，主要是方针政策的统一，步骤、时间可以不同"，"既然是逐步做到统一合理，在建立新的制度时，就要从实际出发，因地制宜，有一定的灵活性"。②《工人日报》社论评论说："由于资本主义遗留下来的工资制度是混乱不合理的，要求经过一次工资改革就达到完全统一合理，那是不可能的。"③ 强调各地区、企业在准备工资改革方案时一定要根据国务院的规定，切实弄清楚本地区本企业的情况，因地制宜地贯彻分期、逐步达到统一合理的情况，任何草率从事或者企图一次求得统一合理的做法都是不正确的。这应是对当时一些地方和群众盲目地追求工资制度统一的一种矫正。

第二，职工工资高低悬殊与国家现实考量。1956 年公私合营企业工资改革采取"高的一律不降低，低的亦应视企业实际情况逐步提高"的原则，由此也招致很多人的不解，甚至不满的情绪。赖若愚直言："目前，相当部分的群众、干部对这一方针有意见。"④ 究其原因，一个重要因素即在于职工对工资高低悬殊的不满。一种情况是有些人如资本家的亲信、亲戚等技术能力很低，但工资很高；另一种情况是同一企业或行业内同工不同酬，有的做同

①《全国新公私合营企业工资会议闭幕，确定新公私合营企业进行工资改革》,《工人日报》1956 年 8 月 21 日，第 1 版。

② 赖若愚:《关于新公私合营企业工资改革的若干方针政策问题》，河北省档案馆藏，档案号：932-3-110。

③《社论：改革新公私合营企业的工资制度》,《工人日报》1956 年 10 月 17 日，第 1 版。

④ 赖若愚:《关于新公私合营企业工资改革的若干方针政策问题》，河北省档案馆藏，档案号：932-3-110。

样工作，而工资高低却相差几倍之多。如金星铜笔厂做笔尖的工人，产品的数量和质量相差不多，有人月工资254元，有人则仅为37元，相差将近7倍。[1]不过值得注意的是，民众对工资高低悬殊的不满，以及国家对统一、合理工资制度体系的追求，并非否定工资等级差异，很大程度上是不能接受以国营企业工资标准为标杆的社会主义工资等级体系之外的工资差异，因为不在同一体系之内，也就很难进行统一标准下的比较与衡量。此外，相对第一种情况，职工对同工不同酬更多的并非一定要求把工资高的拉下来，而是希望把工资低的提上去。加之这次工资改革，工资的增加较少，很多人只增加几角、几元钱，而工资高的仍一律不予降低，更加深了部分职工对这一方针的不满。

故此，如很多干部特别是基层干部对过高工资一律不降存在异议，主张对职工过高的工资，在适当保留之后给予降低。但基于现实因素的考量，国家不得不在合理化社会主义工资制度理念追求与现实之间作出妥协。不仅是因为新公私合营企业工资标准高于国营者数量庞大，而且形成高工资的因素复杂。对此，赖若愚也承认：职工群众不满是可以理解的，从按劳付酬、同工同酬的观点看来，这确实是不合理的。但问题在于群众所不满的已不是个别的而是相当的数量，强调这是带有群众性的问题。如据上海初步测算，把高出国营企业工资标准部分保留 50% 到 100%，仍然有 5% 到 25% 的人降低工资。[2]故陈云亦主张“在这次工资改革中，突出高的也暂时不动，作为两个问题来处理”[3]，“这可以保证工资改革的顺利进行，使我们能够抓住工资改革的主要方面——逐步建立社会主义的工资制度”[4]。由此可以看出，此次改革所采取的政策只是出于社会的稳定及改革的顺利进行而采取的权宜之计，其最终目标仍是构建并实现以国营企业为标准的统一的工资体系。

---

① 赖若愚:《关于新公私合营企业工资改革的若干方针政策问题》，河北省档案馆藏，档案号：932-3-110。

② 赖若愚:《关于新公私合营企业工资改革的若干方针政策问题》，河北省档案馆藏，档案号：932-3-110。

③《陈云同志在全国新公私合营企业工资会议上的发言记录》，河北省档案馆藏，档案号：932-3-110。

④《新公私合营企业的工资改革》（1956 年 11 月），中国社会科学院，中央档案馆编:《中华人民共和国经济档案资料选编（1953—1957）》（劳动工资和职工保险福利卷），中国物价出版社，1998 年版，第 617 页。

第三，经营体制的改变与职权弱化。1956 年公私合营后，经营体制的改变，工会在企业经营中的权力较前有所削弱，工人感觉权力丧失也是此次改革中工人感到不满的重要因素。“三反”“五反”运动之后，在私营企业中，实质上实行着一种由工人严格监督的生产管理制度，资本家不能随意地使用资金，甚至连盖章都掌握在工会主席的手里。而公私合营以后，国家派了公股代表，工会不再负责这方面的事情，由此一些工人感觉没有权了。比如，公私合营企业中有工人说：“资本家过去是经理，现在还是经理”，“合营以前，我们说话算话，现在说话反而不算话了”，1956 年召集一次公股代表座谈会上，全国总工会的李修仁也反映：公私合营企业的工人现在感觉没有权了。[1] 陈云也认为：“这种感觉不是凭空的。这说明我们对这种情况估计不足，疏忽了这方面的工作”，“半年多以来，我们做了一方面的工作，对企业改组、对资本家的安排、定息和清产核资等问题都作了处理，而对工人方面没做什么工作，在政治上、组织上都没采取什么措施，现在看来，需要补这一课”。[2]

应当说，工人的这种感觉有其理由，不过并不全然。公私合营前资本家有企业管理权、财物支配权、人事调动权，而公私合营之后资本家除了领取定息以外，只有公务人员的权利。工人所说资本家有职有权是指其作为一个国家公务人员而言，有职有权的内容也已改变。如通过上海公私合营试点厂“高管层”变动的考察，企业经营管理权力从私方转移到公方，其实质上是企业产权从私有转变为公有。[3] 而且实行“四马分肥”政策，由工人监督生产只能是过渡的办法，这一管理方式必将由国家直接管理生产的体制所取代。故此，陈云认为：工人这种感觉是不对的，说资本家过去有权，现在还是有权，这样讲也不一定对，并认为“过去，在资本主义企业中是工人监督生产，现在是由国家直接管理生产”是前进而不是后退，强调：“过去我们强调必须依靠工人群众的积极性，才能搞好生产，现在还是这样做，但同时还

④《陈云同志在全国新公私合营企业工资会议上的发言记录》，河北省档案馆藏，档案号：932-3-110。

②《陈云同志在全国新公私合营企业工资会议上的发言记录》，河北省档案馆藏，档案号：932-3-110。

③ 刘岸冰：《从“高管层”变动看公私合营企业权力的转移》，《当代中国史研究》2009 年第 4 期。

要发挥资本家的积极性，充分利用资本家的生产技术和管理经验。”[①]

第四，部分职工工资收入的降低。1956年新公私合营企业工资改革，总体而言改进了工资制度，激发了职工劳动积极性，提高了劳动效率，职工工资普遍增加。但同时，此次改革在工资制度、工资水平、工资关系等诸层面存在许多问题与不足。以工资水平为例，从此次改革的结果来看，因取消和压缩变相工资以及计件工资制改革，导致部分企业工资增加的少、减少的多，形成名增实减的现象。如河北省滦县公私合营纸厂合营前该厂规定每人每年共有11个节日，每个节日平均发给节日费1.6元，在工资方面过去是按日记工按月发给，公私合营后上述制度完全取消了，并把31天的月份改为30天发薪，取消福利金外，平均每人每月降低工资2.5元。[②]又如湖南省长沙市裕纶针织厂打包工，月平均工资由近90元降到30多元，由于工资降低得过多、过猛，工人很不满，反映说“这比资本家还厉害”,“合营不如私营”。[③]当然，个别企业过高且极不合理的变相工资适当调整降低工资无可厚非，但不少企业压缩了伙食标准，有些企业把应当保留的考勤奖也给取消了。此外，1956年工资改革后，职工货币工资及购买力均有所提升，但物价的波动以及供养人口增加等因素又直接影响着职工实际生活水平，最终导致部分职工货币工资与实际收入间的非对称性增长现象。[④]这些改革中的不足与问题遗留，也引发或加深了部分职工对此次改革及其方针的不满，特别是工资收入问题直接影响着职工对改革的评价与感受。

第四节　新公私合营企业工资改革方案实施

1956年新公私合营企业工资改革与同年进行的国营企业工资改革不同，

---

①《陈云同志在全国新公私合营企业工资会议上的发言记录》，河北省档案馆藏，档案号：932-3-110。

② 滦县工会联合会：《关于当前公私合营企业职工福利存在问题的报告及在处理中发生的分析意见的请示》，1956年7月9日，河北省档案馆藏，档案号：932-3-110。

②《全国总工会工资部关于新公私合营企业工资改革当前几个问题的报告》（1957年4月22日），中国社会科学院，中央档案馆编：《中华人民共和国经济档案资料选编（1953—1957）》（劳动工资和职工保险福利卷），中国物价出版社，1998年版，第626页。

④ 郑京辉：《1956年工资改革后河北省职工生活水平研究》，《当代中国史研究》2016年第2期。

新公私合营企业工资等级制的推行更为谨慎。一方面，采取了因地制宜地分步向国营企业看齐的办法；另一方面，对拆账、提成等旧有工资制度给予了极大的包容。以下主要探讨新公私合营企业工资制度与工资待遇层面的制度构建及其政策的地方推行。

一、新公私合营企业工资制度层面改革

（一）工资等级制改革及地区争议

1. 有关工资等级制的制度构建

以按劳分配为原则的社会主义工资等级体系构建，是新中国初期工资改革的重要目标之一，这也是新公私合营企业工资改革的方向。如此次改革规定：各行业工资等级数目的多少和各等级之间差额的大小，主要应根据技术复杂程度确定。在规定各行业的工资等级制度时，应区别现代化生产、半机械化和手工业生产，因为技术复杂程度不同，工资等级的数目和各等级的差额也应有所不同。[①] 关于职员和工程技术人员的工资制度问题，河北省规定：企业职员和技术人员的工资标准，应根据他们所担任的职务来规定。各类职务的最低与最高工资标准，应大体上向规模相近、性质相同的地方国营企业看齐。技术水平较高的技术人员，应发给技术津贴；对企业有重要贡献的高级技术人员，应发给特定津贴。[②] 此外，学徒工的转正和升级问题，要求对学徒工应普遍进行一次考工或技术鉴定，凡达到转正和升级条件的，一律给予转正或升级。此次改革后对学徒工应每半年考工或者评定一次，并形成制度，各企业对职工也应建立经常的考工、晋级制度，具体办法由各企业自行规定。[③] 这些举措体现了新公私合营企业内工资等级制构建与完善的过程。

①《中共河北省委对私改造八人小组关于新公私合营企业改革工资中若干问题的处理意见（草稿）》，1956 年 9 月 28 日，河北省档案馆藏，档案号：932-3-110。

②《中共河北省委对私改造八人小组关于新公私合营企业改革工资中若干问题的处理意见（草稿）》，1956 年 9 月 28 日，河北省档案馆藏，档案号：932-3-110。

③《中共河北省委对私改造八人小组关于新公私合营企业改革工资中若干问题的处理意见（草稿）》，1956 年 9 月 28 日，河北省档案馆藏，档案号：932-3-110。

新中国初期社会主义工资体系构建中，特别强调制度的统一，其实质是追求按劳分配原则下的工资等级的井然有序。1956年新公私合营企业工资改革中其制度构建亦体现了这一点。以商业系统为例，商业行业现行工资制度存在许多不合理的现象。主要表现为业务熟练、劳动效率高的营业员与业务不熟练的营业员，或者经营复杂商品的营业员与经营简单商品的营业员在工资等级上差别很小。据唐山市反映，1956年上半年调查经营同样商品的一个中心店，工资等级有的竟达40多等（自然等级），每一等级之间有的相差仅几分钱。故此，为改进不合理的工资制度，鼓励职工不断地提高业务水平，充分发挥其积极性与创造性，各地在新公私合营商业企业中都不同程度地推行了工资等级制。如唐山市新公私合营商业企业、郊区社，以及茶叶经营处等系统，工资改革均采用了国营三类五级的工资标准，将商品分为三类，并规定营业员按业务技术等级标准评定为五级。此外，业务员技术等级标准是根据当时商店的劳动组织、分类手续制度等情况，以及大、中、小城市营业员的现实业务水平，并适当加入一些指导因素来确定，以激发业务员学习技术的积极性，同时更有计划地培养人才与合理地使用人才。[①] 以上举措，商品分类与工资等级标准中商品的分类完全一致，每类商品等级多少与工资等级数基本一致，这就使得具有一定业务知识和工作能力的人员，基本可以得到与其业务知识相适应的工资。

2. 政策的地方推行及问题

从新中国初期工资制度改革实践来看，按劳分配工资制度的构建在某种程度上，其最终目标是实现各行业职工工资等级有序的体系。1956年新公私合营企业工资改革也是为了实现这一目标，将新公私合营企业的职工工资纳入国营企业的工资体系内。河北省及其地方的改革都是以此为原则，但同时强调了改革的循序渐进性。如唐山市规定：新公私合营企业工人的工资等级制度原则上应向国营企业看齐，如果执行有困难可以根据需要在某些等级或每级中间附加半级。有些轻工业企业某些工种内部技术差别不大，工种之间又没有直接升级关系，可以按工作规定工资（工种内部不再划分等级，即独

① 唐山市工资委员会:《新公私合营企业工资改革宣传提纲》，1956年11月8日，河北省档案馆藏，档案号：932-3-110。

立工资制）。同时规定技术等级标准一般应参照国营企业，但必须切合实际。如果当地没有同类性质的国营企业，应自行制定技术等级标准。如果执行仍有困难，可采取“技术站队”的办法评定工人的工资等级。[①]

虽然此次改革在追求制度统一的同时，考虑到现实因素，特别强调改革的循序渐进，但是在政策的具体推行过程中也出现了一些争论问题。如关于“如果执行确有困难，可以根据需要在某些等级或者每级之间附加半级”的规定，有地区提出：“加半级”是否包括商业和工业的行政人员及私方参加生产的人员？唐山、保定两市的意见是应当包括，并应在文件上加以明确。加半级的条件应由省统一规定。[②]而关于“在评定工人技术等级时，应该照顾工人技术的实际情况，以应会为主，适当照顾应知”的规定，峰峰市认为，国营掌握得严格，两者并重，新合营单位如果技术条件、设备、产品和国营相同也应与国营一样严格掌握，否则就不能促进工人学习技术知识。唐山市的意见：文件上应改为“应知应会并重，但对老年工人可适当照顾”。石家庄、邢台、保定及秦皇岛等市均认为，省的这一规定是合理的，因过去条件限制工人学习较差，应以同情的态度对待工人应知的不足。[③]

（二）工资标准的统一与“分步”看齐

1. 有关新工资标准的制度构建

关于工资标准，河北省根据不同的行业系统及地区归属，规定了一步或两步向当地同类性质国营企业看齐的办法。第一，新公私合营的工业、交通运输、建筑企业的工资标准，应当根据企业的设备、技术水平和现行工资标准等条件，可以采取一步向当地同类性质地方国营企业的工资标准看齐。第二，新公私合营的商业、饮食业、服务业的工资标准，在一般市（包括专代管市）原则上应一步向国营商业或供销社商业的工资标准看齐；

① 唐山市工资委员会：《新公私合营企业工资改革宣传提纲》，1956 年 11 月 8 日，河北省档案馆藏，档案号：932-3-110。

② 河北省新公私合营工资会议秘书处编印：《会议简报》第 2 号，1956 年 9 月 24 日，河北省档案馆藏，档案号：932-3-110。

③ 河北省新公私合营工资会议秘书处编印：《会议简报》第 2 号，1956 年 9 月 24 日，河北省档案馆藏，档案号：932-3-110。

但有的市现行工资标准低，一步向国营工业工资标准看齐，提高幅度大、实际增加额多的应分两步向国营或供销社的工资标准看齐。在县、镇的新公私合营企业，原则上应分两步向国营或供销社工资标准看齐。但有的县、镇现行工资水平较高，如果一步向国营或供销社工资标准看齐，提高幅度不大、实际增加额不多的也可以一步向国营或供销社工资标准看齐。分两步向国营或供销社看齐的1956年的工资标准，由省商业厅、供销社按照全省范围内的公私合营企业现行工资水平与国营企业改革以后的工资水平差额的75%另行制定。第三，商业企业附属的加工厂，应参照当地同类性质地方国营工业的工资标准和工资制度制定，当地无同类性质的国营企业可比较者，可参照其他性质相近的国营企业的工资标准和工资制度制定。①

2. 政策的地方推行及问题

关于新公私合营企业工资标准改革的一步走、两步走，其最终目的是寻求工资标准与国营企业的同步接轨。应当说分步向国营企业看齐，符合当时新公私合营企业实际情况，不过各地方在具体的政策推行过程中也出现了一些问题。

以工业、建筑和交通运输企业工人的工资制度问题为例。1956年工资改革前，新公私合营企业的工业、建筑和交通运输企业工人的工资没有统一合理的工资标准及可靠的技术根据，由资方规定一定的工资数额，很难反映“按劳取酬”的社会主义分配原则，由此也就出现了等级多、差额小、同工不同酬、轻重倒置等诸多问题。1956年全行业公私合营后，企业性质发生了根本的变化，旧工资制度与新体制明显不相适应，同时也不符合生产发展的需要。故此，中央提出：应根据企业的设备、技术水平和现行工资标准等条件，参照当地同类性质的地方国营企业的工资标准制定；在同一地区、同一行业可实行两种或三种工资标准；条件与当地同类性质的地方国营企业大致相同的，可采用地方国营的工资标准；条件差的，工资标准应低于地方国营企业；个别企业条件高的可规定较高的工资标准；如果当地没有同类性质的国营企业，可参照性质相近的国营企业的工资标准制定。少数有特殊技术的工人，

①《中共河北省委对私改造八人小组关于新公私合营企业改革工资中若干问题的处理意见（草稿）》，1956年9月28日，河北省档案馆藏，档案号：932-3-110。

可以单独规定较高的工资，或者发给技术津贴。根据中央这一指示精神，如唐山市结合该市具体情况进行了新公私合营企业的工资调整。总体来看，确定的工资标准一般均未超过当地地方国营和老公私合营企业的工资标准。从每个厂的规模、设备、技术水平上看，与地方国营有一定差距，在新合营各厂之间比较，其规模设备、技术水平、人员数目相差无几。特别是从现行工资水平上看无多大区别，有的厂人员虽少，但产品比较重要，并且不久即将并厂，改组为统一经营管理，故采用了一个标准。如植物油业、粮食加工业、印刷业等技术比较简单、人员数量相当、规模设备相差不多的同类产业采用了同一标准，而规模设备不同、技术比较复杂的机铁业则采用了两个标准。①

应当说，这一措施是在当时社会主义工资制度理念指导下，同时考虑现实因素而采取的较为可行的方法。不过在政策推行过程中也出现了一些问题与争论。如关于一步走、两步走的问题，通县专区提出，该专区有三类工资区、四类工资区，难以走齐。但各地的盈亏情况大致相同，在三类地区比国营标准已低了 3%，如两步走差额会更大。按供销社系统初步测算：三类区一步走月工资平均提高 8.7 元，为原工资的 28.6%；三类区两步走第一步提高 6.2 元，为原工资的 22.94%；现行工资三类区为四类区的 89%，按上述精神改革则降为 85%；如果三类区一步走提高的绝对数为 9 元多，增长率是 30%，即可达到四类区工资的 90%，差额就会缩小。因此，执行地区分类、两步走中的第一步比例应予考虑。该专区的意见是：将地区分类和一步走的权限交给专区根据实际情况掌握；第一步 75% 的比例提高到 85%；或者四、五、六类工资区先走 90%，以缩小差别。此外，沧县专区、唐山专区、天津专区基本同意省委意见，但同时提出有条件的地区也可以一步走。沧县专区提出，先将现行工资提到与国营改革前的标准相同，然后再在这个基础的差数中走 75%。邯郸市商业局提出，按会议精神邯郸是三类两步走，但商业厅意见是一步看齐，执行哪一个决定不明确。② 天津专区提出，附属加工企业

① 唐山市工资委员会:《新公私合营企业工资改革宣传提纲》，1956 年 11 月 8 日，河北省档案馆藏，档案号：932-3-110。

② 河北省新公私合营工资会议秘书处编印:《会议简报》第 1 号，1956 年 9 月 23 日，河北省档案馆藏，档案号：932-3-110。

执行工业标准比同企业商业人员高很多，建议将标准降下来，或者按经济员评定，同时提出糕点业做点心的工人、酒铺做酒菜及做酱菜的工人不能确定按什么工资标准评定。唐山专区认为当地没有可比较的工资标准，最好按中央精神加以规定。[①]

（三）拆账、提成制及计件制的保留与改进

服务、饮食等行业普遍存在的如拆账、提成旧工资制度，在新中国成立初期社会主义工资制度合理化构建理念下，本是受批判的旧工资制度，不过此次改革并未予以根本革除。如国务院规定：目前对拆账、提成制和计件制，一般的不改革。实行拆账制的企业，如因拆账的比例不合理，影响到企业的经营，可以教育工人，适当地修改提出的比例和内部的分配办法。[②]河北省对实行提成、拆账制度的服务业、饮食业的工资制度，同样规定应继续保留。但应根据实际情况提出改进的比例和分配的方法，并可规定一定数额的保障工资。实行提成分货制的少数工业企业和交通运输业，应改行计件工资制或者计时奖励工资制。[③]

关于计件工资制和奖励工资制问题，国务院规定：计件单价过高的应适当降低，过低的可适当提高；在一个企业内不统一的应当统一；有条件制定定额的，可制定定额，但一般采取调整计件单价的办法。[④]河北省在这一问题上，主张旧的计件工资制应加以改革。一般应根据新定的工资标准和劳动定额，重新规定计件单价，并建立定期审查和修改定额的制度，一般为一年（但在修订定额初期，定额不够确切时，可以规定一季或半年的试行期）。如

① 河北省新公私合营工资会议秘书处编印：《会议简报》第 2 号，1956 年 9 月 24 日，河北省档案馆藏，档案号：932-3-110。

②《国务院指定劳动部召开的关于新公私合营企业工资改革座谈会的记录》，中华全国总工会工资部编印：《全国新公私合营企业工资改革简报》第 10 期，1957 年 2 月 18 日，河北省档案馆藏，档案号：932-3-110。

③《中共河北省委对私改造八人小组关于新公私合营企业改革工资中若干问题的处理意见（草稿）》，1956 年 9 月 28 日，河北省档案馆藏，档案号：932-3-110。

④《国务院指定劳动部召开的关于新公私合营企业工资改革座谈会的记录》，中华全国总工会工资部编印：《全国新公私合营企业工资改革简报》第 10 期，1957 年 2 月 18 日，河北省档案馆藏，档案号：932-3-110。

果计件工资收入高于新工资标准，可以参照同类性质的国营企业实行计件工资标准，或者从定额上给予适当照顾；高出过多时，可给予定期的差额补助。对各种不合理的奖励制度应积极地以合理的奖励制度代替，不够完善的奖励制度，应加以改进，奖励指标已落后的应根据实际情况加以修改。①

通过以上规定可以看出，此次改革对拆账、提成制和计件制等工资制度，一方面，提出应尊重其积极作用不予废除；另一方面，也要求可适当加以改革与调整。正因为如此，如唐山市很多地区既批判了服务性行业工资制度不统一、工人收入不固定的弊端，同时也肯定这一制度刺激职工积极营业的作用。② 至于如何改进，各地及各厂矿的具体措施虽有不同，不过具体推行过程中多出现了一些问题。如服务、饮食业的提成制，秦皇岛市饭店业改为计时加奖励，月工资按 2—5 月的平均收入确定。但工人对此有意见，认为“那时是淡季，现在是旺季”，故降低了工资，建议恢复提成制，并制订基本工资标准。此外，保证工资与基本工资有无区别，是否可以提出具体的数字？计件工资制中从定额上怎样适当照顾？定期的差额补助时间多长？企业管理人员增资是否执行国营不超过 20% 的规定？工人升级制度是否也半年一次？很多地区及单位对以上问题要求加以明确。③

二、新公私合营企业工资待遇层面改革

1956 年工资改革一个重要特点即是普遍增加工资。新公私合营企业因涉及公方、私方及普通职工各方利益，情况要远比国营企业工资改革复杂得多。不过总体而言，此次改革在各方工资待遇问题的处理上依然呈现这一特点，即保持包括私方人员在内的工资水平的总体平衡与提升。这既是社会主义工资制度体系构建的需要，亦是为了推动改革顺利进行的策略之举。

---

①《中共河北省委对私改造八人小组关于新公私合营企业改革工资中若干问题的处理意见（草稿）》，1956 年 9 月 28 日，河北省档案馆藏，档案号：932-3-110。

② 唐山市工资委员会：《新公私合营企业工资改革宣传提纲》，1956 年 11 月 8 日，河北省档案馆藏，档案号：932-3-110。

③ 河北省新公私合营工资会议秘书处编印：《会议简报》第 2 号，1956 年 9 月 24 日，河北省档案馆藏，档案号：932-3-110。

（一）关于私方人员的工资待遇问题

此次改革，国务院规定：私方人员的工资待遇，应按照与职工工资相同的原则处理。在评定工资时，除了按照现任的职务和工作能力以外，还要充分考虑到他们的技术能力和经营管理经验，并且适当照顾其现行工资水平。[①]在此基础上，河北省提出，参加管理工作的私方人员可以实行职务工资制，参加生产的可以根据其技术能力评定等级。[②]关于私方人员的工资问题可具体分为两类：

1. 关于董事长、董事、监事等私方人员工资问题

《国务院关于新公私合营企业工资改革中若干问题的规定》提出：对于董事长、董事、监事等私方人员，如果没有兼任其他职务的，可以由企业发给薪金；如果兼有其他职务而原来有车马费的，可以继续由企业发给车马费，如秘书、办事员、打字员等董事会工作人员，应按照企业同类工作人员的工资标准评定。[③]河北省在推行这一政策时也严格执行了这一规定，并在此基础上做了更为具体和可操作性的补充规定。如对没有兼职任何其他职务的这部分人员的薪金发放问题，规定其薪金可以根据其现在的生活水平，并参照原来的习惯适当照顾其社会地位等情况，适当加以规定。挂名领薪的非实质私方人员仍可挂名领薪，如生活有困难的，也可以在这次工资改革中适当加以照顾。私方人员本人不能在企业继续工作，由其子女替换时，其子女的工资应与本企业职工同样评定，如生活有困难者，也应适当加以照顾。[④]显然，关于私方人员的这一政策有违当时社会主义按劳分配的原则，但正如赖若愚解释说：这也是赎买的一种方式。这样做看来是很不合理的。但是，他们交

①《国务院关于新公私合营企业工资改革中若干问题的规定》（1956年10月12日），中国社会科学院，中央档案馆编:《中华人民共和国经济档案资料选编（1953—1957）》（劳动工资和职工保险福利卷），中国物价出版社，1998年版，第593页。

②《中共河北省委对私改造八人小组关于新公私合营企业改革工资中若干问题的处理意见（草稿）》，1956年9月28日，河北省档案馆藏，档案号：932-3-110。

③《国务院关于新公私合营企业工资改革中若干问题的规定》（1956年10月12日），中国社会科学院，中央档案馆编:《中华人民共和国经济档案资料选编（1953—1957）》（劳动工资和职工保险福利卷），中国物价出版社，1998年版，第593页。

④《中共河北省委对私改造八人小组关于新公私合营企业改革工资中若干问题的处理意见（草稿）》，1956年9月28日，河北省档案馆藏，档案号：932-3-110。

出了企业，实现了对资本主义的和平改造，这对国家、对工人阶级的长远利益是很大的。[①]

2. 没有固定工资的小业主及家属工资问题

对于原来没有固定工资的小业主，国务院规定：应根据现任职务和工作能力，并且适当考虑他们原来的收入情况来评定工资。[②] 对此，赖若愚特别强调小业主与资本家不同，企业小、资金少，新中国成立前经济状况不稳定，地位不高，生活状况较差，在政治上倾向中国共产党。所以，这一群体接受社会主义改造也较快，期望通过改造改善他们的状况，特别是在生活上能够稳定下来，有些小业主在合营后对分配的扫地、做饭的工作都表示满意。所以，赖若愚强调，一定要照顾他们，使他们在合营以后生活稍有改善。[③]

此外，对于小厂、店业主的家属，国务院规定：原来担任辅助劳动，以及已经作为全劳动力参加劳动者，可以吸收为正式工作人员，按标准评定工资；只有部分时间参加劳动者，可按月发给必要的生活费用，不列入在册人员。[④] 对此，赖若愚提出：小业主家属原来所担任的辅助劳动，不仅是其收入的一部分来源，而且这种辅助劳动有些也是必需的。如上海营造业，老板娘原来给工人做饭，工人吃饭便宜，合营后，没有给老板娘什么待遇，不做饭了，工人到外面吃饭，又不方便又花钱多，工人们自己就要求老板娘继续给他们做饭。所以，他提出必须妥善安排这部分辅助劳动人员。凡是已经作为全劳动力参加了工作的，可以吸收为正式工作人员，按工资标准评定工资；只有部分时间参加劳动的，可以按月发给一定的生活费用（包伙食），不列

① 赖若愚：《关于新公私合营企业工资改革的若干方针政策问题》，河北省档案馆藏，档案号：932-3-110。

②《国务院关于新公私合营企业工资改革中若干问题的规定》（1956 年 10 月 12 日），中国社会科学院，中央档案馆编：《中华人民共和国经济档案资料选编（1953—1957）》（劳动工资和职工保险福利卷），中国物价出版社，1998 年版，第 593 页。

③ 赖若愚：《关于新公私合营企业工资改革的若干方针政策问题》，河北省档案馆藏，档案号：932-3-110。

④《国务院关于新公私合营企业工资改革中若干问题的规定》（1956 年 10 月 12 日），中国社会科学院，中央档案馆编：《中华人民共和国经济档案资料选编（1953—1957）》（劳动工资和职工保险福利卷），中国物价出版社，1998 年版，第 593 页。

入在册人员。这样就可以保证原来依靠家属参加辅助劳动的小业主，不至于降低收入，造成生活困难。[①]

通过以上所论，可以看出关于私方人员的工资待遇问题，显然有违社会主义工资制度构建理念，也表明此次改革的不彻底性与现实妥协性。正如赖若愚所说：在全行业公私合营的过程中，党中央采取了对私方人员包下来的政策，保证既安排工作又不降低待遇，这就稳定了人心，保证了全行业公私合营的顺利完成。对私方人员的工资待遇给以照顾，正是包下来的政策在工资待遇方面的具体实施，这是巩固社会主义改造成果、发挥工商业者积极作用所必需的。这一政策各地都已执行，实践中证明这一政策是正确的。[②]但与此同时，赖若愚也强调，具体实施中应对私方人员具体分析。他说，在新公私合营企业中担任职务的资本家，和政府派去的公股代表不同。公股代表是根据企业大小、技术复杂程度等不同情况，分别派去了水平不同的干部。但私方人员并非如此。有的厂很小，但资本家却有相当的技术能力和经营管理经验；有的厂很大，但资本家却没有能力。因为资本家过去主管一个厂，不决定于其能力的大小，而决定于其资本的多少。所以，在评定工资时，就要充分考虑到资方人员的这些特点。[③]

（二）关于变相工资及职工福利问题

关于变相工资及职工福利问题，国务院规定：对于变相工资，应区别性质、分别先后，并且根据各企业的实际情况具体处理。已经取消的不再恢复。属于福利性质的应予保留，办法不合理的应该改进。有些变相工资待遇，可以逐步地建立合理的制度来代替，有些可以部分或全部并入工资标准。对与职工生活关系较大的伙食项目，一般应并入工资标准。现行工资标准高的企

① 赖若愚：《关于新公私合营企业工资改革的若干方针政策问题》，河北省档案馆藏，档案号：932-3-110。

② 赖若愚：《关于新公私合营企业工资改革的若干方针政策问题》，河北省档案馆藏，档案号：932-3-110。

③ 赖若愚：《关于新公私合营企业工资改革的若干方针政策问题》，河北省档案馆藏，档案号：932-3-110。

业，可以部分或全部作为金额保留，制度取消。[①] 据此，河北省规定：属于福利性质的理发、洗澡、毛巾、肥皂等类作了保留，并对同一企业内制度和标准不统一的，根据需要及多数人的现行情况，做到企业内部的统一。对伙食费一般均应并入现行工资内，并入后工资标准高于新工资标准的作为保留工资。对属于不能保留的，则合并在新的工资标准内，作为保留工资处理。属于陋规性质而不利于生产的，则结合此次工资改革，在提高工资的基础上经过说服教育，提高职工思想觉悟，在职工自愿的前提下，逐步予以取消。[②]

从国务院及河北省关于这一问题的政策来看，此次改革中，国家一方面照顾现实情况的复杂性，另一方面要求尽可能改进，趋于合理与统一。总的原则是要求各地方区别性质、分别先后，并根据各企业的实际情况具体处理。具体实施时可划分为以下几种情况。其一，属于福利性质的理发、洗澡、毛巾、肥皂等类，应继续保留。同一企业内制度或标准不统一者，应根据实际需要或多数人的现行情况，作到企业内部的统一。如不能保留的，则应在此次工资改革时合并到新的标准工资内。其二，属于陋规性质的，即对生产不利的，应结合此次工资改革在提高工资的基础上，经说服教育取得职工的同意，逐步予以取消。其三，属于劳动保护用具的，如工作服、胶鞋、手套、护脚布、风镜、围裙、套袖等，现有的应根据生产或工作的需要加以保留，此后仍应根据工作需要逐步予以改善。上述物品应作为企业所有，不应作为个人福利。工作不需要但现在享受的，应说服职工取消。其四，回家路费不宜作为制度保留，但回家路途远，路费有困难者，企业应予适当补助。其五，伙食由企业供给的，结合此次工资改革应与现行工资合并，并入后的工资标准高于新工资标准的应作为保留工资处理，同一企业的伙食标准应统一。[③]

应当说，国家及河北省对这一问题的规定，给了地方及单位相当多灵活

①《国务院关于新公私合营企业工资改革中若干问题的规定》（1956 年 10 月 12 日），中国社会科学院，中央档案馆编：《中华人民共和国经济档案资料选编（1953—1957）》（劳动工资和职工保险福利卷），中国物价出版社，1998 年版，第 593 页。

②《河北省新公私合营企业工资改革方案》，1956 年 10 月 30 日，河北省档案馆藏，档案号：932-3-110。

③《中共河北省委对私改造八人小组关于新公私合营企业改革工资中若干问题的处理意见（草稿）》，1956 年 9 月 28 日，河北省档案馆藏，档案号：932-3-110。

处理的空间。不过正是政策上的灵活性以及现实的复杂性，在具体推行过程中也出现了诸多问题。比如，取消的旧福利补发时发给什么。石家庄提出，如发给实物，一次补几条毛巾、几块肥皂意义不大，发给钱又失去福利作用。秦皇岛市提出，现执行的福利是发给钱，应一律改为实物，并保证需要的数量与质量；回家远给予补助，多远的才算远应有界限，这笔钱也应在福利金中开支。该市同时提出，保留的洗澡、毛巾等在一个企业中有的人有，有的人没有，今后是否都应享受？又如唐山市对旧福利调整后，有些人减少了福利，之前没享受的享受了福利。该市认为这是制度改进，故减少了的不再补发。此外，唐山市提出，公方代表原有的烤火费、房租补贴取消了是否还补发？对合并到工资中的福利，是并在新标准以外，还是在新标准以内？如在新标准内实质是取消福利，降低了工人所得，如在新标准外并入工资，可能超出国营企业标准。①

总而言之，变相工资与职工福利并没有清晰的界限，其划分很大程度是根据新中国初期社会主义工资制度合理化构建理念的契合程度，以及国民经济发展的需要。对其改革从根本上说是为了寻求制度的统一，契合国民经济发展的需要，同时也考虑现实的复杂性，强调改革的循序渐进性。如唐山市认为：原合营企业变相工资及各项福利会作为职工的一些补充收入，合营后企业性质发生根本变化，这些不合理的变相工资和不统一的福利会影响计划成本、经济核算，影响职工团结。②河北省在这一问题处理上照顾了现实因素，规定：原劳资合同中规定的职工各项福利制度，如理发、洗澡、毛巾、肥皂、回家路费、茶叶、节日补助等，合营后不应随意降低或取消，合营后已降低或取消者，应自降低或取消之日起予以补发到6月底。③同时要求对旧有制度进行改进，要求合营后，为使企业内部达到统一，作了适当调整，因而有增有减者，可以不再补发。或者合营以后建立了新制度，代替了原有制度的，

---

① 河北省新公私合营工资会议秘书处编印：《会议简报》第2号，1956年9月24日，河北省档案馆藏，档案号：932-3-110。

② 唐山市工资委员会：《新公私合营企业工资改革宣传提纲》，1956年11月8日，河北省档案馆藏，档案号：932-3-110。

③《中共河北省委对私改造八人小组关于新公私合营企业改革工资中若干问题的处理意见（草稿）》，1956年9月28日，河北省档案馆藏，档案号：932-3-110。

经过职工同意也可以不再补发。[1]

小　结

1956年新公私合营企业工资改革，其根本原因是出自社会主义改造的需要，同时也是社会主义工资制度合理化构建的需要。此次改革一个重要的特点即是，一方面，追求制度的统一与合理化；另一方面，不得不考虑现实情况的复杂性，寻求制度构建的循序渐进性。比如，对私方人员工资待遇的处理便体现了这一特点，既要与职工采取同样的原则，又要给予必要的照顾。正如赖若愚所言，自然这就不完全符合按劳付酬的原则，但这符合社会主义改造的利益，有利于鼓励私方人员进一步接受教育改造的积极性。[2] 由此，我们也可以看到，在制度构建中一些看似矛盾冲突的政策指示，一方面批判遗留旧制度的混乱与不合理，另一方面又未对其进行根本的革除，并通过宣传教育说服职工对这些旧制度的宽容与理解。这也导致在地方制度推行时不可避免地产生诸多问题。简言之，新中国成立后，历经数次工资制度改革与调整，至1956年以按劳分配为原则的社会主义工资制度体系初步确立，其理念亦已深入人心，但因现实的复杂性与制度构建本身的长期性，新公私合营企业工资改革又不得不兼顾现实的需求而采取循序渐进的方式。由此也造成各方对改革方针产生诸多不满与争议，这些争议恰恰体现了这一时期合理化工资制度理念追求与现实间的冲突。

新中国社会主义工资制度合理化构建，是一个不断探索的过程。1956年，新公私合营企业工资改革是这一探索过程中的重要一环。不过从此次改革实践来看，其所构建的工资体系并不完善，在工资制度、工资关系及工资水平等各方面均存在诸多遗留问题，中共中央对此也及时进行了总结与反思。如这一时期一些地方将许多小厂合并，认为这样统一合理，且便于管理。

①《中共河北省委对私改造八人小组关于新公私合营企业改革工资中若干问题的处理意见（草稿）》，1956年9月28日，河北省档案馆藏，档案号：932-3-110。

② 赖若愚：《关于新公私合营企业工资改革的若干方针政策问题》，河北省档案馆藏，档案号：932-3-110。

不过这一主张却忽视了消费者的需求。陈云批评说："所以我们要有生力军，还要有游击队。要有大工厂能进行大规模的生产，也要有小工厂能进行多品种的小规模的生产，以适应消费者的需要。"而关于社会主义制度构建，陈云更进一步提出："资本主义是大不合理、小合理。大不合理是生产无政府，但每个资本家管理生产却有它合理的地方。我们的社会主义是大合理、小不合理。……可否改变成大合理、小也合理？我看必须这样做。""总之，要适应中国的实际情况。方向大体是这样，至于名字怎么叫，还没有研究。"①由此可见，关于当时合理化社会主义工资制度构建问题，包括更为宏大的经济体制设计，中共中央也在不断地进行新的探索与思考。但遗憾的是，国家经济政治生活的大起大落，这一探索一度曲折。

①《陈云同志在全国新公私合营企业工资会议上的发言记录》，河北省档案馆藏，档案号：932-3-110。

第五章　非对称性增长：1956年工资改革后职工生活水平研究

1956 年工资改革后，河北省劳动工资委员会及部分市县政府与厂矿单位进行了职工生活水平的调研，以了解改革后职工生活的实际状况。调查资料显示，改革后职工货币工资及购买力均有所提升，但物价的波动以及供养人口增加等因素又直接影响着职工实际生活水平，而这种影响对勤杂、警卫等低薪职工群体尤甚。面对这一困局，国家、地方与民众积极应对，国家层面自上而下采取诸多措施加强市场调控与价格管理，并对民众家庭生活进行干预；民众亦积极回应，有效缓解了改革后的各项社会问题。综观以往研究对此关注较少，且关于改革后民众生活问题论述简略，多简要评价为职工工资普遍增加，民众生活水平普遍提升。但我们在看到改革后民众货币工资普遍提升的同时，亦应思考改革后不同职工群体工资及消费结构如何？职工实际生活水平是否随着货币工资的增加而提高？哪些因素影响了职工生活水平？国家、地方及民众又如何应对？此外，关于工农生活水平关系问题，工资改革是否造成工农生活水平的悬殊？对农民生活又有何影响？本章即主要通过 1957 年河北省职工生活调研资料，对工资改革后职工工资水平及结构特征、职工生活影响因素及各方应对之策，以及工农生活水平比较等问题作一探究。

第一节　职工工资及购买力的波动

1956 年工资改革后，河北省职工货币工资普遍提升，货币工资的增长直接带动了职工购买力的增强，而购买力的增强又直接导致部分物资供应的紧张，从而引起部分商品物价的波动，最终物价的波动又直接影响职工实际生活水平的提高。

一、货币工资的增长

（一）1949 年至 1957 年河北省职工工资总体趋势特征

新中国成立后，随着国民经济的恢复与发展，以及劳动生产率的逐年提高，职工的工资收入、间接收入及集体福利事业不断改善与提升。如张家口矿山机械厂的调查显示，1956 年每位工人的劳动生产率比 1950 年提高了 7.4 倍，职工的年平均工资 1950 年为 357 元，1956 年提高至 700.56 元，增长 96%，如与 1952 年的平均工资 493 元比较，增长了 42.1%，超过第一个五年计划全国平均工资水平的 9.1%。[①] 保定市国民经济恢复和第一个五年计划时期（1950—1957 年），居民人均生活费收入 1949 年为 126.12 元，1957 年达到 259.1 元，增长 1.05 倍。[②] 河北省丰润县通过几次工资调整，1952 年至 1955 年职工工资收入约增长 41.74%，逐步废除了一些不合理的工资制度，职工生活有了逐步的改善。[③] 又如河北省文安县 1951 年 7 月开始实行低薪制，并以工资分为单位折算工资，工资分值主要以粮、油、布、煤等几种生活必需品的价格来确定；1955 年改为工资制，全县职工干部工资收入增长 15% 左右，生活大有改善。据该县统计局统计，1949 年该县职工干部（年）人均工资收入为 230 元，1956 年为 470 元，1956 年较 1949 年增长一倍有余。[④] 由此可见，1949 年至 1957 年河北省职工工资呈总体上升的趋势。

不过从 1949 年至 1957 年职工货币工资历年变动情况来看，在职工工资总体增长的大趋势下也存在一定的波动性，呈现起伏波浪式增长的特征：即以 1951 年、1956 年两次工资改革为增长的高峰期，而两次工资改革相隔的若干年里由于国家工资政策上的一些偏差，职工工资增长缓慢，特

---

①《张家口矿山机械厂关于工人阶级有关问题（调查研究报告）》，1957 年 7 月 27 日，河北省档案馆藏，档案号：932-3-4。

② 保定市地方志编纂委员会编：《保定市志》第 4 册，方志出版社，1999 年版，第 578 页。

①《丰润县工资改革委员会关于工资改革工作的总结报告》，1956 年 11 月 19 日，河北省档案馆藏，档案号：933-1-555。

② 河北省文安县地方志编纂委员会编：《文安县志》，中国社会出版社，1994 年版，第 622 页。

别是 1954 年前后部分职工曾一度出现工资下降的现象。例如，从 1952 年至 1956 年保定市职工工资收入情况来看（表 5.1），职工总数与年工资总额 1952 年后逐年上升，其中 1953 年及 1956 年增长幅度最大，职工总数 1953 年增加 1827 人，1956 年增加 4348 人，年工资总额 1953 年增加 1222200 元，1956 年增加 2261000 元。但是从职工月平均工资变动情况来看则呈现起伏式增长，1953 年较 1952 年增加 6.88 元，1954 年较 1953 年减少了 0.83 元，而 1955 年又回升至 39.64 元，与 1954 年职工月平均工资基本持平，之后 1956 年较 1955 年增加 1.36 元。从以上数字可知，1956 年职工年工资增加总额最高，不过受职工总数增加的影响，职工月平均工资增加数额并不高，较 1955 年仅增加 1.36 元。不过若仅从 1952 年职工月平均工资总体变化趋势来看，1956 年比 1952 年增加 8.49 元，增长幅度为 26.11%。

表5.1　保定市职工工资收入提高情况表　计算单位　元

年份	职工总数	年工资总额	月平均工资	定基比
1952	4402	172 2100	32.51	100
1953	6229	294 4300	39.39	121.16
1954	7367	340 8100	38.56	118.61
1955	7499	356 7000	39.64	121.93
1956	11847	582 8000	41	126.12

资料来源:《保定市关于职工生活部分调查报告》，河北省档案馆藏，档案号：932-3-3

注：笔者测算 1952 年至 1956 年月平均工资分别为 32.60、39.39、38.55、39，定基比分别为 100、121.16、118.61、121.93，其中 1952 年、1954 年、1955 年、1956 年部分测算数据与原档案数据略有出入，因差异极小，且不影响数据分析与结论，故采用了档案中的原始数据

（二）1956 年工资改革前后河北省职工工资情况

1956 年工资改革普遍提高了工资标准，相当部分职工干部得到了晋级，并且补发了工资，其中重点解决了级职不相称和新提拔干部的工资问题。如河北省丰润县按上级既定的工资增长指标补发标准工资差额 716225 元，发放晋级费 42453 元：其中县级晋级 10 名，晋级费 636 元，占晋级总额的 1.5%；科局长级晋级 120 人，占同级人数的 25.7%，晋级费 5766 元，占晋级总额

的 13.58%；一般干部晋级 754 名，占同级人数的 9.63%，晋级费达 36051 元，占晋级总额的 84.91%。① 又如河北省通州市国家机关晋级 78 人，占总人数的 44.57%；工人晋级 138 人，占工人总数的 25.69%；学徒工晋级 10 人，占学徒工总数的 83.33%，定级 268 人，占工人总数的 38.12%；党派团体晋级 41 人，占总人数的 38.68%；供销合作社行政管理人员晋级 18 人，占行政管理人员总数的 33.33%。②

总体而言，改革后随着工资标准的提高及生产的发展，职工工资普遍增加，不仅一定程度上克服了改革前工资增长与劳动生产率增长不相适应的弊端，而且进一步贯彻了以按劳取酬为主要原则的社会主义工资政策。如河北省丰润县 1955 年共有职工 8424 人，每月工资总额 288656 元，月平均工资 34.26 元；工资改革后（不包括工业系统）现有职工 8320 人，每月工资总额 356798 元，月平均工资 42.88 元，比 1955 年每人每月工资增长 25.16%。该县职工总计增加工资 758678 元（不包括工业），比原来工资增长了 21.93%。③ 又如根据保定市油厂、发电、文教、机械 4 个重点单位 691 名职工 1956 年工资改革前后各年（1955 年 4 月至 1956 年 3 月，1956 年 4 月至 1957 年 3 月）生活水平调查数据分析来看，改革后职工工资增长幅度有较为明显的提升，如 4 个单位职工月平均工资增加情况分别为：油厂增加 10.64 元，发电厂增加 10.53 元，文教厂增加 6.91 元，机械厂增加 8.19 元，4 个单位合计月平均工资增加 8.9 元。④

此外，值得注意的是，此次改革在职工工资普遍提高的同时，重点解决了小学教员、合作社业务人员和乡干部等低薪群体的工资问题。如河北省正定县此次改革 523 人晋级，占总人数的 15.14%，改革后全县职工年平均工资

①《丰润县工资改革委员会关于工资改革工作的总结报告》，1956 年 11 月 19 日，河北省档案馆藏，档案号：933-1-555。

②《河北省通州市工资改革委员会关于 1956 年工资改革工作总结报告》，1956 年 11 月 17 日，河北省档案馆藏，档案号：933-1-555。

③《丰润县工资改革委员会关于工资改革工作的总结报告》，1956 年 11 月 19 日，河北省档案馆藏，档案号：933-1-555。

④ 以上数据根据《保定市关于职工生活部分调查报告》（河北省档案馆藏，档案号：932-3-3）相关数据计算而来。

较 1955 年增长 23.7%，其中工业增长 14.4%，公路运输增长 11.2%，供销社增长 20.8%，商业增长 14.1%，采购系统增长 22.5%，国家机关增长 10.4%，而教育（小学）增长 37%。[①] 另据河北省通州市调查显示，该市各系统工资增长幅度情况统计由高到低依次为：乡干部年增长 105%、教育系统年增长 17.76%、国营商业系统年增长 14.37%、党派团体年增长 13.91%、（新）公私合营工业年增长 13.77%、国家机关年增长 11.51%、地方国营工业系统年增长 12.21%、供销合作社系统年增长 11%、卫生系统年增长 10.15%。改革后职工月平均工资增长情况依次为，教职员工增长 23.6%，国营商业职工增长 18.92%，国家机关工作人员增长 16.33%，党派团体工作人员增长 16.98%，地方国营工厂职工增长 15%，合作社职工增长 14.63%。[②] 由此我们可以看出，若单从工资增长率来看，小学教育、合作社等低薪群体增长较快。

二、职工购买力及生活指数问题

1956 年职工货币工资的增长增强了职工购买力，而购买力的增强加之政府在生活物资组织工作上的准备不足又直接导致部分物资供应的紧张，引起部分物价的波动。物价的变化又直接影响到职工生活指数的波动，特别是 1957 年职工生活指数的回落。

第一，关于改革后职工购买力及市场物资供应问题。1956 年工资改革后城乡购买力普遍提升，根据河北省商业厅统计材料，1956 年与 1955 年比较，全省的购买力提升 13.43%，其中城市（省辖市，不包括承德）提升 23.69%，乡村提升 10.99%。从上升幅度看，城市虽然高于乡村一倍以上，但从两者绝对金额所占的比重来看，乡村却为城市的 3.78 倍。[③] 由此可看出农村购买力的提升对物资供应也产生较大影响。随着社会购买力的提升，市场供应随之紧张，不少商品出现了脱销或半脱销的状态，从高消费商品到生活必需品

① 河北省正定县地方志编纂委员会编纂：《正定县志》，中国城市出版社，1992 年版，第 556 页。

②《河北省通州市工资改革委员会关于 1956 年工资改革工作总结报告》，1956 年 11 月 17 日，河北省档案馆藏，档案号：933-1-555。

③《河北省劳动工资委员会办公室关于考察工资水平问题的报告》，1957 年 3 月 1 日，河北省档案馆藏，档案号：933-1-558。

都呈现较为紧张的状态，特别是第四季度棉布、煤炭、铁锅等商品严重紧张，为当时所少见。从一些商品种类的销售上升幅度来看，以手表、收音机、自行车、煤炭、棉布、毛毯、胶鞋等为多，最突出的是笔和纸张。以上升的百分数计算：手表为 198.05，收音机为 53，自行车为 24.3，煤炭为 26.6，棉布为 39.6，毛线为 29.6，胶鞋为 56.54，纸张为 288.37，金笔为 469.29。①

第二，关于改革后市场供应紧张及物资脱销原因问题。应当说市场供应紧张和生活物资脱销反映了改革后物资生产增长与社会购买力提升之间的矛盾，改革后社会购买力大幅提升应是生活物资供应紧张的基本原因。1956 年，基本建设投资的扩大、农货和救灾款的投入、新职工以及职工工资的大幅增加等诸多因素导致大量货币的投放。据统计，1956 年比 1955 年多投放了约 5.2 亿元，工资改革增加工资占多投放部分的 8.81%，再加之以工代赈等原因都使得货币投放量激增。② 也因此改革后很多人将市场供求问题归因于货币投放量因素。除此之外，我们也应当看到一些地方由于工作计划不周、组织供应上的偏差，以及自然灾害对生产的影响也加剧一些生活物资供应紧张。比如棉花的减产影响了纺织厂的生产，造成布锭供应的紧张，生产组织的不当造成了铁锅严重脱销，再如粮食、食油一些属于国家统购统销的生活物资也因自然灾害及收购工作未很好地完成而导致市场供应的紧张。因此，河北省工资改革委员会反思认为："不应把市场供应紧张完全归结于货币投放量过大一个原因方面，更不宜归结于工资改革增加工资是造成物资供应紧张的主要原因，即使货币投放量大大缩减，计划供应、生产组织不好也会出现市场供求关系失调的状态。" ③

第三，关于改革后职工生活指数波动问题。总体而言，1956 年工资改革后职工工资增长较大程度地促进了职工及其家庭生活指数的提升，但

①《河北省劳动工资委员会办公室关于考察工资水平问题的报告》，1957 年 3 月 1 日，河北省档案馆藏，档案号：933-1-558。

②《河北省劳动工资委员会办公室关于考察工资水平问题的报告》，1957 年 3 月 1 日，河北省档案馆藏，档案号：933-1-558。

③《河北省劳动工资委员会办公室关于考察工资水平问题的报告》，1957 年 3 月 1 日，河北省档案馆藏，档案号：933-1-558。

物价的波动以及城市供养人口的持续增长等因素也导致了生活指数的一度波动。据保定市职工及其家属的生活指数分析可知（表 5.2），保定市工资改革后职工及其家属总收入增长 28.56%，生活指数增长 16.69%。不过，值得注意的是，1957 年职工及其家属月平均生活指数却较 1956 年降低了 1.83%，而造成 1957 年 4 月生活指数降低的主要原因是职工供养人口的持续增加，如 1957 年 4 月城市供养人口较 1956 年增长 1.71%，平均供养数增长 0.05%。这一问题笔者在后文会作进一步详细分析论述，在此不再赘述。

表5.2　保定市职工及其家属的生活指数表

时间/项目	职工人数	城市供养人口			总收入		月平均生活指数	
		人口数	定基比	平均供养数	工资与其他	定基比	平均生活指数	定基比
工改前全年平均	691	1888.25	100	2.73	26918.86	100	14.26	100
工改后全年平均	691	2079.8	110.14	3.01	34608.03	128.56	16.64	116.69
1957年4月	691	2112	111.85	3.06			16.38	114.86
说明	1.定基比是以工资改革前作为100。2.其他收入包括爱人工资、房租补贴、房租、给别人奶孩子、缝洗等付现收入。3.农村供养人口数每人每月按4.5元计算的，而且已按此数在收入内扣除。4.4月生活水平是按实有人口计算。							

资料来源:《保定市关于职工生活部分调查报告》，河北省档案馆藏，档案号：932-3-3

第二节　改革后职工工资及消费结构分析

1956 年工资改革后，职工货币工资普遍提高，同时也引发了职工收支结构及生活水平等级结构的改变，而这种结构性改变在不同职工群体中亦存在很大差异性。以下即对 1956 年工资改革后河北省职工工资收入与消费水平及其结构变化作一具体分析。

一、职工工资等级分化及其消费结构差异

1956年工资改革原则之一即是普遍增加工资的同时，贯彻按劳分配，克服平均主义，并且重点改革工资等级制度，而这亦造成职工群体中较明显的工资等级差距。如河北省规定地方工业、基本建设、交通运输企业按产业制定了统一的工资等级标准，使熟练劳动和非熟练劳动、繁重劳动和轻易劳动在工资标准上有比较明显的差别；并适当加大等级系数，扩大高等级工人和低等级工人之间标准的差额，借以刺激工人积极学习技术，提高技术水平。① 据对11个产业的国营企业统计，工资改革后八级工与一级工的工资倍数平均扩大了0.2倍。② 以张家口矿山机械厂各类人员生活状况调查为例，其所调查各类人员年平均工资中，工程技术人员高达1003.2元，管理人员即职员次之，为795.6元，之后依次为：生产工人680.4元，警卫人员627.6元，勤杂人员528元。③ 从中可以看出，各类人员年工资收入差距较为明显，特别是工程技术、管理人员与生产工人、警卫、勤杂3类人员间的差距较大。

职工工资收入差异亦造成其消费结构的不同。据张家口矿山机械厂职工家计调查，每户年平均支出573元。④ 若以各类人员年平均工资与每户年平均消费573元标准比较，工程技术人员（1003.2元）与职员（795.6元）要远高于此，生产工人（680.4元）与警卫人员（627.6元）虽也高于这一标准，但富余有限，而勤杂人员（528元）则入不敷出。这也意味着低工资收入群体不得不通过调节消费结构以应对基本生活需求。由此可见，职工工资收入是影响其消费结构的重要因素之一。

然而，即便工资收入在同一层级的职工群体中亦存在消费结构的差异。以张家口矿山机械厂4级技工李其苯、成本员于连奎为例：于连奎月收入

① 河北省人民委员会:《关于工资改革的实施计划（草稿）》，河北省档案馆藏，档案号：933-1-558。

② 庄启东等:《新中国工资史稿》，中国财政经济出版社，1986年版，第67页。

③ 以上数据为笔者根据《张家口矿山机械厂关于工人阶级有关问题（调查研究报告）》（1957年7月27日，河北省档案馆藏，档案号：932-3-4）中《1956年职工收入与支出典型调查》表格整理而来。

④《张家口矿山机械厂关于工人阶级有关问题（调查研究报告）》，1957年7月27日，河北省档案馆藏，档案号：932-3-4。

76.03 元，而月支出却高达 75.9 元，几乎收支相抵；而收入较低的李其苯每月收入 69.72 元，但支出仅为 57.36 元，月初竟结余 12.36 元。之所以形成这一结果取决于其消费结构的差异。从两人消费项目来看，支出最高的都是主食消费，不过李其苯主食上的支出比重要远远高于于连奎，占月总支出的 53.21%，而于连奎主食支出仅占月总支出的 25.7%；从其他各项支出来看，李其苯除副食及公债分别支出 9.65 元、5 元外，其他各类支出比重极小，如衣着仅 1 元；于连奎在其他各类消费中大多高于李其苯，特别是副食（14.41 元）、衣着（10.64 元）、公债（10 元）、布类（6.44 元）在总支出中都占了较大比重。[①] 值得一提的是李其苯家庭供养人口（6 人）要多于于连奎（5 人），也就是说收入较低的李其苯要面临更加严峻的生存问题，这也导致了两人消费结构上的巨大差异：收入较低者会更有意识在生活中精打细算，节约开支，除主食消费，外其他开销比重较小；而收入较高者在消费上更注重生活质量的提高，特别是副食、衣着这类开支占较大比重。由此可见，职工家庭供养人口及消费观念等因素亦对其消费结构产生影响。

综上可知，改革后职工工资收入存在较明显的群体差异，而从消费结构特点来看，主食与副食支出占职工消费的主体。如张家口矿山机械厂职工家计调查，每户年平均支出 573 元，其中主食年消费 218 元，占年总消费额的 38.05%，副食年消费 116 元，占年总消费额的 20.24%。之后各项支出依次为：燃料 66 元，占 11.52%；布类 60 元，占 10.47%；衣着 49 元，占 8.55%；烟酒 33 元，占 5.76%；文娱生活 24 元，占 4.19%。[②] 从中可以看出，职工主副食消费支出占职工总支出的绝大比重。与此同时，职工的消费结构与其收入水平密切相关，不同收入的职工群体间也存在消费结构上的差异。总体而言，较低收入者主要开支为主食、副食等生活必需品，而如衣着、文化生活等非生活必需品开支则占极小比重；相比之下，中上等收入者食品开支虽亦

---

① 以上数据为笔者根据《张家口矿山机械厂关于工人阶级有关问题（调查研究报告）》（1957 年 7 月 27 日，河北省档案馆藏，档案号：932-3-4）中《1957 年李其苯、于连奎两职工 6 月份家庭生活情况》表格统计计算而得。

② 以上数据为笔者根据《张家口矿山机械厂关于工人阶级有关问题（调查研究报告）》（1957 年 7 月 27 日，河北省档案馆藏，档案号：932-3-4）中相关数据测算而来。

为主要项目，但其中副食消费比重提高，而衣着、布类、文化生活、烟酒等非生活必需品开支同样占较大比重。

二、职工生活水平等级分化及其结构特征

如果根据职工月人均生活费将其生活水平分为不同等级，可以更清晰地了解不同生活水平等级下职工的生活状况，以及各类人员在不同生活水平等级中的分布特点。

（一）职工不同生活水平等级状况及结构变动

第一，从不同生活水平等级划分及状况来看。根据保定市 691 户职工调查，按月人均生活费不同，将其分为 15 元以上、9~15 元、9 元以下 3 个等级；[①] 而张家口矿山机械厂通过 1271 户职工生活情况全面调查，按每人月平均生活费 13.62 元将其生活水平等级更细致地划分为 15 元以上、10~15 元、8~10 元、8 元以下 4 个等级；[②] 张家口市运输公司 949 户职工家庭生活调查亦按月人均生活费将其生活水平划分为 14 元以上、10~14 元、8~10 元、8 元以下 4 个等级。[③] 虽然其划分具体标准不同，但大体可归入上、中、下 3 类。上等户即优裕户，除能维持正常生活外还会有些结余，每年能添些质量较高的个人生活用品和上等衣物等，此类户月人均生活费在 15 元以上；中等户一般能达到收支平衡，有吃有穿，每月有少许零用钱，遇到小的疾病或临时发生困难虽当时不能解决，但通过工会互助会等途径借款后有偿还能力，不过这种偿还能力随其生活水平的下降而削弱，此类户月人均生活费一般在 9~15 元；下等户亦可称为困难户，月人均生活费多在 9 元以下，这些户一般有吃缺穿，只有年节时才能吃点肉、蛋类，如遇有疾病和季节换衣时常感困难，其中月人均生活费 7 元以下者则甚感吃力，即意味着日常生活中需予以定期或不定期的生活补助。不过此类困难户中如勤俭持家，精打细算安排

①《保定市关于职工生活部分调查报告》，河北省档案馆藏，档案号：932-3-3。

②《张家口矿山机械厂关于工人阶级有关问题（调查研究报告）》，1957 年 7 月 27 日，河北省档案馆藏，档案号：932-3-4。

③《张家口市职工家庭经济生活情况调查》，河北省档案馆藏，档案号：932-3-4。

生活，有的也能解决吃穿，如张家口矿山机械厂锻工车间张满贵以 45 元的收入维持着 7 口人的生活。[①]

第二，从各生活水平等级消费结构特征来看。根据保定市调查资料显示：上等户主食开支占月收入的 34% 左右，副食品支出占 35%~40%，日常生活用品占 25% 左右，燃料占 6%；中等户主食开支占收入的 38%~40%，副食品开支占 30%~35%，生活用品占 20% 以下，燃料占 7%；下等户主食品支出占月收入的 50%~60%，副食品占 20%~25%，生活用品占 15% 以下，燃料占 10% 左右。[②] 以张家口运输公司一级司机刘荣德、三级司机张科、三级修理工孙贵贤为例，其家庭人均月生活费分别为 15.3 元、3.9 元、9.27 元。从此三类典型户的消费结构来看，主食消费并无明显差别，三户分别为 14.2 元、14.45 元、16.63 元，而最主要的差异仍体现在副食品等项目上，如以肉食、鸡蛋消费为例，三户开支分别为 6.84 元、2.86 元、1 元。[③] 由此可见，上、中、下三等类型户消费结构主食品比重依次提高，副食品及生活用品消费比重依次压缩。这一特征表明不同等级职工都根据自身收入情况，适量调整主食品以外的消费比重以保证基本生活需求。

第三，从改革后各生活水平等级职工所占比重及变动情况来看。保定市（参见表 5.3）691 户职工调查中，优等户占 57.86%，中等户占 36.47%，下等户仅占 5.64%，其中月人均生活费 7 元以下户占下等户（9 元以下）的 15.4%。[④] 而张家口矿山机械厂所调查 1271 户中，15 元以上户占 44.3%，10~15 元户占 36.35%，8~10 元户占 12.12%，8 元以下户仅占 7.24%。[⑤] 又如张家口市运输公司 949 户调查中，每人每月平均生活费中 14 元以上者 522 户，占 55%；10~14 元者 258 户，占 27.19%；8~10 元者 124 户，占 13.07%；8

①《张家口矿山机械厂关于工人阶级有关问题（调查研究报告）》，1957 年 7 月 27 日，河北省档案馆藏，档案号：932-3-4。

②《保定市关于职工生活部分调查报告》，河北省档案馆藏，档案号：932-3-3。

③《张家口市职工家庭经济生活情况调查》，河北省档案馆藏，档案号：932-3-4。

④《保定市关于职工生活部分调查报告》，河北省档案馆藏，档案号：932-3-3。

⑤ 以上数据为笔者根据《张家口矿山机械厂关于工人阶级有关问题（调查研究报告）》（1957 年 7 月 27 日，河北省档案馆藏，档案号：932-3-4）中《各类人员生活水平分组统计》表整理而来。

元以下者45户，占4.74%。① 这表明改革后职工生活绝大部分够吃、够穿，且多有结余，困难户比重较小。此外，随着工资改革后工资水平的提高，职工生活水平等级结构有所改变，下等和中等户分别升入中、上等户，下等户数量显著减少。如保定市691户所调查职工中经工资改革下等户62.13%分别升入中、上等户，优等户比工资改革前亦增长13%。② 但值得注意的是，当时调查中对职工生活水平等级划分一般以温饱及具备应对基本生活需求的能力为基准。比如保定市及张家口矿山机械厂根据其调查所得结论，绝大部分职工生活是好的。这里所说的"好"的标准某种程度是有吃有穿，可满足基本生活需求而言。如张家口市运输公司中等户孙贵贤（家庭人均月生活费9.27元）月收入46元，虽精打细算，然月开支共计45.7元，仅勉强维持收支平衡。③

表5.3 保定市工资改革前后三类生活指数变化情况比较表

项目	职工数	9元以下的		9~15元的		15元以上的	
		人数	占%	人数	占%	人数	占%
改革前	691	103	14.9	234	33.86	354	51.23
改革后	691	39	5.64	252	36.47	400	57.89
说明	三类生活水平的确定，是根据重点户调查的现实生活开支比例，并参考了去年调查。其标准是：9元以下为下等户，9~15元为中等户，15元以上为上等户。						

资料来源:《保定市关于职工生活部分调查报告》，河北省档案馆藏，档案号：932-3-3

（二）各类人员在不同生活水平等级中的分布

按人员分类比较，张家口矿山机械厂各类人员工资调查显示：从人均生活费来看，技术人员生活水平最高，为18.3元，管理人员次之，为15.4元，生产工人与警卫人员分别为13.56元、14.1元，而勤杂人员最低，只有10.1元。各类人员在不同生活水平等级分布情况如下：生产工人、工程技术人员、

①《张家口市职工家庭经济生活情况调查》，河北省档案馆藏，档案号：932-3-4。

②《保定市关于职工生活部分调查报告》，河北省档案馆藏，档案号：932-3-3。

③《张家口市职工家庭经济生活情况调查》，河北省档案馆藏，档案号：932-3-4。

管理人员三类群体中大部分人员分布在较高的生活水平段。如调查的768户生产工人中，65户在8元以下，45户8~9元，34户9~10元，112户10~12元，187户12~15元，164户15~20元，161户20元以上，其趋势是随着生活水平的提高人员分布也愈密集；这一特点在工程技术人员中最为突出，在调查的110户中，8元以下2户，8~9元1户，9~10元5户，10~12元8户，12~15元23户，15~20元35户，20元以上36户；相对而言，警卫人员、勤杂人员在各工资水平段中的分布则较为平均，如调查的119户勤杂人员中，8元以下12户，8~9元15户，9~10元23户，10~12元23户，12~15元14户，15~20元21户，20元以上11户。[①]具体而言，从各类人员在不同生活水平等级中的比重来看其分布呈以下特点：

第一，各类人员多分布在10元以上生活水平段。如从张家口矿山机械厂不同生活水平等级的各类人员在其群体中所占比重来看，10元以上水平段工程技术人员比重高达92.73%，管理人员次之，占84.19%，工人群体有81.25%的户数分布，警卫人员为80.96%，而勤杂人员比重虽较低，但亦有57.98%分布。[②]（参见表5.4）又如张家口市运输公司所调查人员每人每月平均生活费10元以上者占82.18%。[③]第二，9元以下困难户仅为职工中较小部分。从绝对数量来看，这部分困难户主要集中在生产工人中，但从各类人员困难户在其群体中所占比重来看又以勤杂、警卫人员最高。如张家口矿山机械厂人均生活水平9元以下的171名困难户中有110户工人，3户工程技术人员，27户管理人员，4户警卫人员，27户勤杂人员；工人困难户绝对数量虽高，但在所调查的768户生产工人中仅占14.32%，而勤杂、警卫人员困难户在其群体中的比重高达22.69%与19.05%，管理及工程技术人

① 以上数据为笔者根据《张家口矿山机械厂关于工人阶级有关问题（调查研究报告）》（1957年7月27日，河北省档案馆藏，档案号：932-3-4）中有关各类人员8~10元与10元以上生活水平统计表整理而来。

② 以上数据为笔者根据《张家口矿山机械厂关于工人阶级有关问题（调查研究报告）》（1957年7月27日，河北省档案馆藏，档案号：932-3-4）中有关各类人员8~10元与10元以上生活水平统计表整理而来。

③《张家口市职工家庭经济生活情况调查》，河北省档案馆藏，档案号：932-3-4。

员比重最小，分别为 10.67%、2.72%。[①] 第三，15 元以上优裕户人员分布特征，工程技术人员、管理人员、生产工人多分布此较高的生活水平段，特别是 20 元以上者多为工程技术人员。如张家口矿山机械厂 15 元以上优裕户中各类人员在其群体中所占比重分别为：工程技术人员 64.55%，管理人员 50.2%，生产工人 42.32%，警卫人员 38.1%，勤杂人员仅为 26.89%；20 元以上者，工程技术人员 32.73%，管理人员 24.11%，生产工人 20.97%，警卫人员 14.29%，勤杂人员 9.24%。[②]

由此可见，各类人员不同生活水平等级分布呈现技术、管理人员在优等户中占较大比重，而困难户中警卫、勤杂人员占比较高特征。但这一特征又受到如各类人员技术等级、收入及家庭负担等因素影响。如保定市对职员、工人、技术人员、勤杂、警卫 691 户职工生活水平调查中，从月人均生活费 9 元以下户在其群体中所占比例来看，职员占 6.21%，工人占 5.7%，技术人员占 4.54%，勤杂、警卫人员占 3.7%。[③] 本应较高收入的职员及技术人员在改革后的 9 元以下低生活水平段比重反高于勤杂、警卫人员等低收入群体，之所以出现这一现象其根源即在于供养人口因素，职员群体增加人口较多，而勤杂人员单身较多，带家属少。不过总体而言，改革后职工总体生活水平较改革前有所提高。张家口矿山机械厂对 1271 户职工生活调查，调查户占职工总数 2269 人的 56.02%，人口总数是 5997 人，每户平均 4.72 人，职工及其家属参加工作的工资收入是 81689 元，每人平均生活费 13.62 元。故此，该厂认为，80% 以上职工生活是好的，虽然仍有少数职工生活上困难，但也能及时得到补助费，1956 年 10 月至 1957 年 5 月共开支补助费 11240 元，每月平均开支 1405 元。[④]（参见表 5.4）

---

① 以上数据为笔者根据《张家口矿山机械厂关于工人阶级有关问题（调查研究报告）》（1957 年 7 月 27 日，河北省档案馆藏，档案号：932-3-4）中《各类人员生活水平分组统计》表格统计计算而得。

② 以上数据为笔者根据《张家口矿山机械厂关于工人阶级有关问题（调查研究报告）》（1957 年 7 月 27 日，河北省档案馆藏，档案号：932-3-4）中《各类人员生活水平分组统计》表格统计计算而得。

③《保定市关于职工生活部分调查报告》，河北省档案馆藏，档案号：932-3-3。

④《张家口矿山机械厂关于工人阶级有关问题（调查研究报告）》，1957 年 7 月 27 日，河北省档案馆藏，档案号：932-3-4。

综上观之，1956 年工资改革后，职工生活有所改善，但同时职工工资等级分化突显。如张家口矿山机械厂调查显示各类人员的最高、最低平均生活费相差悬殊，工人和管理人员最高平均生活费是 40~44 元，最低的仅 4.5 元，相差将近 9 倍。① 这也直接影响了不同生活水平等级人员消费结构的差异，而这种结构性差异在改革后物价、供养人口增加等因素对民众生活的冲击中表现得尤为突出。工程技术人员及管理人员等优裕户有较强的生活应对能力，副食品等消费占较大比重，而勤杂、警卫人员等低收入群体则生活应对能力较低，需要精打细算维持基本生活需要，主食消费占绝大部分开支。正因如此，改革后物价、人口等因素对民众生活的影响程度明显不同，特别是低收入群体虽竭力调节消费结构以应对冲击，却甚感乏力，甚至将其生活带入窘境，不得不通过国家救济以摆脱困境。

表5.4　张家口矿山机械厂各类人员工资调查表

人员类别	调查户数	每人平均生活费	8~10元的户数占总户数%	10元以上户数占总户数%
工人	768	13.56	18.75	81.25
工程技术人员	110	18.3	7.27	92.73
管理人员	253	15.4	15.81	84.19
警卫人员	21	14.1	19.04	80.96
勤杂人员	119	10.1	42.02	57.98
总计	1271	13.62	19.35	80.65

资料来源：张家口矿山机械厂：《关于工人阶级有关问题（调查研究报告）》，1957 年 7 月 27 日，河北省档案馆藏，档案号：932-3-4

第三节　职工实际生活水平影响因素及各方应对

1956 年工资改革后，职工货币工资提高直接刺激了物质需求增长及购买力的增强，进而促发市场物资供应紧张及部分物价波动；而物价波动加之

①《张家口矿山机械厂关于工人阶级有关问题（调查研究报告）》，1957 年 7 月 27 日，河北省档案馆藏，档案号：932-3-4。

消费观念改变及家庭供养人口增加等因素又直接影响到职工实际生活水平的提高，致使改革后职工货币工资与实际工资并未成正比增长。

一、职工实际生活水平影响因素

（一）副食品价格的波动

物价和人民生活息息相关，1956 年工资改革后市场部分物资供应紧张，随之而来的即是物价的波动。价格上涨商品主要有以下四类：食盐、猪肉、部分食用油、桐油和几种茶叶，以及和猪肉、食用油相关的肉制品、糕点和饭馆中部分菜价；呢绒、高级纸烟及以呢绒为原料的鞋帽等；部分以铜、铁、竹、木为原料的手工业品；小土产自由市场上部分副食品、蔬菜、药材。① 这些商品中呢绒、高级纸烟等高级消费品对普通民众生活影响较小，而猪肉、食盐、蔬菜等副食品价格上涨对民众影响颇大。据统计局对保定市 1952 年后物价上涨的调查资料来看，主食品、布类和燃料价格比较稳定，这保障了职工的基本生活需求，但几类副食品价格则逐年上涨（见表 5.5），如肉蛋鱼价格与 1952 年相比，1955 年上涨至 129.9%，1956 年上涨至 130.81%，1957 年上涨至 143.8%。② 此外，“副食品和小土产自由市场的价格上涨，对人民生活影响较大的主要是蔬菜。”③ 蔬菜价格上涨分两种：一是季节差价，这在蔬菜生产中不可避免；二是本年某一季度比上年同一季度涨价。而 1957 年年初蔬菜价格上涨不仅表现为季节差价，另一方面比之前同期价格也有上涨。如季节性蔬菜 1952 年为基数 100，1955 年涨至 103.58%，1956 年涨至 139.86%，1957 年涨至 155.51%。④ 由此可见，1956 年工资改革后副食品有较突出的上涨。

---

①《市场上为什么有一部分商品的价格上涨？》（国务院发言人答新华社记者问），《河北日报》1957 年 4 月 30 日，第 1 版。

② 上述数据为笔者根据《保定市关于职工生活部分调查报告》（河北省档案馆藏，档案号：932-3-3）中有关副食品价格上涨情况表整理而来。

③《市场上为什么有一部分商品的价格上涨？》（国务院发言人答新华社记者问），《河北日报》1957 年 4 月 30 日，第 1 版。

④ 上述数据为笔者根据《保定市关于职工生活部分调查报告》（河北省档案馆藏，档案号：932-3-3）中有关副食品价格上涨情况表整理而来。

据河北省劳动工资委员会办公室统计计算，如果单拿副食品肉类、鸡蛋、鱼和常用的 8 种蔬菜以每种一斤计算，1957 年 1 月与 1956 年同期比较，平均价格则上涨了 47.10%，绝对金额为 1.332 元，平均每斤提高 0.1211 元；如果以一个职工月统一消费量 27.38 斤计算，每月就要多支出 2.79 元，如其四口之家家属按职工统一消费量的三分之一计算，全家在副食品开支上亦要多支出 5.5 元左右。[①] 而这部分增加的开支对职工生活影响颇大。如唐山启新水泥厂某职工月收入 64.67 元，其家庭开支情况："每月伙食支出共 31.92 元，买煤、买柴支出是 5.16 元，买油、盐、菜支出 14.68 元，互助储蓄 2 元，报纸及小孩书费 4.78 元，工会费 0.65 元，个人储蓄 4 元，下余是杂项费用。"[②] 在这份精打细算的家庭消费清单中，油、盐、菜这部分副食品支出占工资总额的 22.69%，而因副食品价格上涨多支出的 5.5 元又占此项预算支出的三分之一强。此外，1956 年工资改革全省职工平均工资每人每月增加 6.25 元，[③] 这也意味着由于物价上涨，工资改革后有些职工实际工资并没有多大的增加，而在某些低收入群体职工中还可能出现实际工资降低情况。

综上可知，按当时职工家庭日常生活开支来看，副食品的支出部分比主食开支的比重较大，副食品的价格逐年有所提高，这毫无疑问必然影响职工生活的改善。1953 年开始，国家建设规模扩大，城市发展，就业人数增加，人民购买力提高。当时国营商业还没有大力经营副食品，因此，蔬菜、肉类、油脂、豆腐等副食品出现了供应不足、价格上涨的现象。1954 年之后中央开始注意这一方面的工作，采取了一些措施，但是副食品的供应仍然比较紧张，有的副食品按全年平均价格计算，还没有得到应有的稳定。针对当时物价方面存在的主要问题，李先念将新中国成立后农产品和工业品的价格归结为三种情况："一是主要商品的价格过去是适当的，现在看来还是适当的。二是一部分商品的价格过去是适当的，现在不适当了。三是少数商品的价格，过

①《河北省劳动工资委员会办公室关于考察工资水平问题的报告》，1957 年 3 月 1 日，河北省档案馆藏，档案号：933-1-558。

② 王秀兰口述，周占嵩记：《我们家为什么能经常储蓄？》，《河北日报》1957 年 1 月 15 日，第 2 版。

③《河北省劳动工资委员会办公室关于考察工资水平问题的报告》，1957 年 3 月 1 日，河北省档案馆藏，档案号：933-1-558。

去就是不适当的，现在还没有调整。这些不适当的或者已经不适当了的价格，所以没有能够及时地发现和调整，一个重要的原因是我国一般地没有来自其他方面的价格竞争，问题不容易暴露。”①

表5.5　保定市副食品价格上涨情况表

类别	以1952年为基数	1955年	1956年	1957年
总指数	100	121.59	125.77	136.62
季节性蔬菜	100	103.58	139.86	155.51
非季节性蔬菜	100	119.55	117.64	125.47
肉蛋鱼	100	129.9	130.81	143.8
调味品	100	107.47	107.24	107.25

资料来源:《保定市关于职工生活部分调查报告》，河北省档案馆藏，档案号：932-3-3

（二）城镇供养人口的增加

除了物价波动这一因素外，城镇供养人口增加亦是影响职工生活的重要因素之一，职工供养人口增长速度有的超过了职工工资增长速度。工资改革后职工的货币收入有很大提高，据《保定市关于职工生活部分调查报告》中4个单位的调查，从工资水平来看平均增长22.45%，但从职工生活水平来看，由于供养人口的增加和副食品价格的上涨，职工生活水平的提高受到了一定的影响，据对保定市691户职工生活调查，有190户职工供养人口有变化，其变动情况：自1956年4月至1957年3月仅一年时间，即有25.75%的职工增加了供养人口，其中增加1人者139户，占20.12%，增加2人者39户，占5.64%；而减少人口者仅12户，占调查人数的1.73%。②（参见表5.6）其人口增加主要因素是来自农村人口迁入、娶妻与生育，减少因素为死亡、女儿出嫁和外出，而这些因素中人口增加数量远远超过减少数量。如供养人口

① 李先念:《市场物价问题》（1956年9月20日），中共中央文献研究室编:《建国以来重要文献选编》（第9册），中央文献出版社，1994年版，第294页。

② 上述数据为笔者根据《保定市关于职工生活部分调查报告》（河北省档案馆藏，档案号：932-3-3）中有关职工城市供养人口变动情况统计表整理而来。

变动的 190 户中，出生因素增加 97 人，死亡减少人口仅 4 人，娶妻增加 25 人，外嫁减少仅 1 人。[①]（参见表 5.7）总体而言，职工供养人口较原供养人口增长了 39%，而来自农村者即占增加人口的 32.67%；人口出生数快于人口减少数的 6 倍。[②] 此外，1956 年河北省灾情较为严重，造成农业减产，这又间接造成城镇职工供养人口的增加，因这部分人口为临时性困难，故在调查中多未计入职工供养人口之内，但实际上一部分职工在这方面却有较多支出。

表5.6　保定市工资改革前后职工家庭变动情况

调查户数	独身的		未变动的		增1口的		增2口的		减1口的		减2口以上的	
	人数	占%	人数	占%	人数	占%	人数	占%	人数	占%	人数	占%
691	200	28.94	281	40.67	139	20.12	39	5.64	11	1.59	1	0.14

资料来源:《保定市关于职工生活部分调查报告》，河北省档案馆藏，档案号：932-3-3

由此可见，改革后供养人口增加对职工生活产生了影响。供养人口增加因素中出生、娶妻一般被视为合理部分，但有劳动能力，只因配偶长期不回家或羡慕城市生活而流入城市的农村人口则被视为不合理部分，而正是这“不合理部分”城市人员增加问题在 1957 年前后格外突显。企、事业及国家工作人员接家属入城本属私人生活无可厚非，然则这也意味着生活成本的提高。如保定市职工生活调查显示由于人口增加较快，在家庭人口有变动的 190 户职工中有 33 户由工资改革前上等生活水平下降为中等户，有 2 户由上等下降为下等户。[③] 张家口矿山机械厂调查亦显示家庭供养人口是造成生活困难的重要因素，其中除少数因家属生病开支较大或个人长期生病转入劳保开支后收入减少外，68 户较困难职工家庭中有 53 户是因收入少、人口多而造成。[④]

① 上述数据为笔者根据《保定市关于职工生活部分调查报告》（河北省档案馆藏，档案号：932-3-3）中有关职工城市供养人口变动因素统计表整理而来。

②《保定市关于职工生活部分调查报告》，河北省档案馆藏，档案号：932-3-3。

③《保定市关于职工生活部分调查报告》，河北省档案馆藏，档案号：932-3-3。

④《张家口矿山机械厂关于工人阶级有关问题（调查研究报告）》，1957 年 7 月 27 日，河北省档案馆藏，档案号：932-3-4。

值得注意的是，因不同职工群体生活承受能力不同，人口因素对不同职工群体生活的影响程度亦有很大差异。如在生产工人、技术人员、管理人员、警卫人员、勤杂人员5类职工群体中，勤杂人员每户平均人口虽低于技术人员和管理人员，为4.62人，但平均工资亦最低，仅为44元，同时家属中另有工作的仅占调查户的5.8%，所以，每一劳动力实际所负担供养人口4.37人，占5类人员的首位，供养系数较高。相反技术人员每户平均人口虽达到5.44人，但本人平均工资亦高达83.6元，同时家属中另有工作的人数占调查户的36.3%，故此，每一劳动力实际所供养人口仅为3.99人。[①] 由此可见，技术与管理人员家庭供养人口绝对数虽高于勤杂人员，但因其收入高，且家属中有收入者居多，故此，这一高收入群体实际供养人口相对要远低于勤杂人员等低收入群体。也就是说供养人口因素对职工生活冲击最大的亦是勤杂等低收入职工群体。

表5.7　保定市工资 改革前后职工供养人口变动表

供养人口有变动职工数	城市供养人口		增减原因									
	1956年4月前供养人口数	现实供养人口数	生	死	娶	嫁	外出	来自农村				
								人数	有家属	无家属	有劳动能力者	无劳动能力者
190	573	797	97	4	25	1	11	118	65	53	41	77

资料来源：《保定市关于职工生活部分调查报告》，河北省档案馆藏，档案号：932-3-3

（三）消费观念及习惯的改变

新中国成立后，随着职工工作环境及生活条件的日益改善，人们的生活观念也随之改变。如某些人员对生活条件要求越来越高，而满足感越来越低，甚至形成了消费观念与消费能力之间的冲突、无节制消费等现象，对职工生活产生较大影响。如保定市某机关工作人员1949年由农村调到市内工

① 上述数据为笔者根据《张家口矿山机械厂关于工人阶级有关问题（调查研究报告）》（1957年7月27日，河北省档案馆藏，档案号：932-3-4）中《职工生活状况调查表》统计计算而得。

作，他曾这样描述自己进城后的生活习惯和心理改变：在刚由农村进入城市，处处都觉得革命带来了生活的幸福，事事随心，样样满意，工作起来也积极，学习也努力，每天早晨跑3里多路去听课，从来没有觉得劳累过。可惜的是这种对生活的满足感并没有维持多久，随着时间的推移不知不觉地消失了。1955年初夏，机关又发给一身细布制服，比上年的土布制服好得多，可是这次却没有使他像最初领土布制服时那样高兴。现在身穿花达呢和毛呢衣服，内套毛衣毛裤，足蹬皮鞋，宿舍里也是花花绿绿的被褥，入城时那种清苦的气息一点也找不到了，但是个人的生活还是不满足。他反思说随着国家经济建设的发展，生活水平提高了，自己的思想觉悟却远远落后于客观形势。平时虽然也常说要发扬艰苦朴素的作风，可是在生活上却一味向好衣着、好穿戴看齐，结果是比来比去又感到不满。这无形中就形成了闹排场、闹阔气、怕艰苦、图安逸的思想。生活上过去有些不会感到不如意的问题，现在却感到了，比如常埋怨保定市尘土多，没有暖气，对于自己还没有买上手表和“卖尔丁”衣料感到遗憾。①

这种思想观念的转变在当时职工群体中较为普遍，特别是在1956年工资改革后，职工工资得到较大提高，许多人对生活需求的欲望迅速膨胀，远远超出家庭及社会生产力发展的客观条件，部分职工生活无计划，甚至出现奢侈攀比的现象，同时带来了一定社会问题。如《河北日报》发文批评说：“他们收入增加了，手里有了钱，就铺张浪费起来，要吃得好，穿得好，用得好；不光要好，还要多，于是就胡花乱买，全不像个过日子的样子。甚至有的人看到市场上有些东西供应不足，就争买、争购，在市场上造成了一种紧张空气。”②“特别是在一些青年职工中，造成了一种比享受、比吃穿、比漂亮的不健康风气。有些不顾个人的经济收入，不注意积蓄和节约，‘钱到手，饭到口，有钱就花’，形成‘发薪三日富，月底干着急’。有的借钱也要购买毛呢料裤子、手表等不急需的东西。但有了困难就又要求国家救济和工会补助。还有的因此常常引起家庭纠纷，影响了生产情绪，个别的还破坏了劳动

① 杜小平：《我的生活越好，为什么越不满足？》，《河北日报》1957年3月4日，第3版。

② 西沙：《改善某些物资供应紧张的情况，大家都有责任》，《河北日报》1957年1月7日，第2版。

纪律。”[①] 张家口矿山机械厂亦反映：“有的人却在补助后买自行车，个别人也产生了依靠思想，而不能精打细算自己克服困难。”[②]

此外，1956 年工资改革后，职工货币工资有很大增长，职工消费水平及结构也随之有所改变，这也反映了民众消费观念及习惯的改变。如文安县1个中等收入职工的支出情况：1949 年支出 101 元，其中米面 30 元，燃料 5 元，副食 30 元，住房 6 元，衣着 15 元，杂支 15 元；1956 年支出 194 元，其中米面 40 元，燃料 10 元，副食 60 元，住房 24 元，衣着 30 元，杂支 30 元。[③] 由此看出，货币工资的提高也带动了消费水平的提高，但从其消费结构来看，却有所差异。如主食米面支出变化最小，副食、衣着、燃料、杂支等项支出则增长了一倍，而住房一项支出变化最大，由 1949 年 6 元提高到 1956 年 24 元，增长 4 倍。换言之，新中国成立后人们对生活有更丰富多元的需求，但问题是国家的生产发展却未能及时满足民众新的需求，这在一定程度上引起副食品价格的波动，于是又反过来影响了民众生活的改善，由此也形成一个非良性循环。

二、生活水平影响因素的应对措施

面对改革后诸多因素对民众生活的冲击，国家、地方及民众积极应对：国家层面自上而下采取诸多措施，一方面加强市场调控与价格管理，另一方面对民众家庭生活进行干预，如限制农村人员盲目入城、节制人口出生、加强勤俭持家教育、开展爱国储蓄运动等，而民众亦积极回应，有效缓解了改革后各项社会问题。

（一）物价波动中政府应对之策

1956 年工资改革前夕，中央与地方各部门对改革后职工购买力普遍提

---

① 中共河北省委宣传部：《继续艰苦奋斗、努力增产节约、胜利地完成一九五七年的任务》，《河北日报》1957 年 1 月 10 日，第 3 版。

②《张家口矿山机械厂关于工人阶级有关问题（调查研究报告）》，1957 年 7 月 27 日，河北省档案馆藏，档案号：932-3-4。

③ 河北省文安县地方志编纂委员会编：《文安县志》，中国社会出版社，1994 年版，第 622 页。

高虽早有预估，并提前做了物资调配等工作，但并没有避免普遍物资供应紧张，并导致物价的波动，进而又影响了职工实际生活水平。面对物价波动，政府从两个方面做了积极应对。

其一，加强物资调控和市场价格管理。社会购买力不断提高与商品供应量不平衡是市场物价波动的根本因素。故此，中央为了求得两者之间的大体平衡采取了多项措施，如对国家行政机关、部队、团体、学校等办公费用尽量减少支出，尽量压缩这些集团的购买力，以便让城乡人民买到必需的商品。在物价政策上保证粮食、棉花、煤炭等人民必需的大宗日用百货价格的稳定，因为这些商品是全国所有人经常大量需要的，占家庭支出的主要部分。对于粮食，政府还采取远距离调运、赔贴运费的办法保证城市供应，而对呢绒和高级纸烟这类高级消费品则适时调高价格借以平衡财政收支，保证全国人民的生活稳定。[①] 此外，属于商业部门工作中计划不周、物资调拨安排不当的，商业部门已经检查了这些缺点，派出一些商业人员四处寻找货源，兼程赶赴各地调配物资，以着手解决当时的供应紧张情况。[②] 又如保定市认为有关粮食及各种生活必需品已由国家统一掌握，价格已基本稳定，而主要问题是季节蔬菜和部分日常食用品价格管理不当。根据这一实际情况，该市提出政府应加强市场价格管理，严格控制随便提高价格的违法行为，以扭转副食品价格波动，保证人民正常生活不受影响。[③]

其二，引导合理消费，减少市场货币流入。缓解市场物资供应紧张一个更为直接的办法即努力减少货币市场流入量。当时市场上某些商品供应紧张，除生产发展与生活需求矛盾这一根本因素，以及政府与基层单位层面物资摆布、调拨不当等工作失误外，亦与部分民众自身制造的“紧张情绪”有关。对此，《河北日报》曾发文指出：“市场上某些商品供应情况紧，除生产的发展赶不上生活需要的增长这个根本原因外，有些是属于物资摆布、调拨不当造成的，但也有另一种情况，那就是和紧张情况同时出现的有些消费者

①《市场上为什么有一部分商品的价格上涨？》（国务院发言人答新华社记者问），《河北日报》1957 年 4 月 30 日，第 1 版。

② 弓矢弩：《不要自己制造“紧张情绪”》，《河北日报》1957 年 1 月 12 日，第 2 版。

③《保定市关于职工生活部分调查报告》，河北省档案馆藏，档案号：932-3-3。

自己制造的‘紧张情绪’引起的。”“市场上绝大部分商品本来不缺，一般的商品是可以保证供应的。但有些人看到某种商品暂时脱销，或听说某种商品紧张，虽然暂时用不着的物品，也想‘有备无患’，偏去买来存放着；有时购买某种商品的人多一些，供应单位一时忙不过来，本来用不了那么多也要多买，不想买的也挤上去排队争购。这种盲目的做法，对市场供应没有好处，对自己也没有什么便宜可沾。”[①] 故此，针对这一情况，国家与地方层面亦积极引导民众合理消费，“一个更有现实意义的方法，就是努力减少流向市场的货币，减少对市场的压力。在这方面，广大消费者有直接的责任。广大消费者应该本着艰苦朴素的精神，在生活上精打细算，除了生活必需品以外，凡是市场上缺乏的东西，能不买的尽量不买，能缓买的尽量缓买，能少买的尽量少买”[②]，以减少市场压力。

（二）限制入城人员，节制人口出生

农村人口无计划入城不仅增加了城市供养人口，给职工家庭带来很大影响，而且在当时的政治经济环境下也产生了一定社会问题。如进城家属“除了部分孩子较多的以外，一般只是做饭、洗衣和上街买些东西，别无他事。他们大部分时间是游游逛逛，在某种程度上带有寄生性。如果这些人在家（农村）居住，多少还可以参加些农业劳动。其次是有些干部由于家属的纠缠，逐渐滋长了生活散漫和埋怨机关制度太严的情绪。总之，从生产上来说影响了农业生产，从消费上又增加了消费，而机关也会因家属增多，而增加一些事务，机关所在地的住房，也因此显得格外紧张”[③]。故此，一些地方政府及基层企事业单位提出了应对的措施。

其一，劝导无计划入城农村人员回村务农。农村务农人员入城当时多被视为城镇供养人口中“不合理部分”。保定市即主张应采取措施防止农村供养人口无计划流入城市，对未流入城市的要教育其安心农业生产，对已流入者要视具体情况劝其回家生产：一方面，省和中央指示农业社对在城市有职

① 弓矢弩：《不要自己制造“紧张情绪”》，《河北日报》1957年1月12日，第2版。
② 西沙：《改善某些物资供应紧张的情况，大家都有责任》，《河北日报》1957年1月7日，第2版。
③ 棱角：《对国家工作人员带家属的一点意见》，《河北日报》1957年3月14日，第3版。

工的农业社员应与其他社员同等对待，克服农业社对职工家属的农户问题一律不管现象；另一方面，各企业根据本单位情况采取建立家属招待所或由国家统一规定一定的假期，解决职工和亲人的团圆问题。[①] 又如张家口矿山机械厂则通过困难补助费的发放提出改进意见："由于农村接来家属提高开支水平，或在农村有工作无故迁入城市而造成生活困难者不应予以补助，最好说服他们仍回到农村去生活，这样既可以避免不分原因人口多少一律保证最低生活水平而助长城市人口增加的缺点，又可以使确实应当补助的人得到恰当的照顾。"[②]

其二，劝导并节制职工带家属入城。城镇工作人员携带家属入城是其供养人口增加的主因之一，且这一问题在政府机关及事业单位更为凸显。如河北省满城县"交通算是方便，大部分工作人员系本县人，而且离家很近。可是，带家属的干部中，家离机关在十里地以内的干部，占全部带家属的20%。其实，这些人回家探亲既不影响工作又不至太劳累，满可以不带家属的。正因为有的人带家属，有的影响了家中生产，有的因工资少生活困难又要求国家补助，也有的人因带家属不能给家中寄钱与家庭的长老关系不好"[③]。故此，《河北日报》发文建议城镇工作人员要根据离家远近、个人收入、个人与家属身体，以及机关或周边住房情况等因素酌情带家属；并从国家建设层面劝导其尽量不带家属入城，即使有带家属条件的人，也很有必要考虑到上述问题，做到尽量不带家属。[④] 张家口矿山机械厂亦"教育职工不要盲目把家属接到城市居住，以保证生活水平不断的提高"[⑤]。

其三，控制人口出生，提倡避孕节育。新生人口的增加亦是城镇供养人口增加的重要因素之一。对此，一些地方政府及单位也提出控制人口出生的主张。保定市即提出：应深入大力宣传避孕，提倡有计划的生育；与此同时，

①《保定市关于职工生活部分调查报告》，河北省档案馆藏，档案号：932-3-3。

②《张家口矿山机械厂关于工人阶级有关问题（调查研究报告）》，1957 年 7 月 27 日，河北省档案馆藏，档案号：932-3-4。

③ 棱角：《对国家工作人员带家属的一点意见》，《河北日报》1957 年 3 月 14 日，第 3 版。

④ 棱角：《对国家工作人员带家属的一点意见》，《河北日报》1957 年 3 月 14 日，第 3 版。

⑤《张家口矿山机械厂关于工人阶级有关问题（调查研究报告）》，1957 年 7 月 27 日，河北省档案馆藏，档案号：932-3-4。

多方面给予避孕者以充分的物质条件，达到有计划生育的目的，如医务部门应加强这方面技术研究和指导工作以适应群众要求，而关于绝育手续费问题也应在本企业药费中开支，手术后需休息应按病假待遇，家属的也应由行政费负担二分之一，总之，从多方面给予避孕者以充分的物质条件，以达到有计划生育的目的。[①] 又如，张家口矿山机械厂亦提出："今后除在发展生产，并适当掌握工农生活水平的前提下，继续提高职工的物质文化生活外，应大力提倡晚婚和节育。"[②]

（三）加强思想教育，勤俭持家，增加储蓄

针对改革后部分职工干部生活观念及消费习惯的改变，国家及各基层企事业单位采取开展勤俭建国、勤俭持家、爱国储蓄运动等各种干预措施，以引导民众趋于理性消费，并取得了一定效果。

其一，加强勤俭持家、艰苦朴素的思想教育。1956 年工资改革后，部分职工生活方式改变，这一问题也引起政府及各基层单位的重视。如保定市政府有关部门在一份职工生活调查报告中反思道："去年我们在解决职工生活上的工作中，只注意了单纯地解决问题，忽视向职工进行艰苦朴素、勤俭建国的教育，因此造成部分职工产生了单纯的依赖思想，对勤俭过日子，有计划的生活则抱有消极态度，这样使职工生活也受到了一定的影响。"[③] 该报告建议"工会组织应协助党委加强职工政治思想工作，向广大职工进行勤俭建国、艰苦朴素的教育，和量入为出，过好日子的教育。在此基础上用好困难补助金，对实有困难的职工应给予适当的补助，并协助其安排生活，特别是新建家庭的青年职工更应做好此项工作，以达提高职工思想，主动克服困难和勤俭过好日子的目的"[④]。此外，各地方厂矿基层单位也采取了各种措施积极参与进职工生活中，通过各种方式对职工进行勤俭朴素教育。如唐山开滦各矿工会"都总结了本单位一些勤俭持家、过好日子的典型事迹，通过各种

①《保定市关于职工生活部分调查报告》，河北省档案馆藏，档案号：932-3-3。

②《张家口矿山机械厂关于工人阶级有关问题（调查研究报告）》，1957 年 7 月 27 日，河北省档案馆藏，档案号：932-3-4。

③《保定市关于职工生活部分调查报告》，河北省档案馆藏，档案号：932-3-3。

④《保定市关于职工生活部分调查报告》，河北省档案馆藏，档案号：932-3-3。

形式向广大职工及其家属进行宣传介绍，树立勤劳俭朴的风尚。在工会发生活补助费时，又具体的帮助那些被补助的职工安排生活，并且教育大家克服单纯依赖救济的思想”①。

其二，采取各种干预措施帮助职工解决生活困难。各地区及基层单位在加强思想教育的基础上通过副业生产、互助储蓄金、困难补助费等方式对困难职工予以帮助，并协助其安排生活。如唐山开滦煤矿工会组织生活困难职工家属参加多种副业生产，“各矿都已帮助家属们扩大了浆洗、缝纫和拣煤焦等组织。唐山矿和赵各庄矿还组织家属承做本矿的工作服。”②此外，工会还指导职工在自愿原则下组织“互助储蓄金会”以自行解决遇到的临时困难。又如张家口矿山机械厂除加强勤俭持家的教育、协助安排生活计划和帮助家属搞些副业生产解决职工生活困难问题外，主要是依靠给予困难补助费来解决，平均有节余但一时发生困难的主要依靠工会的“互助储蓄金会”临时借款解决，并且针对实施中存在的不足，总结了补助金发放的诸多经验：一是抓住容易出现生活困难的季节，集中予以解决，如1956年冬季给低薪职工和长期休养的人员添置棉衣、被褥，过春节时又适当发给7~15元补助；二是货币补助可以与实物补助结合起来，搞清职工缺少的东西后，买好实物送到家中的做法，可以避免补助后不正当使用补助金的浪费现象，又可以使家属知道党对他们的关怀而安排好生活计划，同时还可以加强对他们的宣传教育，鼓励职工努力搞好生产；三是依靠多向职工群众了解生活情况，组织职工讨论确定补助对象和补助金额是确保补助工作正确及时的重要保证；四是充分发挥家属委员的作用，介绍艰苦朴素、勤俭持家的生活范例，帮助做好生活安排，提高职工思想觉悟，解决依靠思想；五是补助费提取比例随着整个工资水平的提高而逐渐降低，并在增加新人员时帮助困难职工家属优先就业以减少补助费的开支，同时也可使国家在增加新人员后不增加或少增加开支。③

① 曾雪莹:《根据勤俭精神解决职工生活问题》,《河北日报》1956年12月14日，第2版。

② 曾雪莹:《根据勤俭精神解决职工生活问题》,《河北日报》1956年12月14日，第2版。

③《张家口矿山机械厂关于工人阶级有关问题（调查研究报告）》1957年7月27日，河北省档案馆藏，档案号：932-3-4。

其三，鼓励增加储蓄，开展爱国储蓄运动。1956 年国家在工资改革、增加新职工、国家基本建设等方面都投放了大量货币，在某种程度上导致国家积累基金不足。正是在这一背景下国家开展了增产节约、爱国储蓄等运动，一方面是对职工合理消费的积极干预，另一方面也是为国家积累基金。《河北日报》发表社论号召："无论城乡人民，都应根据勤俭节约的精神，精打细算，可花可不花的钱就坚决不花，积极参加爱国储蓄，这就是帮助国家积累社会主义建设资金的实际行动。"[①]"不仅可以使个人和自己的家庭生活更有保障，而且可以大大缓和当前某些消费品的供应紧张状况。同时，储蓄起来的钱，也就支持了国家建设。于自己，于别人，于国家都有好处。"[②] 为此，河北省各地储蓄所银行都采取如改善服务、增加营业时间、加大宣传、增设储蓄所等积极措施吸收存款。如 1956 年各城市人民银行共增设储蓄所和代办所 1195 处，形成分布各市街道、厂矿、团体、学校和机关的储蓄网，并通过大字报、电影院、戏院等向民众宣传储蓄意义；此外，各城市以及昌黎、定县等 90 个县城还开办了活期有奖储蓄业务，许多市开展了服务态度良好运动，银行机构调整了营业时间，实行早班、晚班、日班、夜班和星期班等办公制度，方便群众存款、取款，并广受欢迎。[③] 在开展服务态度良好运动后，银行工作人员对储蓄的人更加亲切、和蔼，特别是对老年人、小孩和家庭主妇更为关心。《河北日报》报道：一个张姓的女同志到阜平支行去存款，因抱着的小孩咳嗽，该行会计王敏琴怕小孩受煤气感染，就让她把钱和存折留下，办理好手续后，把存折给她送去；昌黎支行的同志经常扶着走路不方便的老年人进门或出门，还经常给新储户介绍一些储蓄的种类和各种储蓄的优点，以及银行的办理时间等，同许多储户成了知心朋友。[④]

国家、地方及基层企事业单位对职工生活的干预，也得到民众的积极回应。某中专生在看到《河北日报》有关"发扬艰苦奋斗精神"的社论后表示：

---

① 《社论：大力开展储蓄工作》,《河北日报》1956 年 12 月 26 日，第 1 版。

② 西沙:《改善某些物资供应紧张的情况，大家都有责任》,《河北日报》1957 年 1 月 7 日，第 2 版。

③ 柴长河:《广大职工市民节俭开支踊跃储蓄》,《河北日报》，1956 年 12 月 19 日，第 2 版。

④ 亢文元，王之宽，许家宝:《各地人民银行开展服务态度良好运动，服务态度良好，存款取款方便》,《河北日报》1957 年 1 月 15 日，第 2 版。

为了建设祖国，在物质方面尚不充裕的时期，党团员必须勤俭建国，必须有自我牺牲的精神，且有感于副食品较紧，过年放假时，一定劝告家里少买或不买。[①] 工资改革后多数职工积极把余钱存入银行，并有计划地安排自己的生活。如启新水泥厂某职工家属王秀兰将补发的工资全部存入了银行，并总结个人储蓄的经验：属于准备买衣服的用款存入定期存款，属于买油、盐、菜这些待用款存活期存款，长此以往既合理地安排了生活，又能养成厉行节约的习惯。[②] 此外，许多县人民银行开展服务态度良好运动后改善了服务态度，不仅受到广大储户的拥护，同时吸收存款日益增多。截至 1956 年 12 月 10 日，全省各城市银行储蓄总额已达 6403 万元，超过该年本省城市储蓄任务的 3%，比 1955 年同期增长 46%。[③] 截至 12 月底，保定专区各县人民银行共吸收存款 364.5 万元，超额 89% 完成了全年储蓄任务。[④]

第四节　城镇职工与农民生活水平比较

1956 年工资改革，城镇职工工资得到普遍提高。同时，随着农村合作化发展以及农业丰收，农民生活水平也得到较大改善。总体而言，城镇职工与农民生活水平虽有不同，但差距并不大，职工增加工资并没形成其与农民之间的贫富悬殊与对立。

一、工农收支结构比较

工农关系是中央制定各项政策的重要考虑因素。如 1956 年工资改革，时任副总理李富春指出："不仅要看工业的发展，还要看整个国民经济工业、农业以及其他方面的发展，随着工业的发展及工业生产力的提高来改善工人生活，还必须照顾农业的发展，照顾与农民的关系，利用工资这一武器来巩

①《丁友良日记》，1957 年 1 月 15 日（星期二），笔者收藏。

② 王秀兰口述，周占嵩记：《我们家为什么能经常储蓄？》，《河北日报》1957 年 1 月 15 日，第 2 版。

③ 柴长河：《广大职工市民节俭开支踊跃储蓄》，《河北日报》1956 年 12 月 19 日，第 2 版。

④ 亢文元，王之宽，许家宝：《各地人民银行开展服务态度良好运动，服务态度良好，存款取款方便》，《河北日报》1957 年 1 月 15 日，第 2 版。

固工农联盟。”[①] 但现实中城镇职工与农民收入比例关系却处在动态变化中，如国民经济恢复时期，“工人工资增长 60%~120%，使工农生活悬殊，引起部分农民的不满。1954 年至 1955 年，农业丰收农民收入增加，工业增产，但工人工资下降，又引起工人的不满。”[②]1956 年第二次全国工资改革后，职工工资普遍提高，其与农民生活水平问题又一次成为社会关注问题，如有人说:“工人的生活太好了，农民的生活太苦了。”[③] 对此，河北省劳动工资委员会进行了全省范围内城镇职工与农民收入专项调查，通过这批调查数据我们可以略窥当时城乡居民生活状况。

从人均收入来看：根据河北省劳动工资委员会对保定市、石家庄市、元氏县 16 个厂 3118 个 1~3 级工人，108 个县的 71112 个小学教员，唐山、秦皇岛市及唐山、石家庄、通县、沧县、承德 5 个专区的 12394 名乡干部，唐山、石家庄、保定、张家口、邯郸、秦皇岛 6 个市及唐山、天津、通县、沧县、石家庄、张家口 6 个专区的基础合作社 40131 名售货员的调查，其月平均工资收入为 37.45 元（年均收入 449.4 元）。农民方面，根据河北省劳动工资委员会对保定市、石家庄市、元氏县 5 个农业社的调查：4942 个男女整半劳动力的年平均收入为 170.56 元，整劳动力的收入最高者 680 余元，低者 140~150 元，一般的在 240 元左右。[④] 从这一数据可以看出职工人均收入要远高于农民。又如张家口市调查显示，该市职工及其家属人均年收入为 166.7~195.6 元，郊区农民人均年收入约为 81.83 元。[⑤] 职工收入要高出农民一倍有余。而从全国范围来看，“1957 年农民按人口平均的年收入是 72.95 元，

① 河北省工资改革委员会翻印:《李富春副总理在全国工资会议上的报告（记录）》，1956 年 5 月 20 日，河北省档案馆藏，档案号:933-1-558。新中国初期大量关于工农生活的调查资料中，“工农”中的“工”并非仅指代“工人”，而是体制内的整个职工群体。

② 严忠勤主编:《当代中国的职工工资福利和社会保险》，中国社会科学出版社，1987 年版，第 167 页。

③《河北省劳动工资委员会办公室关于考察工资水平问题的报告》，1957 年 3 月 1 日，河北省档案馆藏，档案号：933-1-558。

④《河北省劳动工资委员会办公室关于考察工资水平问题的报告》，1957 年 3 月 1 日，河北省档案馆藏，档案号：933-1-558。

⑤ 张华:《河北省工人农民生活情况调查》,《工农群众生活状况调查资料》，陕西人民出版社，1958 年版，第 150 页。

职工按人口平均的年收入是 235.44 元，两者收入的对比关系为 1∶3.2。”[①] 这里暂且不去考虑区域性差异以及调查范围等因素所造成的数据差异，单从绝对货币收入来看，城镇职工收入要远高于农民。

从影响城镇职工与农民实际生活如家庭供养人口及消费支出方面来看，职工同样高出农民很多。从家庭供养人数来看：根据河北省劳动工资委员会对保定市、石家庄市 16 户 1—3 级工人的典型调查，其平均供养人口包括本人在内为 1∶3.35，每人每月的平均收入为 12.54 元。农民方面，5 个农业社调查显示其平均供养人口包括本人在内为 1∶2.39，每人的年平均收入为 71.28 元，月平均收入为 5.94 元。此外，从生活消费支出来看：根据河北省劳动工资委员会对保定市、石家庄市 16 户 57 人的典型材料来看，每人每月平均 11.25 元左右，其中副食占生活开支数的 17.65%。如职工本人在集体伙食单位入伙的，其个人消费开支则超过平均数很多，只吃一项最低限度也要十二三元，加上衣着、吸烟等零用钱约十五六元，花这么多钱吃得还不好。如定县面粉厂访问了 4 个 3 级工人，据他们说整天卡着肚子不敢吃饱，吃菜他们都是吃一分钱或三分钱的或者喝二分钱的汤，5 分钱的菜是最好的了，轻易不吃；其中 2 个人吸烟，一个人每月只花 1 元，另一个人吸 1 角 1 盒的烟卷，每月花 2.5~3 元。除这些开支以外的其他费用就更少了，因为如除去本人开支，工人职工家属的消费水平就会相对地减少。农民方面，根据统计局 45 户统计调查的材料（1—9 月），平均每人每月开支 5.51 元，吃穿部分占总开支的 64.88%，副食品占 16.56%（郊区生活水平较高，据保定市 15 户的调查平均每人每月开支 7.03 元）。省劳动工资委员会在农村调查的时候，正遇到农民预备过春节的物品，从他们的各项预备节日物品上看是相当丰足的，就拿猪肉一项来说，保定市南大园合作社平均每人 5 斤多，具体到户多者有的每人平均 10 斤多；定县也与这种情况差不多，如郝白土村 140 多户人家就宰杀了七八十口猪，卖得很少，都是自己吃。[②]

① 严忠勤主编:《当代中国的职工工资福利和社会保险》，中国社会科学出版社，1987 年版，第 166 页。

②《河北省劳动工资委员会办公室关于考察工资水平问题的报告》，1957 年 3 月 1 日，河北省档案馆藏，档案号：933-1-558。

由此可见，职工人均收入虽较农民人均收入高出很多，但人均消费支出亦高出农民消费支出近一倍，且平均供养人口较农民要高。综而观之，虽然城镇职工收入远高于农民，但其生活成本亦远高于农民。从全国范围来看，农村维持有吃有穿的生活水平，大约每人月平均开支只需 5 元，在城市维持同等的生活水平却需要 10 元。[①]

二、工农生活影响因素比较分析

应当说城镇职工与农民生活水平因受各种因素所限，很难作出一个绝对公平的比较。

第一，城乡居民收入及消费结构差异。如生活费开支用项，农民无房租、水电支出，而职工此项开支却占生活费总开支的 8.46%；蔬菜一项，农民自留地的生产足供食用，职工此项开支一年要在生活费中占 10% 左右；柴火一项，农民社内可分一部分烧柴且费用极低（1 角钱百余斤），而职工用的引火木柴以四五口之家计算每月亦需支出 1 元左右。另外农民多有养鸡条件，因而吃鸡蛋不用花钱，工人却没有这个条件。[②]

第二，消费结构差异。市场物价波动对工农生活的影响也不尽相同。1956 年工资改革后，全国市场部分商品出现脱销，特别是猪肉、食油、蔬菜等副食品价格上涨，而这对民众生活影响完全不同。对农民来说，提高一部分农产品收购价或者自由市场上一部分副食品、小土产、手工业原料的涨价都使农民收入增加，只有一部分商品涨价使农民支出增加，但对比而言，农民增加的收入高于支出。对于职工群体而言，物价上涨则意味着生活成本的提高，特别是日常副食品价格上涨常常让低收入群体职工的生活陷入困境，不得不通过调整家庭消费结构或求助国家救济等方式渡过难关。

第三，影响因素的动态变化。职工与农民生活水平受多种因素影响而处在动态变化中，调查数据也不可避免带有局限性。如河北省劳动工资委员会

① 周静宇：《谁说人民的生活水平降低了》，《工农群众生活状况调查资料》，陕西人民出版社，1958 年版，第 132 页。

②《河北省劳动工资委员会办公室关于考察工资水平问题的报告》，1957 年 3 月 1 日，河北省档案馆藏，档案号：933-1-558。

对 1957 年工资水平考察评论说："因为时间短，当中又夹着春节，因之，所搜集的资料还不够全面，亦不够精确，加上绝大多数地区尚未报来材料，故很难对我省现在工资水平的高低得出最后的结论，还须继续进一步加以研究。"① 而对农业社调查时，"这些社均受了不同程度的自然灾害和缺乏管理经验，因而有的歉收很多，有的只是七八成年景，如果是正常年景，这些合作社的收入必然有很大的增加，如遇到丰收年收入自然就更多了。"② 这些在很大程度上也影响着城镇职工与农民生活水平的比较。

总体而言，职工货币收入远高于农民，但其家庭供养人数及生活消费支出同样较农民的要高，职工与农民生活水平并无太大差异。河北省劳动工资委员会调查表明："多数农民吃的穿的比过去好了，不少人过去穿土布现在买洋布穿了，在青年男女当中买斜纹、卡其等布穿的很多，据农民说这些都是过去没有过的气象。"③ 正定县"社员普遍改建了房屋，将原来的土坯房加了砖腿，内外抹了白灰"④。又如，《河北日报》有文章提到，"在少数农民中滋长着这样一种风气，有了钱就花，不去尽量俭省节约，而是下饭馆，买一些不急需的东西，一下子吃掉花掉。"⑤ 这虽然是对少数农民生活浪费的批评，但亦从另一个侧面反映出农民生活条件的改善。由此可见，1956 年工资改革后职工普遍增加工资并没形成其与农民的贫富悬殊与对立。

小　结

1949 年至 1957 年，随着劳动生产率逐年提高，职工生活有了逐步改善。若仅从职工货币工资变化来看，新中国初期职工货币工资呈现波浪式增长，其间由于中央工资政策上的一些失误，1954 年、1955 年职工货币工资增长

①《河北省劳动工资委员会办公室关于考察工资水平问题的报告》，1957 年 3 月 1 日，河北省档案馆藏，档案号：933-1-558。

②《河北省劳动工资委员会办公室关于考察工资水平问题的报告》，1957 年 3 月 1 日，河北省档案馆藏，档案号：933-1-558。

③《河北省劳动工资委员会办公室关于考察工资水平问题的报告》，1957 年 3 月 1 日，河北省档案馆藏，档案号：933-1-558。

④ 河北省正定县地方志编纂委员会编纂：《正定县志》，中国城市出版社，1992 年版，第 786 页。

⑤ 西沙：《改善某些物资供应紧张的情况，大家都有责任》，《河北日报》1957 年 1 月 7 日，第 2 版。

缓慢，甚至一度出现工资下降的情况。时任国务院副总理李富春即指出："到1954年，特别是1955年，农业丰收，工业生产发展，而工资标准没有提高，则是不妥当的。"[①] 如保定市职工生活调查显示，其月平均工资1954年较1953年不仅没有增长，反而减少了0.83元，1956年又增至41元，较1952年增长率为126.11%。[②] 由此可见，1956年工资改革后职工货币工资增长达到一个高峰。与此同时，改革后职工工资等级分化加剧，并出现货币工资与实际工资非对称性增长的现象。

根据中央关于"知识分子特别是高级知识分子的劳动报酬，应根据按劳取酬的原则，适当地加以提高"的指示精神，河北省规定企业工程技术人员的实得工资一般高于同级管理人员的工资。[③] 这也使得工程技术、行政管理、生产工人、警卫、勤杂等人员的工资等级分化更加明显，生活水平较高的优等户主要分布在工程技术人员这一群体中，而困难户则更多集中在勤杂及生产工人中。这表明1956年工资改革后职工工资等级分化突显，而这种工资等级分化又直接导致不同群体职工消费结构的改变及其较强的差异性。改革后，当物价、供养人口及社会消费观念等因素突然来袭时，大多数民众可以通过调节消费结构，即压缩主食消费以外支出以保证生活基本需要的方式应对冲击。但对于消费结构调节空间本就很低的低收入群体职工来说则意味着生活陷入窘境，不得不求助国家的干预。这也一度造成改革后一些低收入群体职工出现实际工资降低的情况，如保定市职工生活调查显示1957年4月职工及其家属月平均生活指数较1956年降低了1.83%。[④]

面对改革后面临的这一困局，国家、地方与民众积极应对。政府及基层企事业单位层面采取如限制农村人员无计划入城，节制人口出生，加强勤俭

① 李富春：《工资改革的意义及改革的原则》（1956年4月3日），中国社会科学院，中央档案馆编：《1953—1957中华人民共和国经济档案资料选编》（劳动工资和职工保险福利卷），中国物价出版社，1998年版，第466页。

②《保定市关于职工生活部分调查报告》，河北省档案馆藏，档案号：932-3-3。

③ 河北省工资会议秘书处印：《胡开明副省长在河北省工资会议上的报告》，1956年7月20日，河北省档案馆藏，档案号：933-1-558。

④ 上述数据为笔者根据《保定市关于职工生活部分调查报告》（河北省档案馆藏档案，档案号：932-3-3）中有关职工及其家属的生活指数调查表统计计算而得。

持家教育，开展爱国储蓄运动等各项措施，俨然成为国家、地方与民众共渡患难的爱国主义运动。如《河北日报》发文号召民众“了解到这是国家建设中很难避免而又短期内不易解决的困难，并且以主人翁的态度，艰苦奋斗，帮助国家尽最大力量积极解决这个暂时的不方便，大家是都有责任的。”①显然这种宣传教育已上升到爱国主义层面。而民众层面则更精细地安排生活开支，如启新水泥厂某职工之妻王秀兰口述：每半个月开一次家庭会讨论消费预算，并总结出应对蔬菜等价格上涨的经验：平时做饭多吃些玉米面、高粱米，在菜上多吃价格便宜的菠菜、土豆、西红柿、白菜等，且遵循着蔬菜大量上市之后再购买的原则。这既是民众对国家勤俭持家、爱国储蓄运动的回应，也是应对物价波动对其生活冲击的无奈之举，“假如计算不好，别说储蓄，就是生活费开支也会不够用。”②

此外，单从当时职工的生活水平、工资水平来看，其对农民的影响并不大。虽然有些高级职工工资收入较高，如供养人口少其生活水平更为优裕，但这只是职工中的一部分，而农民如果劳动力多而强、供养人口少，其收入同样较多。因此，河北省劳动工资委员会指出：“当时部分人笼统地说：工人的生活太好了，农民的生活太苦了，那是不恰当的。”③应该说职工对农民的影响并不是表现在生活水平、工资水平上，而是城市与农村生活方式的影响，如河北省劳动工资委员会在调查中所讲，“仍有一部分人尤其是青年人存在着喜工厌农的思想，他们反映在外边吃得好、穿得好，论调是：‘别管挣钱不挣钱，回来闹身海昌蓝’；一些青年妇女在找对象时愿意找工人、干部，不愿意找农民，这也促使一些年轻小伙子愿意在外做工不愿在家务农思想的发展。”④不过这种影响更多地表现在年轻农民群体上，至于一些壮年和年纪较大者则认为正常的年景在外做工和合作社的收入差不多，遇上丰年可能比在外边收入更多，故此，城市生活对这部分人影响并不大。

---

① 西沙:《改善某些物资供应紧张的情况，大家都有责任》,《河北日报》1957 年 1 月 7 日，第 2 版。

② 王秀兰口述，周占嵩记:《我们家为什么能经常储蓄？》,《河北日报》1957 年 1 月 15 日，第 2 版。

③《河北省劳动工资委员会办公室关于考察工资水平问题的报告》，1957 年 3 月 1 日，河北省档案馆藏，档案号：933-1-558。

④《河北省劳动工资委员会办公室关于考察工资水平问题的报告》，1957 年 3 月 1 日，河北省档案馆藏，档案号：933-1-558。

第六章 “合理性”争议：1956年工资改革后搬运工人工资问题研究

1956 年第二次全国性工资改革的原则之一即是普遍增加工资，而对于部分高收入群体不能纳入相应等级工资标准的也采取了保留工资政策，也就是说 1956 年工资改革不存在工资降低的现象。但就是在 1956 年工资改革后工人工资普遍提高的背景下，未能被纳入工资改革的搬运工群体的工资收入却异常突出，这也引起社会对其收入“合理性”的广泛争论。地方政府纷纷介入，讨论其工资收入的调整问题。但何为“合理”的标准？新中国初期历经数次工资制度改革与调整以建立社会主义工资制度，而这种合理化的工资制度如何构建？ 1956 年工资改革后搬运工群体工资收入缘何成为众矢之的？对这一群体工资收入的调整及其分配制度的改革是否与新中国初期历次工资改革中所秉持的革除平均主义理念相冲突？这些问题都有待学界进一步关注。本章即以河北省搬运工为例，通过搬运工人数量及组织、搬运价格、工资水平、福利待遇，以及地方政府之应对等问题的论述，进而探讨新中国初期社会主义工资制度合理化构建及 1956 年工资改革后其工资收入“合理性”争议的社会根源。

第一节 搬运工群体的组织与数量

1956 年河北省工资改革结束后，搬运工群体的工资收入引起社会广泛关注，河北省各地方政府纷纷对当地的搬运价格及搬运工的工资收入进行调研，通过这批调研资料我们可以了解当时这一群体组织、数量、搬运价格及工资福利方面的特征。

一、搬运工的组织及性质

新中国成立前，搬运行业主要由脚行垄断占据。新中国成立后，这种剥削的旧脚行制度迅速解体，新政权开始对搬运行业进行集体化改造，工会的基层组织纷纷建立起来。如 1950 年 9 月天津专区杨柳青镇原洋车组织、旧脚行，以及由民兵及青年组成的临时装卸工合并统一，成立了搬运工会，之后一切对外关系、业务接洽等都以工会名义代替。[①] 以南宫县为例，1945 年南宫县解放初期，城内搬运工作仍是之前旧有脚行为主，之后随社会的稳定、发展及新机构的增加，搬运任务日渐扩大，粮食公司、花纱布等很多企业开始独自雇用工人。1948 年，县工会开始重新加强组织建设，之前脚行等搬运人员全都吸收为正式会员，根据全城的业务范围，由县工会确定搬运工作地点为三部分，自发组织的推车组、扎包组、南北日工组，各部分进行自己范围内的业务，避免相互争夺业务。1952 年经民主改革运动，将搬运这三部分合并编为一、二、三队统一由搬运基层工会领导。1956 年，由于农业合作社高潮及工会的教育，工人们的政治思想觉悟不断提高，第三季度重新进行了民主改选，进一步加强了会内组织，由分散走向集中，将推车、扎包、南北日工组合并，共同来完成全县的搬运任务。[②] 此外，如邢台、天津等市也成立了运输公司，隶属于搬运工会，统一承揽装运业务、调配工人，与公司企业订立搬运合同，实行按劳取酬的劳动制度。应当说新中国成立之初，搬运工人对中国共产党的性质、宗旨的认知相对模糊，更谈不上政治认同，新政权正是以搬运工会为依托和纽带，实施搬运工人的劳动保护、社会救济和其他福利待遇，增强了搬运工人的归属感和认同感。[③]

从搬运工的性质来看，大体可分为两类：一是企事业单位内搬运工群体。

①《天津专署关于杨柳青镇目前搬运价格及工人工资水平问题的调查报告》，1957 年 11 月 6 日，河北省档案馆藏，档案号：932-1-169。

② 南宫县搬运工会委员会:《搬运工会基本情况》，1957 年 11 月 8 日，河北省档案馆藏，档案号：932-1-169。

③ 邓红、齐凯君:《新中国建立之初政治认同的构建——以天津搬运工人为例（1949—1956）》，《河北大学学报》2014 年第 2 期。

这一群体有其工资标准，并享受企事业单位福利，可视为体制内正式职工。如唐山市铁路、钢厂、开滦、煤建、粮食加工厂，以及秦皇岛市铁路装卸作业所、铁路管理处等单位内搬运工人都属于此类。他们主要负责本单位内部的装卸搬运工作，其中唐山市铁路搬运工虽不为企业在册工人，但享受企业福利、劳动保险，并有上缴利润也被视为企业正式工人。[①] 这一群体的工时各单位虽有差异，但较为固定。如秦皇岛市粮食局仓库装卸工人工作时间为8小时；而车站装卸作业所为三班倒，每班工作12小时，休息24小时，不过在正常工作时间即12小时部分内实际工作的时间仅有4小时左右。[②]

二是体制外的非固定散工。这一搬运工群体主要归属于服务站、合作社性质搬运组织。如唐山市服务站即为自给自足的有组织的零散搬运工人，[③]秦皇岛市汽车站所领导的运输合作社，装卸服务社也属此类性质。[④] 这一群体也包括企事业单位临时或长期雇用人员。如秦皇岛市粮食局搬运工虽为临时性，但根据该局需要情况，长期不可或缺。这部分工人从1949年新中国成立后一直在粮食局仓库做倒运工作，从未间断，属于长期性的临时工，虽工人屡次要求改为长期工人，粮食局亦曾多次请示省粮食厅，然终未解决。[⑤] 此外，这一群体也有专业搬运工与临时工的区别，临时工主要是搬运工会组织因业务需要与农业社签订合同所雇用的部分农业社社员，这部分临时工具有工会会员与农业社社员双重身份。与体制内搬运工有较为固定的工作任务及工时不同，体制外的这一群体其工作任务及工时并不固定，承揽了业务才有工作和收入，而业务的承揽主要由服务站或合作社组织负责，业务范围较广，承揽全部厂矿企业、合作社、公司、机关、团体、部队、学校等一切零整搬运业务。

① 唐山市劳动局:《关于搬运价格及搬运工人工资问题》，河北省档案馆藏，档案号：932-3-3。

② 秦皇岛市劳动局:《关于搬运工人工资问题的调查研究报告》，1957年7月23日，河北省档案馆藏，档案号：932-3-3。

③ 唐山市劳动局:《关于搬运价格及搬运工人工资问题》，河北省档案馆藏，档案号：932-3-3。

④ 秦皇岛市劳动局:《关于搬运工人工资问题的调查研究报告》，1957年7月23日，河北省档案馆藏，档案号：932-3-3。

⑤ 秦皇岛市劳动局:《关于搬运工人工资问题的调查研究报告》，1957年7月23日，河北省档案馆藏，档案号：932-3-3。

二、搬运工数量

新中国初期，从河北省搬运工数量的变动来看，受国民经济发展状况的影响，除 1955 年部分地区出现了数量上的波动外，总体趋势不断增加，其中 1951 年、1956 年搬运工群体数量增长较快。如邢台市搬运公司 1950 年仅 437 人，1951 年增加一倍为 861 人，1952 年至 1954 年数量较为稳定，分别为 1067 人、1024 人、1062 人，1955 年降至 973 人，而 1956 年又激增至 1389 人，1957 年维持了这一数量为 1361 人。① 又如天津专区杨柳青镇 1950 年有搬运工 150 人，1951 年增加至 182 人，1952 年及 1953 年为 196 人，1954 年为 202 人，1955 年为 194 人，1956 年增加至 326 人，1957 年为 337 人。② 至 1957 年，河北省搬运工群体在各地方已初具规模，各市县皆有相当的分布。唐山市所调查的六个单位共有搬运工人 1800 名，其中开滦唐山矿 52 人，唐山钢厂 180 人，粮食加工厂 18 人，煤建公司 210 人，铁路 427 人，服务站 913 人。③ 秦皇岛市共有搬运工人 901 人，其中秦皇岛车站装卸作业所 114 人，工业局铁路管理处 49 人，粮食局仓库 45 人，汽车站所属装卸服务社及运输合作社 693 人（不包括马车运输部分）。④

值得注意的是，因地区之间经济状况不同，搬运工群体数量变化及规模亦存在区域性差异。总体而言，工业发达的市镇这一群体数量规模增长较快。如天津专区杨柳青镇搬运工数量 1957 年较 1950 年增长 124.67%；而在一些经济发展一般的地区，搬运工群体数量则较为稳定，如南宫县搬运工数量 1953 年至 1957 年并未出现多大波动，分别为 254 人、260 人、275 人、277 人、280 人。⑤ 此外，从体制内与体制外搬运工群体数量来看，都有相当的数量

---

① 河北省邢台搬运公司：《邢台市搬运公司现行搬运价格调查》，1957 年 11 月 17 日，河北省档案馆藏，档案号：932-1-169。

②《天津专署关于杨柳青镇目前搬运价格及工人工资水平问题的调查报告》，1957 年 11 月 6 日，河北省档案馆藏，档案号：932-1-169。

③ 唐山市劳动局：《关于搬运价格及搬运工人工资问题》，河北省档案馆藏，档案号：932-3-3。

④ 秦皇岛市劳动局：《关于搬运工人工资问题的调查研究报告》，1957 年 7 月 23 日，河北省档案馆藏，档案号：932-3-3。

⑤ 南宫县搬运工会委员会：《搬运工会基本情况》，1957 年 11 月 8 日，河北省档案馆藏，档案号：932-1-169。

分布，如唐山市服务站（913 人）占所调查人数（1800 名）的 50.72%，[①] 秦皇岛市汽车站所属装卸服务社及运输合作社（693 人）占所调查人数（901 人）的 76.91%。[②]（参见表 6.1）

表6.1 天津专署、邢台市及南宫县搬运工人数量及平均工资情况表

金额单位：元

地区	年份	工人总数	平均工资			
			年	月	旺季	淡季
天津专署	1950	150	183.24	15.27	20.26	10.19
	1951	182	302.40	25.20	35	20
	1952	196	700.44	58.37	112	40
	1953	196	999.36	83.28	97.76	65
	1954	202	1667.04	138.92	222.2	77.14
	1955	194	1699.68	141.64	201	82
	1956	326	1736.4	144.7	202.27	100.54
	1957	337	1544.76	128.73	215.05	88.74
邢台市	1950	437	187.20	15.60	18.72	12.48
	1951	861	438.24	36.52	43.82	29.22
	1952	1067	475.68	39.64	47.57	31.71
	1953	1024	599.04	49.92	59.91	39.96
	1954	1062	760.20	63.35	76	50.68
	1955	973	824.88	68.74	82.49	54.99
	1956	1389	939.48	78.29	93.95	62.63
	1957	1361	670.80	55.9	67.08	44.72
南宫县	1953	254	617.76	51.48	68.55	34.42
	1954	260	483	40.25	48.77	31.73
	1955	275	750.72	62.56	73	52.12
	1956	277	760.20	63.35	70.8	55.92
	1957	280	615.72	51.31	43.65	41.86

① 唐山市劳动局:《关于搬运价格及搬运工人工资问题》，河北省档案馆藏，档案号：932-3-3。

② 秦皇岛市劳动局:《关于搬运工人工资问题的调查研究报告》，1957 年 7 月 23 日，河北省档案馆藏，档案号：932-3-3。

资料来源:《天津专署关于杨柳青镇目前搬运价格及工人工资水平问题的调查报告》(1957年11月6日),河北省档案馆藏,档案号:932-1-169。河北省邢台搬运公司:《邢台市搬运公司现行搬运价格调查》(1957年11月17日),河北省档案馆藏,档案号:932-1-169。南宫县搬运工会委员会:《搬运工会基本情况》(1957年11月8日),河北省档案馆藏,档案号:932-1-169。(说明:此表中年平均工资部分数据系笔者根据月平均工资计算修订而来。)

说明:天津专署,此收入数是总收入减去提10%事业费的净收入数。南宫县,在旺季生产当中每天共工作14小时,全年12个月,旺季6个月,淡季6个月;1957年至10月份

第二节 搬运工群体工资收入及劳保福利

新中国成立后,搬运工群体的组织建设不断加强,同时,随着国民经济的恢复与发展,其工资收入虽存在区域性及体制内外上的差异,但总体上逐年提高。以下主要就搬运价格及特征、工资收入水平及特征,以及这一群体的劳保福利等问题逐一论述。

一、搬运价格的制定及特征

搬运价格与搬运工群体的收入直接相关,搬运价格确定的主要依据是按货物性质、价格、体积、整装、零装、易损程度为原则,各地区执行标准不一。新中国成立后,有的单位根据当地的情况进行了数次调整,搬运价格混乱状态虽有所改进,但运价仍由各地方管理,并未形成全省统一的价格。运价的高低各地反映不一,如唐山、邯郸、定县等地反映较高,张家口市等地方反映较低。[①] 总体而言,河北省搬运价格的确定有以下特征:

第一,搬运价格的制定是将搬运和装卸相分离,然后根据货物的性质及运输距离确定。如邢台搬运公司搬运价格的制定,其一为搬运价格,基价为一般货物运半华里0.75元(其中装卸费0.40元,不进率),运费进率每华里增加0.13元,如煤炭、粮食、青红砖等半华里运费0.75元,一华里运费是0.88元,依此类推;其二为装卸费,其原则为一般货物如粮食、面粉、棉籽、

① 河北省交通厅:《关于保留工资制度和事假工资制度的调查研究综合情况》,1957年12月2日,河北省档案馆藏,档案号:932-1-169。

糖、肉类等装卸马车每吨为 0.40 元，并以此作为基价，其他货物根据性质进行分类，危险品包括如硫酸、盐酸等爆炸性质和有毒性质物品在基价上增长 25%，沥青、黄磷、赤磷等在基价上增加 50%，散装品如碎铁在基价上增长 50%，易损品如玻璃、架镜等在原基价上增长 30%，玻璃仪器、灯罩灯泡等在基价上增长 100%。[①] 又如南宫县自建立搬运组织后，在执行价格上参照之前脚行的货物品种的一部分，由县工会结合有关企业单位研究，其价格也分装卸和运输两个部分。如在运输价格方面：1956 年经过县政府财委会调整仍按距离公尺修订，依据城内街道规定分为三等：在街内每吨按 0.85 元，本街每吨按 0.55 元，街东至街西的按每吨 0.4 元，此外出城运输价格按照运输公司人力车运输价格计算。[②]

第二，不同搬运组织其搬运价格制定原则不同。以唐山市为例，唐山市服务站是依据各类货品性质、价值、体积、散装情况、包装形式、易损程度、对工人或工具损害性之大小、装卸及搬运消费时间等情况为原则，将所有物品以装卸马车为标准，共分为粮食、木材、棉纱、百货、油料、五金、毒品等七大类，确定不同的装卸搬运价格，在全市范围内凡送该站承揽的业务，在装卸物质费率表中有统一规定者均按统一规定执行。而铁路搬运价格则由铁道部北京铁路管理局制定，执行的是以第一种普通货物每吨 0.42 元为基数，第二种货物如石碴、片石、焦炭、原木等提价 50%，第三种货物如沥青、空箱子等提价 100%，铁路系统均执行此一标准，服务站在装卸火车时也按此标准执行。此外，开滦、钢厂因是计件工资制，所谓搬运价格实质是计件单价问题，制定的依据是以历年来的统计资料为基础制定，并有如半年至一年的定期修改制。[③]

第三，各地区及部门搬运价格不统一，且差距较大。河北省搬运工人除粮食系统有一部分长期临时工有较固定性工作和搬运价格外，其他则分散在

① 河北省邢台搬运公司:《邢台市搬运公司现行搬运价格调查》，1957 年 11 月 17 日，河北省档案馆藏，档案号：932-1-169。

② 南宫县搬运工会委员会:《搬运工会基本情况》，1957 年 11 月 8 日，河北省档案馆藏，档案号：932-1-169。

③ 唐山市劳动局:《关于搬运价格及搬运工人工资问题》，河北省档案馆藏，档案号：932-3-3。

铁路沿线以及各市、县，有的为零散搬运，有的为合作社组织形式，有的为搬运公司。因无统一机构管理，多为各地自定，有的按物品分类以里程计算，有的按件数计算，有的按重量计算，故形成一个地方一个标准。[①] 如天津专区各县情况：按粮食原包装车为标准，杨柳青每吨 0.47 元，芦台每吨 0.44 元，永清每吨 0.25 元，大城每吨 0.28，文安每吨 0.8 元，最低与最高之比例为 1：3.2；按煤炭卸车为标准，杨柳青每吨 0.26 元，大城每吨 0.25 元，永清每吨 0.2 元，文安每吨 0.8 元，最低与最高之比例为 1：4。[②] 而唐山市由于各单位制定依据原则不同，所以，单价也有出入。如原粮在同地装车，服务站工人装马车每吨 0.2 元，而铁路工人装火车则为每吨 0.42 元，虽马车比火车易装，但相差悬殊。又如卸坑木，同是火车，铁路单价每吨为 0.63 元，而开滦则为 0.077 元。计件定额方面，开滦卸缸砖每工 15 吨，而钢厂则为 11 吨。即便在同一工作单位也有执行两种价格的现象，如唐山市煤建公司的搬运价格是行政和工人双方临时协商确定，故在该公司下属四个经营处中有三种不同的搬运价格。[③]

第四，搬运价格呈逐步趋于统一态势。虽然各地区搬运价格存在区域差异性，但从新中国初期河北省搬运价格变动来看，随着搬运工群体的组织化加强，其搬运价格经各地区数次调整逐步趋于统一。1950 年，天津专区杨柳青镇当地除粮库、合作社外，其他部门都未成立，装卸工人的主要服务对象为私营商业，所以，搬运价大部分都是临时协商，没有一个确定的标准。1951 年，粮食公司成立以后，装卸任务增加，搬运工会才和粮库、粮食公司等部门分别协商作出搬运价规定。1952 年全国进行了工资调整，同时其他如汉沽、芦台等地的搬运价格都比杨柳青的价格高，所以，到 1953 年 3 月搬运工会又与各部门协商把搬运价再次进行上调，上调后当地搬运价格趋于统一。此次调整后直至 1957 年除木材、土豆两项于 1955 年下降外，其他都

① 河北省劳动工资委员会：《关于搬运工人是否进行工资改革问题》，1957 年 1 月 19 日，河北省档案馆藏，档案号：932-1-181。

②《天津专署关于杨柳青镇目前搬运价格及工人工资水平问题的调查报告》，1957 年 11 月 6 日，河北省档案馆藏，档案号：932-1-169。

③ 唐山市劳动局：《关于搬运价格及搬运工人工资问题》，河北省档案馆藏，档案号：932-3-3。

未变动。[①] 又如 1952 年原丰南县[②] 搬运工会与运输公司合并后，在原丰南县执行一种价格，执行中工人收入较多，把搬运价格平均降低 20%。1954 年丰南县与丰润县合并后全县搬运价格不统一，企业与搬运工人皆感不便，故 1957 年 4 月县财委办公室主持把全县价格统一，个别价格也作了调整。[③]

第五，部分物品搬运价格存在偏高偏低现象。新中国成立后，各地区及基层单位的搬运价格虽经数次调整逐步趋于统一，但问题仍普遍存在，特别是 1956 年工资改革后广受争议与批评，很多地区反映搬运价格制定与执行中的问题。邢台市搬运公司反映搬运费存在偏高或偏低现象，如 20 斤以下的豆饼装卸，如加入运价费用增长 60%，价格偏高；又如零运货载重量提高到 800 市斤，仍以 500 市斤计算运费，价格偏低。[④] 唐山市劳动局服务站自 1953 年制定统一价格后，由于工人工作效率不断提高，并本着降低业主生产成本的原则，于 1954 年 3 月对价格进行了修改，搬运费平均下降 15%，不过仍存在偏高偏低现象。如糠皮与原粮同一标准的搬运费，棉籽、花生等轻浮物品出囤入囤与原粮同样计算，工人与行政部门均认为不合理，主张全面修改。[⑤] 此外，唐山市煤建公司自 1952 年因工人多、任务少，收入不能维持工人生活，后经双方协商二次修改搬运价格，直至 1956 年 11 月再次全面修改搬运单价，解决了单价不统一问题，但仍然有不合理情况存在。如不分煤种（块、末）统一单价，卸煤和过磅单价轻重倒置，卸煤的实际效率是一人每小时 8 吨，过磅仅 3 吨，而单价卸煤为 0.15 元 / 吨，过磅则为 0.12 元 / 吨；铁路方面虽经几次改进，但仍存在一些问题，如货物种类划分太笼统，焦炭与煤、石碴执行同样价格不合理，同时整个搬运价格也偏高。[⑥]

①《天津专署关于杨柳青镇目前搬运价格及工人工资水平问题的调查报告》，1957 年 11 月 6 日，河北省档案馆藏，档案号：932-1-169。

② 1954 年 7 月，丰南县与丰润县合并，称丰润县。1961 年 6 月恢复丰南县建置，1994 年 4 月丰南县改建丰南市，2002 年 8 月丰南市改设丰南区。

③ 丰润县劳动科：《关于工人阶级有关问题的调查研究的综合简报》，1957 年 6 月 18 日，河北省档案馆藏，档案号：932-3-4。

④ 河北省邢台搬运公司：《邢台市搬运公司现行搬运价格调查》，1957 年 11 月 17 日，河北省档案馆藏，档案号：932-1-169。

⑤ 唐山市劳动局：《关于搬运价格及搬运工人工资问题》，河北省档案馆藏，档案号：932-3-3。

⑥ 唐山市劳动局：《关于搬运价格及搬运工人工资问题》，河北省档案馆藏，档案号：932-3-3。

二、工资收入水平及特征

新中国成立后，搬运工人的政治、经济地位发生了根本性的变化，搬运工人的生活日益得到改善和提高。总体而言，1956 年工资改革后河北省搬运工工资收入有以下特征。

第一，从新中国初期河北省搬运工群体收入变动来看，总体而言，其工资水平不断提高。如邢台市搬运公司搬运工人月平均收入 1950 年至 1957 年分别为：15.60 元、36.52 元、39.64 元、49.92 元、63.35 元、68.74 元、78.29 元、55.9 元。① 唐山市煤建公司据某工人新村经营处统计，1952 年月平均工资为 29.19 元，1953 年为 68.58 元，1954 年为 85.93 元，1955 年为 112.65 元，1956 年为 90 元，1957 年 1—4 月为 100 元，工资偏高，工人曾一度编成顺口溜:“代干不干两块半（2.5 元），百分调主两块五。” ② 又如天津专区杨柳青镇搬运工人每月每人平均收入 1950 年为 15.27 元，1951 年为 25.20 元，1952 年为 58.37 元，之后随着搬运业务日趋繁重及搬运价格上调，其收入逐步提高，1953 年每月每人平均收入为 83.28 元，1954 年为 138.92 元，1955 年为 141.64 元，1956 年为 144.7 元，1957 年约为 128.73 元。③ 由此可见，搬运工人工资增长幅度较大，天津专区杨柳青镇 1957 年较 1950 年增长近 9 倍。

第二，新中国成立后，搬运工群体整体收入虽逐年提升，但不同地区及组织亦存在较大的收入差异。如秦皇岛市搬运工人或社员都是实行按件计资，但因运价及工作关系的不同，其不同单位组织中搬运工收入不尽相同。以 1956 年平均工资为例（参见表 6.2）：铁道管理处月平均收入 90~100 元，而粮食局仓库仅 53 元，相差近一倍。④ 秦皇岛港务局装卸工人月平均收入 72 元，而车站装卸工人比港务局高 16%（85 元以上），铁道管理处装卸工人

① 河北省邢台搬运公司:《邢台市搬运公司现行搬运价格调查》，1957 年 11 月 17 日，河北省档案馆藏，档案号：932-1-169。

② 唐山市劳动局:《关于搬运价格及搬运工人工资问题》，河北省档案馆藏，档案号：932-3-3。

③《天津专署关于杨柳青镇目前搬运价格及工人工资水平问题的调查报告》，1957 年 11 月 6 日，河北省档案馆藏，档案号：932-1-169。

④ 秦皇岛市劳动局:《关于搬运工人工资问题的调查研究报告》，1957 年 7 月 23 日，河北省档案馆藏，档案号：932-3-3。

比港务局高 24%~39%。[①] 此外，搬运工群体中也存在专业工人与临时工人的收入差异，如杨柳青镇临时工因劳动效率低，且搬运任务中都是些抬煤等收入较低的工作，所以，其全部收入只占专业工人收入的 60%~70%。而临时工中又有长期临时工与短期临时工的差别，长期临时工一切待遇与专业工人一样，只是每天交农业社 1.5 元由社内记 5 分，然后在社内再分红；短期临时工的收入单独计算，只从总收入内提出 10% 交工会外，其他都由自己分配，同时每日交农业社 1.5 元，记工分 6 分。长期临时工既是搬运工会会员又是农业社社员。[②]

表6.2　秦皇岛搬运工人工资情况表

单位		1956年工资（元）			个人旺季最高收入（元）	注
		平均工资	最高	最低		
车站装卸作业所		85以上	90~100	65~70	1954年5月180	
铁路管理处		90~100			1956年110~120	个别月份个人最高收入145元，低的115元
粮食局仓库		53	74	28		
汽车站	运输合作社	75	90	40	1956年平均85	
	装卸服务社	65	100	40	1956年平均70	

资料来源：秦皇岛市劳动局:《关于搬运工人工资问题的调查研究报告》(1957 年 7 月 23 日)，河北省档案馆藏，档案号：932-3-3

第三，搬运工人的收入虽存在不同组织间的差异性，但这种差异并不因体制内或体制外而决定，体制外的散工甚至高于企业的固定工人。如 1950—1953 年唐山市服务站工人收入大体平衡，人平均月工资为 70 元左右，1954 年为 109.44 元，1955 年为 90.27 元，1956 年为 90.97 元，1957 年第一季度平均 98.25 元，1956 年第四季度收入最高，为人平均月工资 110.39 元，1956 年第一季度最低，为人平均月工资 79.99 元。而唐山市粮食加工厂施行计时工资制，每人每班须扛 1.2 万 ~1.5 万斤粮食，劳动程度与服务站工人工作相

①《秦皇岛市工资调查研究报告（草案）》，1957 年 8 月 17 日，河北省档案馆藏，档案号：932-3-3。

②《天津专署关于杨柳青镇目前搬运价格及工人工资水平问题的调查报告》，1957 年 11 月 6 日，河北省档案馆藏，档案号：932-1-169。

差无几，而收入仅为 42 元，相差很远，工人意见很大。[①] 此外，秦皇岛汽车站运输合作社及装卸服务社搬运工群体收入要远高于粮食局仓库，如 1956 年人平均月工资，运输合作社 75 元，装卸服务社 65 元，粮食局仓库仅 53 元；而 1956 年最高收入，汽车站运输合作社及装卸服务社与车站装卸作业所却并无太大差距，如装卸服务社为 100 元，车站装卸作业所为 90~100 元。[②]

第四，搬运工群体收入差异虽并不因所处体制内或体制外而决定，但相对而言，体制内搬运工人工资收入较为稳定。因此，体制内固定工作依然对大多数搬运工具有很强吸引力，这种吸引力并非源于收入的差异，而主要是享受的社会保障方面不同。如唐山市服务站工人工资收入虽多，但福利待遇不同于其他单位，不享受劳动保险，工人退休一次发给 200 元养老费，故老工人不愿退休，致 68 岁仍在工作，工人意见是为了生活有保证，哪怕少挣点钱也愿意固定为企业工人。[③] 此外，搬运工收入有淡季旺季之分，而相对企事业正式职工，体制外工人受旺季与淡季影响较大。如天津专署杨柳青镇搬运工人 1956 年旺季平均收入最高 264.4 元，淡季最高平均收入 128.47 元，相差一倍有余。（参见表 6.3）

表6.3　天津专署杨柳青镇搬运工人数量及平均工资收入

年份	旺季		淡季	
	最高	最低	最高	最低
1954	290.46	174.27	100.84	60.5
1955	262.74	157.64	107.19	64.31
1956	264.4	158.64	128.47	77.08
1957	281.11	168.67	116	69.6

资料来源：《天津专署关于杨柳青镇目前搬运价格及工人工资水平问题的调查报告》，1957 年 11 月 6 日，河北省档案馆藏，档案号：932-1-169

说明：1. 以上数字是每个搬运工一个月的毛收入数。2. 从 1954 年开始按评分办法分红，1954 年以前按人头平均分

① 唐山市劳动局：《关于搬运价格及搬运工人工资问题》，河北省档案馆藏，档案号：932-3-3。

② 秦皇岛市劳动局：《关于搬运工人工资问题的调查研究报告》，1957 年 7 月 23 日，河北省档案馆藏，档案号：932-3-3。

③ 唐山市劳动局：《关于搬运价格及搬运工人工资问题》，河北省档案馆藏，档案号：932-3-3。

第五，搬运工群体工资收入虽存在不同地区与组织间的差异，但与其他工人群体相比，整体偏高，甚至存在高低悬殊的现象。如丰润县搬运工1955年每人平均月收入88.9元，1956年每人平均月收入82.5元，多者收入150元左右，少的也不下50多元，这一收入较其他工人群体普遍偏高，如一个八级工人每月才收入84元。[①] 而在其他一些地区甚至出现了搬运工与其他工人群体收入相差悬殊的问题。如杨柳青镇一个300多名工人的铁工厂，1956年调整工资前，工人的平均工资（不包括学徒工）为45.75元，调薪后为52.63元，若包括学徒工则调薪前的平均工资为38.75元，调薪后为45.24元，而在技术工中占比例最大的4级工，调薪后每月工资49.7元，这一收入仅占搬运工人1956年平均收入的34.34%，5级工每月工资为58.1元，仅占搬运工人1956年平均收入的40.15%。[②] 又如秦皇岛市车站装卸工人月平均收入为85元以上，相当于助理站长级干部的工资，铁道管理处装卸工人月平均收入为90~100元，比该处火车司机高46%。[③] 此外，粮食局仓库的临时工人工资也高出该局长期工人的工资很多，如长期工人工资一般是42元、47元，临时工人一般是60元左右，这些都是以平均工资比较，若以装卸工人最高收入比较，则相差更加悬殊。[④]

三、搬运工群体劳保福利制度

体制内企事业单位搬运工人多为固定职工，享受单位劳保福利待遇。下文中所讨论的搬运工福利问题，主要针对体制外搬运工群体而言。

第一，从福利费来源看。搬运工的福利费主要是从其总收入中提取一定比例作为福利费，而提取的比例各地区及部门间多不相同。如天津专区杨柳

① 丰润县劳动科：《关于工人阶级有关问题的调查研究的综合简报》，1957年6月18日，河北省档案馆藏，档案号：932-3-4。

②《天津专署关于杨柳青镇目前搬运价格及工人工资水平问题的调查报告》，1957年11月6日，河北省档案馆藏，档案号：932-1-169。

③《秦皇岛市工资调查研究报告（草案）》，1957年8月17日，河北省档案馆藏，档案号：932-3-3。

④ 秦皇岛市劳动局：《关于搬运工人工资问题的调查研究报告》，1957年7月23日，河北省档案馆藏，档案号：932-3-3。

青镇搬运工人从 1954 年 8 月起从总收入中提取 10% 的事业费，其中办公费占 2.5%，教育费占 2.25%，福利金占 1.5%，劳保金占 3.75%。[①] 南宫县搬运工会亦提取其收入总额的 10%，其中 5% 人事费，2% 上缴经费，3% 小集体福利费。[②] 又如秦皇岛市各单位搬运工福利费提取比例及方式也各有差异，其中车站装卸作业所是由每标准吨的装卸费 0.42 元中提取 0.1326 元（相当于 31.6%）作为行政管理费、福利费等开支；铁道管理处是由装卸费中提取 25% 的管理费，其中劳保费 3%，医药费 5%，管理费 2%，文教费 2%，工具费 5%，税金 6%，取暖、房贴及其他等费用 2%；汽车站所属合作社社员工资也是由社员总收入中提取，装卸服务社提取 12%，运输（排子车）合作社提取 15%，作为行政管理、劳保、工具折旧等费用；粮食局的工人虽属临时性质，但劳保福利与长期工人同样享受，装卸工资是由行政按议定价格按件支付，所以，不提取管理费。[③] 各单位都是将这些费用提取后，再按工人（社员）评定的等级分配工资。

第二，从福利费使用范围来看。主要包括工人伤、残、退休、葬埋、生活救济、喝水等。如杨柳青镇搬运工劳保待遇规定：因工负伤的治疗费、药费、住院费、就医路费、膳食费全部由工会开支，医疗期的工资每日补 10 分折 2.35 元；非因工负伤或疾病医疗费、治疗费、住院费由工会补助 50%，医疗期间每日发工资 1.5 元；非因工死亡补助丧葬费 70 元，抚恤金 150 元，家属医药费补助 50%；对长期患病生活困难者根据情况每季度进行补助一次。全体工人按大礼拜制轮休，每月每人澡票 8 张，全体看电影一次。女工例假期休息 3 天发 50% 工资，另发卫生费 0.2 元，女工产假休息 5 个月发 50% 工资。[④] 大部分专区、市搬运单位都执行 1953 年省人民政府颁发的“关于解

①《天津专署关于杨柳青镇目前搬运价格及工人工资水平问题的调查报告》，1957 年 11 月 6 日，河北省档案馆藏，档案号：932-1-169。

② 南宫县搬运工会委员会:《搬运工会基本情况》，1957 年 11 月 8 日，河北省档案馆藏，档案号：932-1-169。

③ 秦皇岛市劳动局:《关于搬运工人工资问题的调查研究报告》，1957 年 7 月 23 日，河北省档案馆藏，档案号：932-3-3。

④《天津专署关于杨柳青镇目前搬运价格及工人工资水平问题的调查报告》，1957 年 11 月 6 日，河北省档案馆藏，档案号：932-1-169。

决国营运输公司职工特殊困难的试行办法”，不过在具体实施中也存在地区差异。如邢台市搬运公司根据“关于运输公司搬运职工特殊困难暂行办法”规定，因公负伤工资照发，每日 1.60 元，药费全部报销，疾病工资每日 0.80 元，药费报销 50%，其他还享受困难补助，教育、文娱、理发、转业、退休、埋葬等福利费用；搬运社员根据社章结合社内福利金，享受下列福利待遇：全体社员药费全部公费报销，每人每月 0.3 元洗澡费，其他还享受困难补助，教育、体育和文娱活动的各种福利费用。[①] 此外，如南宫县搬运工会还存在会员与非会员待遇的区别：工会会员在工作中发生的事故，即为因公负伤，其医疗费和休养期间的工资按生产工人全工发给全部工资，在外工作中发生的事故，即为疾病待遇，其医药费和休养期间的工资按生产工人全工 50% 发给病假工资；而非会员在工作中发生的事故，为因公负伤，其医疗费和休养期间的工资，按生产工人全工 50% 发给工资，在非工作上发生的事故，即为疾病待遇，其医疗费和休养期间的工资，按生产工人全工 25% 发给。[②]

总体而言，在生活福利方面，大多数搬运工群体福利费是由工人所得工资以内提取，企业没有增加在搬运价格以内。这种福利制度及收入的分配方式存在一定问题，并受到一些地方政府的批评。如南宫县反映执行的搬运价格内未包括工人的福利费，完全由工人实得工资提取，而根据 1957 年每月收入的福利费是入不敷出。该县意见是根据企业的劳保福利标准加入装卸工资之内，以避免工人在各企业进行搬运工作时发生人身事故无法解决。[③] 又如，唐山市铁路搬运工人工资是在搬运价格中提出七分之五作为 100，再按工人等级分配，其余七分之二作为上缴利润，而服务站工人工资则按搬运装卸费用的 90% 按工人等级分配，其余 10% 为行政开支、工会办公及工人福利费用开支。唐山市认为这样的工资分配原则不如计件工资制优越，所以，

① 河北省邢台搬运公司：《邢台市搬运公司现行搬运价格调查》，1957 年 11 月 17 日，河北省档案馆藏，档案号：932-1-169。

② 南宫县搬运工会委员会：《搬运工会基本情况》，1957 年 11 月 8 日，河北省档案馆藏，档案号：932-1-169。

③ 南宫县搬运工会委员会：《搬运工会基本情况》，1957 年 11 月 8 日，河北省档案馆藏，档案号：932-1-169。

也就体现出这两个单位的工人工资水平高于其他企业中搬运工人的工资。[①]

第三节 搬运工实际生活水平评估及地方政府之应对

1957年搬运工人工资收入问题突显，这也引起其他职工群体的不满，对此各地方政府提出了各自的主张。若要妥善解决搬运工人工资收入中存在的问题，必须先对搬运工群体实际生活水平作出合理评估。

一、搬运工实际生活水平评估

1956年工资改革后，河北省进行了全省范围工农生活水平的调研工作，根据河北省劳动工资委员会对省内16个厂3118个1~3级工人，108个县的71112个小学教员，5个专区的12394名乡干部，6个市及6个专区的基础合作社40131名售货员的调查，其月平均工资收入为37.45元，其中工人40.64元，教员38.70元，乡干部37.20元，售货员35.08元。[②]从这一调查数据来看，搬运工群体的收入水平远高于全省职工平均工资。而相对于企业各类人员，搬运工群体收入也处于较高的水平。如唐山市钢厂1956年5月前为计时工资制，大部分搬运工为四级工，月标准工资51.49元，另外每人每月5~6元超额资金，1956年工资改革后标准工资提高到54.47元，同年5月实行计件后，因定额水平低、人少、任务多等原因，工人收入显著增加，平均为86元左右，比本厂主要生产工人即炼钢工多14元。[③]另据张家口矿山机械厂各类人员生活状况调查，工程技术人员月平均工资高达83.6元，管理人员即职员次之，为66.3元，之后依次为：生产工人56.7元，警卫人员52.3元，勤杂人员44元。[④]从中可以看出，各类人员工资收入差距较为明显，而搬运工

① 唐山市劳动局:《关于搬运价格及搬运工人工资问题》，河北省档案馆藏，档案号：932-3-3。

② 河北省劳动工资委员会办公室:《关于考察工资水平问题的报告》，1957年3月1日，河北省档案馆藏，档案号：933-1-558。

③ 唐山市劳动局:《关于搬运价格及搬运工人工资问题》，河北省档案馆藏，档案号：932-3-3。

④ 以上数据为笔者根据张家口矿山机械厂《关于工人阶级有关问题（调查研究报告）》（1957年7月27日，河北省档案馆藏，档案号：932-3-4）中《1956年职工收入与支出典型调查》表格整理而来。

群体收入在企业各类人员中属于高收入群体，如唐山市铁路搬运工人1956年月平均收入为80.5元，1957年为90元左右，[①] 这完全达到了工程技术人员的工资水平。

与偏高的工资水平相对应，搬运工群体的实际生活水平也相对优越。根据张家口矿山机械厂1271户职工生活情况调查、张家口市运输公司949户职工家庭生活调查，以及保定市691户职工调查，以月人均生活费为依据，可将职工生活水平大体归入上、中、下三等：上等户即优裕户除能维持正常生活外还会有些结余，每年能添些质量较高的个人生活用品和上等衣物等；中等户一般能达到收支平衡，有吃有穿，每月有少许零用钱，遇到小的疾病或临时发生困难虽当时不能解决，但通过工会互助会等途径借款后有偿还能力；下等户亦可称为困难户，这些户一般有吃缺穿，只有年节时才能吃点肉、蛋类，如遇有疾病和季节换衣时常感困难。[②] 而据天津专署的调查，搬运工人在新中国成立前绝大部分衣食无着，挨饿受冻或勉强维持生活，新中国成立后收入增加，大部分人都还清了债，买了家具衣服，结了婚等。1956年工资改革后其生活水平：差不多都吸恒大烟，家家都有收音机、座钟、较好的家具陈设，青年中普遍有大三件，如手表和新自行车等。另外普遍的每个工人存款500~800元，如一个六口之家的工人董光顺，只依靠他自己，供应两个上学的孩子，还存下500多元存款。少数搬运工人收入高了胡乱花钱，如有的工人吃大饼夹香蕉、大饼夹糖葫芦等。[③] 由此可见，与搬运工群体工资水平相对应的是其生活水平上的优越，从生活水平来看，可归入上等户。正因为如此，搬运工的工资收入也引起其他职工群体的不满，如表现在婚姻问题上，有的群众说：先搬运、后搓板（指军官）、机关干部白瞪眼，又如天津专区粮库的干部说：一个干部还不如搬运工会一个小丫头。[④]

一个干部还不如搬运工一个小丫头。但我们看到搬运工群体工资收入整

① 唐山市劳动局：《关于搬运价格及搬运工人工资问题》，河北省档案馆藏，档案号：932-3-3。

② 郑京辉：《1956年工资改革后河北省职工生活水平研究》，《当代中国史研究》2016年第2期。

③《天津专署关于杨柳青镇目前搬运价格及工人工资水平问题的调查报告》，1957年11月6日，河北省档案馆藏，档案号：932-1-169。

④《天津专署关于杨柳青镇目前搬运价格及工人工资水平问题的调查报告》，1957年11月6日，河北省档案馆藏，档案号：932-1-169。

体高于其他工人群体的同时，也应看到其收入具有以下特征。

第一，搬运工群体存在地区收入与内部收入差异。搬运工群体地区之间收入很不平衡，且搬运工群体内部因所属单位不同其收入也存在较大差异。如河北省交通厅调研提出，搬运工人的工资水平与当地其他工人比较一般较高，但是张家口市也有个别单位搬运工工资水平较低，有的单位比别的当地铁路搬运工人低的很多，造成搬运工人工作不积极，有的单位拟从提高运价来考虑予以解决问题。[①] 又如秦皇岛市耀华厂三级装卸工人人均月工资 46.55 元，比港务局低 53%，比车站低 78%，比铁路管理处低 93%；桥梁厂二级装卸工人人均月工资 48.90 元，比港务局低 47%，比车站低 73%，比铁路管理处低 84%；发电厂三级运煤工人月人均工资 45.30 元，比港务局低 59%，比车站低 87%，比铁路管理处低 98%；制油厂打油工人人均月工资 46.53 元，比港务局低 53%，比车站低 78%，比铁路管理处低 93%。（参见表 6.4）秦皇岛市认为不同产业、不同部门虽不强迫工资水平一致，但是在同一地区、从事同样工作或劳动强度相同者，工资水平亦应适当平衡，若高低悬殊是不合理的。[②]

表6.4　装卸工人与其他部门运输工人和重体力劳动工人工资水平比较

单位	工作性质	月工资	比港务局	比车站	比铁路管理处
耀华	装卸工人	46.55元（三级工）	低53%	低78%	低93%
桥梁厂	装卸工人	48.90元（二级）	低47%	低73%	低84%
发电厂	运煤工人	45.30元（三级）	低59%	低87%	低98%
制油厂	打油工人	46.53元（平均）	低53%	低78%	低93%
港务局	装卸工人	72元			
车站	装卸工人	85元以上	高16%		
铁路管理处	装卸工人	90~100元	高24%~39%		

资料来源：《秦皇岛市工资调查研究报告（草案）》，1957 年 8 月 17 日，河北省档案馆藏，档案号：932-3-3

① 河北省交通厅：《关于保留工资制度和事假工资制度的调查研究综合情况》，1957 年 12 月 2 日，河北省档案馆藏，档案号：932-1-169。

②《秦皇岛市工资调查研究报告（草案）》，1957 年 8 月 17 日，河北省档案馆藏，档案号：932-3-3。

第二，搬运工群体收入存在淡季、旺季的差异。由于搬运工人工作受季节影响，淡季和旺季工资收入相差很大（参见表6.5）。邢台搬运公司1956年旺季人均月收入可达93.95元，淡季仅62.63元；南宫县搬运工会旺季亦有70.8元，淡季仅55.92元。这不仅对工人生活有很大的影响，而且退休待遇上也存在一些问题。如秦皇岛市铁路实行劳动保险，装卸工人退休后是按前三个月平均工资计算养老金按月发给，因而有些工人符合退休养老条件时都是在旺季工后提出退休申请，这样按前三个月平均工资计算，退休后养老金数字就大一些。[①]

表6.5　搬运工群体旺季、淡季月平均收入比较

金额单位：元

		1950年	1951年	1952年	1953年	1954年	1955年	1956年	1957年
邢台搬运公司	旺季	18.72	43.82	47.57	59.91	76	82.49	93.95	67.08
	淡季	12.48	29.22	31.71	39.96	50.68	54.99	62.63	44.72
杨柳青镇搬运工会	旺季	20.26	35	112	97.76	222.2	201	202.27	215.05
	淡季	10.19	20	40	65	77.14	82	100.54	88.74
南宫县搬运工会	旺季				68.55	48.77	73	70.8	43.65
	淡季				34.42	31.73	52.12	55.92	41.86

资料来源：河北省邢台搬运公司:《邢台市搬运公司现行搬运价格调查》，1957年11月17日，河北省档案馆藏，档案号：932-1-169。南宫县搬运工会委员会:《搬运工会基本情况》，1957年11月8日，河北省档案馆藏，档案号：932-1-169。《天津专署关于杨柳青镇目前搬运价格及工人工资水平问题的调查报告》，1957年11月6日，河北省档案馆藏，档案号：932-1-169

第三，搬运工群体收入偏高与多种因素相关。搬运工群体的高收入除了搬运价格及工资制度因素外，也与其劳动强度及工作效率有关。天津专署认为，从“三反”以后，搬运工会进行了民主改革，工人思想觉悟有了很大提高，同时各部门任务增加，搬运工人的劳动效率也不断提高，这也是搬运工

① 秦皇岛市劳动局:《关于搬运工人工资问题的调查研究报告》，1957年7月23日，河北省档案馆藏，档案号：932-3-3。

群体收入偏高的主要原因之一，但其劳动强度很高，每日工作8~9个小时，冬季运紧急物资时每日工作长达12~15小时之多。[①]南宫县搬运工工会亦反映在旺季生产当中每天工作14个小时，全年12个月中6个月为旺季。[②]又如开滦唐山矿1954年后改为计件工资制后，经三次定额改进，解决了一些不合理问题，工作效率不断提高，不过劳动强度也随之增加。如卸坑木每工10吨提高到27吨，坑木码垛由每工4吨提高到11吨，锯原木由每工75个锯口，提高到118个锯口。这也造成一些工人身体的损伤，如开滦矿52人，有9人累得腰痛、腿痛不能胜任工作。故此唐山市强调开滦、唐山钢厂等单位进行有关定额调整时除考虑和本厂同级主要工种的工资平衡关系外，还应注意考虑工人劳动强度，避免伤害工人身体健康。[③]

此外，各地搬运工单位和组织也存在如机构臃肿、工具消耗大等经营上的困难。如秦皇岛市汽车站领导的运输合作社，由于积累少，工人收入仅维持着平时生活，虽工具破损，但无力添置，因而排子车日渐减少。社员说："小车坏一个，少一个，坏完拉倒。"另外装卸合作社编余150人（其中有80名左右是年老体弱者）无法安置。造成机构臃肿的一个重要原因是两个社社员的老弱病残安置待遇问题，社员年老退休，只能一次领取退休金200余元，生活没有保障，也给社会增加了一定负担，故此该社有不少搬运工年老体弱不能工作，社员对此意见颇多，认为这些人只拿工资干不了活儿，不合理。[④]

二、地方政府的态度及主张

通过搬运工与其他职工群体工资收入的比较可见这一群体工资水平偏高，由此引起民众及地方政府对其收入的普遍关注。简言之，政府层面主张对其收入进行改革，即统一搬运价格，革除落后的工资制度，调整搬运工工

①《天津专署关于杨柳青镇目前搬运价格及工人工资水平问题的调查报告》，1957年11月6日，河北省档案馆藏，档案号：932-1-169。

② 南宫县搬运工会委员会：《搬运工会基本情况》，1957年11月8日，河北省档案馆藏，档案号：932-1-169。

③ 唐山市劳动局：《关于搬运价格及搬运工人工资问题》，河北省档案馆藏，档案号：932-3-3。

④ 秦皇岛市劳动局：《关于搬运工人工资问题的调查研究报告》，1957年7月23日，河北省档案馆藏，档案号：932-3-3。

资收入。各地方政府的态度及主张主要有以下几个方面：

第一，搬运价格不合理，且是造成搬运工群体收入偏高的重要因素，主张重新修订并统一全省搬运价格。如天津专署认为，搬运价格必须进行修订和统一，以免出现甲地偏高乙地偏低的不合理现象和搬运工人较其他产业工人及农业社员收入过高的现象。[①]南宫县搬运工委员会主张，对现行搬运运输价格要加以修订，本着按劳取酬、工资合理的基本精神，根据距离、公尺、货物等级、装卸当中的工作程序来修订工资价格，要废除以前执行的大包干的价格，达到工资合理互不吃亏，工人企业双方都满意的结果。[②]

关于如何修订并统一搬运价格，各地方政府意见虽多带有较强的地方针对性，但最终目的是寻求地区及国民经济各部门间的平衡。唐山市强调工种及产业间的平衡，提出企业内搬运价格应按产业情况及企业在国民经济中重要情况以及工作情况大体平衡，不要相差过多。如开滦煤矿、唐山钢厂方面主要依靠本厂，根据情况进行有关定额的调整，修改时主要考虑和本厂同级主要工种的工资平衡关系。煤建公司则主要考虑制定较合理的产品或工时定额，明确修改期限，实行正轨计件工资制，粮食加工厂也可考虑实行计件工资制；而关于服务站的搬运价格问题则主张应予以下降，既可使物资成本下降，同时也可减轻搬运工人群体和企业内搬运工人的工资不合理现象。[③]天津专署则强调不同地区之间的平衡，一方面，主张搬运价格下调，下调时应把粮、煤、砖、砂等主要物资少降一些，其他物资多降一些，下调的幅度不应过高，以免影响工人情绪，按杨柳青地区的情况，可按原标准下调20%~30%；另一方面，提出可根据地区任务情况制定附加办法以实现全专区或全省价格统一平衡，天津专区内杨柳青、汉沽、芦台、杨村、廊坊等地区业务多，情况相差无几，可以一样，其他如大城、文安、宝坻及区乡、村、镇等业务少的地区，可按杨柳青等地的价格标准附加10%~20%；或者采取

①《天津专署关于杨柳青镇目前搬运价格及工人工资水平问题的调查报告》，1957年11月6日，河北省档案馆藏，档案号：932-1-169。

② 南宫县搬运工会委员会：《搬运工会基本情况》，1957年11月8日，河北省档案馆藏，档案号：932-1-169。

③ 唐山市劳动局：《关于搬运价格及搬运工人工资问题》，河北省档案馆藏，档案号：932-3-3。

把工人固定在各业务部门，由业务部门开支固定工资或者采取统一价格，不分地区而按旺季为标准价格，淡季附加 10%~20% 收费。[①]

第二，搬运工人工资制度不合理，主张革除旧的工资制度。秦皇岛市认为搬运工工资偏高主要是遗留下来的旧工资制度没有彻底改革造成的。[②] 如秦皇岛市车站、铁路管理处装卸工人工资制度都是由“脚行”转变而来，工资是按装卸吨数由货主付款（行政代收），行政从其中提取一定比例的管理费作为工人的劳保福利、工具费等，其余部分作为工人收入全部分配。这一旧的工资制度在历次工资改革中都未予以变动，而 1956 年工资改革后这一制度则受到批评。秦皇岛市认为这样的工资制度“既不能保证装卸工人正常工资收入，又影响其他部门工人职员的劳动热情，同时又不能直接给国家积累财富”[③]。而解决这个问题，应从改革制度做起，该市主张铁路管理处、粮食局仓库应废止现行工资制度，重新制定工资等级标准、技术标准，通过测定，制定切实可行的先进的劳动定额及操作规程制度，然后组织工人按技术标准评级；工资形式可仍实行计件工资制；合理调整工时，采取工班制度，在正常工作时间内，如有待时不规定待时工资，待时工资按小时标准工资的 80% 支给。[④] 新中国初期，中央推行了数次工资改革与调整，以构建以按劳分配为原则的社会主义工资制度体系。但 1956 年工资改革后，很多地方开始批评搬运工的各项制度不符合按劳分配的原则。如南宫县反映在与各企业进行搬运货物计价上存在偏差，且未很好修订，未将工人付出的劳力与价格结合起来，工人不应得到的工资也计算在内，应多得没有多得，达不到按劳取酬、工资合理的要求。而企业反映搬运价格比其他县城较高，在执行价格上也未加以详细的调整，只分为装卸工作程序，按累计办法执行。现执行价

①《天津专署关于杨柳青镇目前搬运价格及工人工资水平问题的调查报告》，1957 年 11 月 6 日，河北省档案馆藏，档案号：932-1-169。

②《秦皇岛市工资调查研究报告（草案）》，1957 年 8 月 17 日，河北省档案馆藏，档案号：932-3-3。

③ 秦皇岛市劳动局：《关于搬运工人工资问题的调查研究报告》，1957 年 7 月 23 日，河北省档案馆藏，档案号：932-3-3。

④ 秦皇岛市劳动局：《关于搬运工人工资问题的调查研究报告》，1957 年 7 月 23 日，河北省档案馆藏，档案号：932-3-3。

格是包干，其中包括：加高、加速、过秤、装筐、倒筐等工作程序。这样包干若与其他县城对比，高低不等，均未按照工人“多劳多得”的精神，按货物性质的区别来计算工人的工资，这种大包干的办法，双方都感到不合理。①

第三，因搬运价格以及搬运工人工资制度等因素造成搬运工工资收入偏高，主张调整搬运工群体的工资收入。如秦皇岛市反映港务局、车站、地方国营铁路管理处都是交通运输部门，虽然经济类型不同，但是同一地区且工作性质相同的装卸工作，其工资水平相差很大，不够合理，这不仅在这三个单位之间相互影响，而且更主要的是因其工资偏高，影响了其他部门生产工人的劳动积极性，尤其是各部门中从事运输工作的工人和从事重体力劳动而技术性不强的打油工人的劳动情绪。②唐山市由于定额不同、单价或搬运费率不同，工人工资收入也出现高低不一现象，影响工人之间的团结，如开滦煤矿平均为 66.15 元，而钢厂平均则为 86 元左右，煤建公司平均为 100 元，服务站平均为 98.25 元，铁路平均为 90 元左右，而粮食加工则仅为 42 元。由于工资收入相差悬殊，工人之间相互有意见，如开滦唐家庄矿井下风钻工老周反映说：“我是煤工人每月收入 70 多元，而煤建公司卸煤工人倒收入 100 多元。”钢厂工人反映：“高温车间不如露天操作，钢厂技术工人不如煤建工资赚钱多。”③

关于搬运工群体工资收入调整与改革问题，河北省劳动工资委员会认为，这一群体因无统一机构管理，搬运价格标准多为各地自定，同时由于搬运工作，闲忙不定，因而确实存在各地搬运价格高低过分悬殊的混乱情况，而且 1956 年工资改革后，各产业工人都增发了工资，各地搬运工人也不断询问他们的工资如何改革。不过鉴于搬运工人尚无统一管理机构，情况又极为复杂，根据其工作性质也难断言其工资高低，但按其实得工资则比其他各产业工人工资都高，如何进行工资改革，很难提出方案。故此，河北省劳动

① 南宫县搬运工会委员会：《搬运工会基本情况》，1957 年 11 月 8 日，河北省档案馆藏，档案号：932-1-169。

②《秦皇岛市工资调查研究报告（草案）》，1957 年 8 月 17 日，河北省档案馆藏，档案号：932-3-3。

③ 唐山市劳动局：《关于搬运价格及搬运工人工资问题》，河北省档案馆藏，档案号：932-3-3。

工资委员会办公室的意见是暂时不进行全面工资改革，但可以地方为主，对搬运工人收入过高或过低者可由当地党委批准作适当调整。[①] 对此，各地政府多主张对搬运工工资收入进行调整，以实现地区及国民经济各部门间的收入平衡。如唐山市认为搬运工人搬运价格和工资收入不统一、不合理，相互影响较大，不过因历史根源，一时强求统一有困难，且搬运工人的性质不同也不宜强求统一，但同时强调不能长期下去，为逐步求得合理，应逐步进行整顿。[②] 又如秦皇岛市根据搬运工所属单位组织性质的不同提出不同改革举措，主张铁路管理处等企业内装卸工人工资水平可相当于产业工人八级制的四级工人的标准工资，如此既保证了工人的正常工资收入，消除了由于工资偏高对其他工人的影响，也对增加国家积累和降低运价起到一定作用。但汽车站所领导的两个合作社，因所有制的形成不同于其他企业，因此对解决合作社工资水平下降的问题可采取提取劳动福利费、公益金的办法来解决，一方面可以增加社内积累，借以提高社员老弱病残者的待遇标准，另一方面也可用于解决社内运输工具不足，无力购置的问题，也有利于社的巩固和发展。[③]

这里值得一提的是，各地政府在提出调整搬运工群体工资收入的同时，也强调改革的循序渐进，保证搬运工人的利益。如秦皇岛市认为铁路管理处装卸工人工资 1956 年平均 90~100 元，显然相差悬殊，但因一次降低过多，工人不易接受，因此，提出铁路管理处装卸工人工资可降低到 60 元左右比较合适，相当于该处六级工人工资，且主张装卸工人新定工资标准，等级不宜过多，级差不宜过大，一般可划分三个等级，级差在 10% 左右为宜。[④] 唐山市也强调煤建公司等企业实行正轨计件工资制时要适当考虑工人现时收入情况，不要过多降低工人收入，而关于服务站的搬运价格问题亦应考虑工人

① 河北省劳动工资委员会:《关于搬运工人是否进行工资改革问题》，1957 年 1 月 19 日，河北省档案馆藏，档案号：932-1-181。

② 唐山市劳动局:《关于搬运价格及搬运工人工资问题》，河北省档案馆藏，档案号：932-3-3。

③ 秦皇岛市劳动局:《关于搬运工人工资问题的调查研究报告》，1957 年 7 月 23 日，河北省档案馆藏，档案号：932-3-3。

④ 秦皇岛市劳动局:《关于搬运工人工资问题的调查研究报告》，1957 年 7 月 23 日，河北省档案馆藏，档案号：932-3-3。

劳动保险和年老退休的老年工人今后生活问题。不过因这一问题牵涉面较广，市级政府不宜处理，主张应由省和有关部门协商处理，或拟出原则意见，指示当地有关部门共同处理，关于铁路方面亦应本着市服务站搬运价格整顿原则处理，但此单位牵涉面更广，可由省局建议中央铁道部考虑解决。[①]

三、搬运工群体工资“合理性”争议及其社会根源

通过前文所述，我们可知 1956 年工资改革后，搬运工群体收入虽然存在不同地区、产业间的差异，以及淡季旺季等因素的影响，但总体而言其工资收入颇高，生活水平亦远在其他职工群体之上，这也引起了搬运工群体收入合理性的广泛争议。而政府层面将这一群体高收入的根源归结于其落后的带有强烈个体经济色彩的分配制度，主张对其收入进行调整并进行制度改革。应当说这一分配体制与新中国初期社会主义工资制度构建理念存在冲突，而 1956 年按劳分配的社会主义工资制度初步确立后这一冲突便凸显了出来。换言之，搬运工人工资收入“合理性”争议其本质即是社会主义工资制度合理化构建问题。

综观新中国初期我国历经数次工资制度的改革与调整，而 1956 年工资改革“就是要较多地增加工资的基础上，根据按劳取酬原则克服过去工资制度中某些不合理不统一的状况，贯彻统一的工资政策，建立起比较统一、比较合理的工资制度”[②]。这也是此次改革一个鲜明的特征，即通过改革初步建立起社会主义工资制度。那么，这种比较统一、比较合理的社会主义工资制度如何构建？

从新中国工资改革实践来看，这种合理化工资制度的构建主要有两个原则：按劳分配原则与符合国民经济发展需要原则。正是在按劳取酬目标的指引下，“合理”不仅是在搬运工人及搬运价格讨论中所追求的目标，也是新中国初期历次工资改革与调整所追求的价值理念，“合理”一词亦成为历次工资制度改革与调整中使用最为频繁的词汇之一。同样按劳分配成为

① 唐山市劳动局:《关于搬运价格及搬运工人工资问题》，河北省档案馆藏，档案号：932-3-3。

②《李富春副总理在全国工资会议上的报告（记录）》，1956 年 5 月 20 日，河北省档案馆藏，档案号：933-1-558。

衡量收入分配是否合理的根本标准，因此，之前一些合理存在的政策与现象，随着按劳分配原则的逐步确立及深入人心也渐渐变得不合理。比如新中国成立初期工资改革与调整中考虑高工资成因的多样性、复杂性，中共中央对这部分高工资人员采取了保留工资政策，实施之初对保证部分职工生活水平，以及稳定社会秩序、推进改革的顺利进行确实发挥了很大积极作用。但 1956 年工资改革后保留工资成为一个突出的社会问题饱受争议，地方政府及基层厂矿纷纷主张取消，其根源正是因为这一制度从根本上说违背了按劳分配原则。

除按劳分配原则外，根据国民经济发展需要调整各产业及地区之间工资关系，也是新中国初期工资制度合理化构建中的重要原则之一。正如时任国务院副总理李富春在全国工资会议上所言："国家经济建设的每一个时期应该有轻重缓急的分别，在经济部门方面、在经济地区方面有轻重缓急之分：不是全国如此，每一个部门都是如此。""在这样一个社会时期，根据经济建设的需要、经济发展的需要，工资上的所谓政策性，就是在工资上如何鼓励主要经济部门的发展，鼓励那些主要经济地区的发展，照顾人烟稀少地区的发展。"[①] 为此，1956 年中央指示根据各产业在国民经济中的重要性、技术复杂程度和工作条件的差异对各产业工资进行调整，同时实行工资标准的地区分类。由此也出现了 1956 年河北省工资会议上各地方及国民经济各部门围绕工资增长指标分配、工资标准及地区分类等问题争论不休的局面。其本质恰恰是寻求各方利益的最佳结合点，实现国家、地方及国民经济各部门间的良性博弈，换言之，即是根据国民经济发展需要平衡各产业、地区及人员之间的工资关系。[②]

所谓合理化的社会主义工资制度构建，可简要理解为根据国民经济发展需要调整的以按劳分配为原则的工资制度。正因为如此，革除平均主义成为历次工资改革与调整中一项重要任务，也是构建社会主义工资制度的基础。

①《李富春副总理在全国工资会议上的报告（记录）》，1956 年 5 月 20 日，河北省档案馆藏，档案号：933-1-558。

② 郑京辉：《1956 年工资改革中国家、地方及部门利益博弈：以河北省工资改革实施方案制定为例》，《中国经济史研究》2016 年第 5 期。

李富春批评说："平均主义思想，实际上是小资产阶级思想、农民思想，不是工人阶级的思想，它不合乎社会主义建设的需要。"[①] 他强调改革必须贯彻按劳取酬的社会主义原则，反对平均主义，"所以在社会主义时期，工资是有差别的，必须使熟练劳动与非熟练劳动之间，繁重劳动与轻易劳动之间在劳动报酬上要有差别。那就是工资系数不能太短，工资倍数不能太小，特别是像我们中国现在这样的国家正处在过渡时期与社会主义初期，更应当这样做。"[②] 由此可见，按劳分配原则与平均主义完全相悖，按劳分配某种程度上也意味着工资收入高低有序的体系。应当说，新政权以按劳取酬及国民经济发展需要为原则的工资制度合理化其本质就是按"劳"为标准的国民经济各部门职工收入高低有序的工资体系构建，而在这一体系构建过程中，克服平均主义成为历次工资改革的基本特征。如八级工资制、职务等级工资制的推行，其目的正是要通过物质刺激提高职工生产积极性，促进社会主义经济建设与发展。也正因为如此，1956 年工资改革后职工工资等级分化突显。正如杨奎松所言：中共党政干部收入分配制度在新中国成立前后有过重大变化，即从带有平均主义色彩的供给制，改成了等级差距较大的职务等级工资制。[③] 只是不仅仅是中共党政干部，1956 年工资改革后纳入体制内的企事业单位职工工资等级分化皆日渐鲜明。

通过以上论述，可知新中国初期合理化社会主义工资制度构建的核心理念包括：秉持按劳付酬原则，反对平均主义，服务国民经济建设需要。也就是说在制度构建中国家承认工资差异，并以此作为刺激生产、提高劳动生产率的物质激励方式。1956 年工资改革，这一合理化的以按劳分配为原则的工资等级体系初步建立，然而搬运工与其他职工群体工资收入日渐悬殊又缘何引起社会广泛争议及政府层面对其收入与分配制度"合理性"的批评？从表象来看，这与新中国初期中共中央工资制度改革中所秉持的克服平均主义理

①《李富春副总理在全国工资会议上的报告（记录）》，1956 年 5 月 20 日，河北省档案馆藏，档案号：933-1-558。

②《李富春副总理在全国工资会议上的报告（记录）》，1956 年 5 月 20 日，河北省档案馆藏，档案号：933-1-558。

③ 杨奎松：《从供给制到职务等级工资制：新中国建立前后党政人员收入分配制度的演变》，《历史研究》2007 年第 4 期。

念相悖，是试图再次拉平各职工群体间的等级差异。但事实上地方政府对搬运工群体工资收入调整的主张，并非否定职工群体间的工资差异，恰恰相反，其实质是将搬运工群体的工资纳入按劳分配为原则的等级工资体系内，其工资制度合理性的追求最终结果是不断强化和扩大1956年工资改革所构建的工资等级体系。如南宫县搬运工会提出，在计算价格上是以重量为计算依据，而工资发放是平等分配不是按劳取酬，更不分技术高低、体力的强弱均是一样分配，这样不能发挥工人在生产中的积极性，克服这一缺点的初步意见是计划按照按劳取酬的基本方针评出等级或工分制来分配工资，达到工资合理的发放以刺激生产积极性。①

搬运工群体工资改革后之所以成为众矢之的，其根源就在于1956年工资改革基本确立起我国社会主义按劳分配为原则的工资制度，初步形成了以按劳分配为原则的工资等级体系，而搬运工群体并未纳入此次工资改革，其工资收入仍游离在等级工资体系之外。也正因为如此，新中国成立之初，中国共产党虽然通过消灭脚行剥削，以及承揽业务和分配所得完全由工人自己评议决定，改善了工人的生活，并由此获得了工人利益需求的认同。②但是，这种分配方式在1956年工资改革后却被认为是落后的工资制度受到广泛批评，且被认为是其工资收入偏高的根源之一。如秦皇岛市劳动局认为车站装卸作业所、铁路管理处、粮食局仓库装卸工人工资水平偏高问题主要是由于工资制度不合理产生的。铁路管理处装卸工人的装卸费除提取25%的管理费（其中：6%的税金为国家收入，19%用于这部分工人的行政管理、劳保、福利、工具等费用）外，其他部分全部作为工资分配。而这样提取分配的办法被秦皇岛市劳动局认为“是不合理的，不但给国家积累财富不多，而且由于工资水平偏高，也影响该处的其他工人”③，且“这种落后的工资制度对工

① 南宫县搬运工会委员会:《搬运工会基本情况》，1957年11月8日，河北省档案馆藏，档案号：932-1-169。

② 邓红，齐凯君:《新中国建立之初政治认同的构建——以天津搬运工人为例（1949-1956）》,《河北大学学报》2014年第2期。

③ 秦皇岛市劳动局:《关于搬运工人工资问题的调查研究报告》，1957年7月23日，河北省档案馆藏，档案号：932-3-3。

人正常生活没有保证，不应允许存在”[①]。

应当说1957年搬运工工资收入的争议及其工资制度的否定是1956年工资改革的遗留问题。虽然1956年工资改革初步确立起按劳分配的社会主义工资等级制度，搬运工群体工资收入的争议也反映出新中国成立初期确定的按劳取酬原则至1956年工资改革后已经深入人心，但制度的改进与建设又必将是一个长期的任务。一方面，1956年社会主义改造，搬运工虽然进行了一定程度的集体化，组织了工会，但从其工资制度层面来看，仍带有较强的个体经济的色彩；另一方面，按劳分配原则中“劳”这一标准无论是定性还是定量上都很难确定，既要区别地区之间、产业之间、工种之间的差别，又要考虑工作环境、工作强度、工作效率、劳动者个体差异等因素。换言之，即是这种按劳分配为原则的等级工资制的构建只能是逐步趋于“合理”的过程。正如1956年工资改革中河北省委就各地方及国民经济各部门对工资标准地区分类问题争论不休时提出：“这样解决，不合理现象依然存在，但应当指出：大小城市之间、城市与乡村之间是要有差别的。问题虽然存在，而只好是也只能是逐步地解决，一下子处理得很妥当，解决得很完美，这是不可能的。”[②]故此，时任劳动部部长马文瑞在全国工资会议上总结指出：“改进工资制度不能脱离当前的现实情况，不能强求一步改革得完全合理，而应该是做到前进一大步，这就是富春同志所讲的建立起来比较统一、比较合理的工资制度。”[③]

综而观之，新中国初期以按劳分配为原则的等级工资体系的构建必然是一个工资制度逐步趋于统一的过程。1956年工资改革也强调其动因之一即是工资制度中仍存在不统一不合理的现象，此次工资改革“就是要克服工资制度中的平均主义、不统一等不合理现象，建立各产业内部基本上统一合理的

①《秦皇岛市工资调查研究报告（草案）》，1957年8月17日，河北省档案馆藏，档案号：932-3-3。

② 河北省工资会议秘书处编：《工资改革简讯》（会议简报）第9号，1956年7月28日，河北省档案馆藏，档案号：932-2-245。

③ 河北省工资改革委员会翻印：《马文瑞部长在全国工资会议上的发言（记录）》，1956年4月6日，河北省档案馆藏，档案号：933-1-558。

工资制度，进一步贯彻按劳付酬的原则”[①]。由此可见，在社会主义工资制度合理化构建中，制度的不统一被视为不合理，搬运工的工资争议不仅仅是收入差异问题，其本质应是不同分配制度间的冲突。1956 年工资改革基本形成了以按劳分配为主要原则，有着各行业技术标准及工资等级标准的符合当时国民经济发展需要的工资体系，这一体系内的职工根据各自的技术标准评定相应的工资等级，并形成国民经济各部门及不同职工群体间工资收入的大体平衡。而搬运工群体并未被纳入此次改革，应当说其既无统一的行业技术标准，又无工资等级标准，仍游离在 1956 年所构建的工资体系之外的这一分配方式，不仅不符合当时按劳分配的社会主义工资制度构建理念，被视为“工资发放是平等分配不是按劳取酬”[②]，而且其高工资收入也打破了行业及职工群体之间的收入平衡。正因为如此，应当说搬运工带有极强个体经济色彩的分配方式与新中国初期工资制度合理化构建相悖，对其工资收入的调整及分配制度的改革势在必行。然而遗憾的是，1956 年工资改革后，这一仍待完善的工资制度在政治运动中受到冲击，中央与地方虽进行了诸多艰难且有益的探索，但至 1966 年被迫中断。1978 年改革开放后，按劳分配为原则的工资体制才又重新得以确立，并随着市场经济体制的改革与探索，逐步形成了以按劳分配为主体、多种分配方式并存的分配体制。综观新中国成立 70 多年来我国社会主义工资制度构建经历了一个长期与曲折的探索历程，而新中国初期适应当时国民经济需要所构建的工资体系，虽然仍有不完善的地方，但无疑为之后工资制度改革打下良好的基础。

小　结

新中国成立后，新政权开始对搬运行业的集体化改造，工会的基层组织纷纷建立。并以此为依托和纽带，实施搬运工人的劳动保护、社会救济和其他福

① 中华全国总工会工资部:《工资改革提纲（修正稿）》，1956 年 5 月，河北省档案馆藏，档案号：933-1-558。

② 南宫县搬运工会委员会:《搬运工会基本情况》，1957 年 11 月 8 日，河北省档案馆藏，档案号：932-1-169。

利待遇，增强了搬运工人的归属感和认同感。正因为如此，加之国民经济的恢复与发展，搬运工群体数量变化及规模虽存在一定区域性差异，但总体趋势在不断攀升，特别是工业发达的市镇增长较快。从搬运价格来看，其确定的主要依据是按货物性质、价格、体积、整装、零装、易损程度为原则，各地区执行标准不一。但从新中国初期河北省搬运价格变动来看，随着搬运工群体的组织化加强，其搬运价格经各地区数次调整逐步趋于统一。从搬运工群体工资收入水平来看，新中国成立后搬运工群体整体收入逐年提升，但不同地区及组织亦存在较大的收入差异，这种差异并不因体制内或体制外而决定，体制外的散工甚至高于企业的固定工人。不过相对而言，因体制内搬运工人工资收入较为稳定，体制内固定工作依然对大多数搬运工具有很强吸引力。除工资收入外，搬运工群体也享受一定的劳保福利待遇。除体制内正式职工享受单位福利待遇外，大多数搬运工群体其福利费来源，主要是从其总收入中提取一定比例以作为福利费，而提取的比例各地区及部门多不相同；从福利费使用范围来看，主要包括工人伤、残、退休、葬埋、生活救济、喝水等。

综而观之，1956 年工资改革后，搬运工群体收入虽然存在不同地区、产业间的差异，以及淡季旺季等因素的影响，但总体而言其工资收入较高，生活水平亦远在其他职工群体之上，这也引起搬运工群体收入合理性的广泛争议。政府层面：第一，认为搬运价格不合理，且是造成搬运工群体收入偏高的重要因素，主张重新修订统一全省搬运价格；第二，搬运工人工资制度不合理，违背了按劳分配原则，主张革除旧的工资制度；第三，因搬运价格以及搬运工人工资制度等因素造成搬运工工资收入偏高，破坏了不同职工群体间的工资关系，主张调整搬运工群体的工资收入，以实现地区及国民经济各部门间的收入平衡。简言之，1956 年工资改革后，搬运工人工资收入“合理性”争议，究其根源，在于 1956 年工资改革基本确立起我国社会主义按劳分配为原则的工资制度，初步形成了以按劳分配为原则的工资等级体系，而搬运工群体并未纳入此次改革，其工资收入仍游离在等级工资体系之外。地方政府对搬运工群体工资收入调整的主张，并非否定职工群体间的工资差异，恰恰相反，其工资制度合理性的追求最终结果是不断强化和扩大 1956 年工资改革所构建的工资等级体系。

第七章　1956年工资改革中的制度构建与问题遗留

新中国之初，历经数次工资制度改革与调整，1951 年第一次全国性工资改革实行工资分制，其间对供给制进行调整，推行大包干、小包干，进而推行薪金制，在此基础上 1956 年进行了第二次全国性工资改革。此次改革“就是要较多地增加工资的基础上，根据按劳取酬原则克服过去工资制度中某些不合理不统一的状况，贯彻统一的工资政策，建立起比较统一、比较合理的工资制度”①。一个总的特点“就是要通过改革，初步建立起社会主义的工资制度”②。不可否认此次改革的重要意义，然亦有不尽完善之处，产生了一些遗留问题。如等级工资制推行中等级差距增大及新平均主义，国民经济各部门、地区及人员工资关系上新的矛盾与冲突，以及改革后职工货币工资与实际工资的非对称性增长等问题。本章即主要探讨 1956 年工资改革在工资制度、工资关系及工资水平等方面制度构建及问题遗留，进而探讨其形成的根源。

第一节　按劳分配工资制度构建及遗留问题

构建以按劳分配为主要原则的社会主义工资制度是 1956 年工资改革的重要任务之一。总体而言，此次改革取得了巨大的成功，不过在推行技术等级标准、八级工资制、职务工资制等新制度过程中也出现了一些缺点与遗留问题。

---

① 河北省工资改革委员会翻印:《李富春副总理在全国工资会议上的报告（记录）》，1956 年 5 月 20 日，河北省档案馆藏，档案号：933-1-558。

② 河北省工资会议秘书处印:《胡开明副省长在河北省工资会议上的报告》，1956 年 7 月 20 日，河北省档案馆藏，档案号：933-1-558。

一、产业工人工资等级制问题

（一）技术等级标准问题

技术等级标准是制定工资等级标准的基础。随着生产技术水平的发展及新工资制度推行的需要，此次改革对技术等级标准进行了修订，但各地区在贯彻执行中也出现了不少问题。此次改革中石家庄市专业化生产企业仍按一般企业技术标准评定工资，因技术标准不切合实际，评定时很难掌握，该市建议省局和有关部门应制定专业化生产的技术标准。[①] 武安县反映该县绝大部分厂矿企业工人技术等级标准施行中一般都符合企业实际生产情况，起到了刺激工人提高技术及生产效率的作用，不过也有一些企业出现一些问题，如铁工厂工人反映技术标准高（特别是四、五、六级工），且依据标准衡量原级也有缺陷。究其原因，受客观条件限制，很多厂生产条件和机械设备不足，缺乏精细机械制造设备，如修理钳工六级工必须掌握一般精细机床的检修方法及基本原理，但所需的研磨设备该厂没有；五级翻砂工必须掌握生产铜铝及防止废品的方法和技术，工人反映难以做到。[②] 这也反映出在技术标准上有某些地方还不够实际，特别是在应知理论部分要求过高，对文化水平较低的劳动技术工人起不到鼓励作用。再有流水作业工厂中一些专业性质较强的工种用全面要求的技术等级标准不适合，很多地方提出需要适当改进。如承德市提出执行技术等级标准与实际情况相结合不够，一些技术较高的工人由于文化水平低，对应知技术理论部分理解较为困难，经过技术标准衡量一般均不合乎晋级条件，致使此次工资改革 6 级以上的工人晋级较少。[③]（参见表 7.1）

①《石家庄市工资改革总结》，1956 年 12 月 16 日，河北省档案馆藏，档案号：933-4-349。

①《武安县工资改革工作总结》，1956 年 11 月 21 日，河北省档案馆藏，档案号：933-1-555。

②《承德市工资改革工作总结》，1956 年 12 月 30 日，河北省档案馆藏，档案号：933-1-558。

表7.1　承德市工业、基建、运输系统工人晋级情况统计表

金额单位：元

系统	3级以上工人晋级情况			晋级面%	6级以上工人晋级情况			晋级面%
	原有	不动	晋级		原有	不动	晋级	
合计	817	599	218	26.7	167	153	14	8.4
工业局	390	266	124	31.8	106	97	9	8.5
基建	341	291	50	14.7	35	35		
运输	86	42	44	51.2	26	21	5	19.2

资料来源:《承德市工资改革工作总结》，1956 年 12 月 30 日，河北省档案馆藏，档案号：933-1-558

注：3 级以上工人晋级情况一项中，工业局“不动”与“晋级”人数测算为 390 人，3 个单位合计“不动”与“晋级”人数测算为 817 人，相差 100 人，不排除在“不动”与“晋级”之外有降级或其他情况，档案中并未说明，故保留了档案中的原始数据

总体而言，河北省在贯彻实行统一的技术等级标准中主要存在以下三方面问题：第一，技术等级标准要求全面化和工人工作专业化间的矛盾，有的工人经常从事一种高等级的专业工作，而其他方面则达不到高等级的水平，也有的新工人从一开始就做一种专业工作，如调动至其他工作岗位通常很难胜任，还要从头学起。故此，工人对此次改革中考工评级全面要求很不满意，认为以前领导上不让做，现在全面考评是与工人为难，也有人提出批评，认为以前领导上对工人“光使不教”。第二，基层单位在具体贯彻统一的技术等级标准中出现了不完全符合单位实际情况的现象，有的单位有设备，也做这种工作，但技术标准上没有，有的技术标准上有要求，而本单位没有那种设备，也不做那种工作。第三，有的产业在技术等级标准上要求是统一的，但由于企业规模的大小不同，工资标准并不一样，出现了同工种、同等级、做同样工作的工人，因为所在的企业不同拿不到同样的工资，从而引起部分职工的不满。

针对以上问题，河北省工资改革委员会进行了认真的反思。其一，针对技术等级标准要求全面化和工人工作专业化的矛盾问题，此次工资改革中是由各企业根据实际情况酌情处理，进行专业生产工人的等级是在其能

够达到的等级和所做的高级工作之间确定。河北省工资改革委员会要求今后还应继续进一步解决这个问题，有条件的应实行岗位工资制，没有条件的应对工人加强全面技术教育，提高工人的技术水平。其二，统一技术等级标准贯彻中与基层单位实际情况不符合问题，河北省工资改革委员会要求：既需要进一步修订统一的技术等级标准，使之更符合各单位的实际情况，又须给各单位一定的机动灵活权力，允许其在保证统一技术等级标准要求的质量水平、原则下，制定补充技术等级标准。其三，针对统一技术等级标准下因企业工资标准差异而形成的同工不同酬问题，河北省工资改革委员会要求："今后在制定技术工人的工资标准时，不应从企业规模上去考虑，主要的应根据技术要求来规定工资，尽量采用按工种统一规定技术等级标准和工资标准，使两者最大限度地吻合起来。"①

（二）等级工资制度的构建问题

工资等级制度是贯彻按劳分配原则的基础，而新中国初期国营企业中工人的工资等级制度存在工资标准数目繁多、等级系数混乱、技术等级标准不统一等诸多问题。因此，1956 年工资改革一项重要任务即按产业统一规定工人的工资标准、工资等级表和技术等级标准，使工资等级制度趋于统一合理，进一步符合按劳付酬的原则。如河北省为了改变工资等级制度上等级多、差额小的弊端，进一步推行强化了产业内八级工资制，在制定产业内工资标准的同时适当加大了等级系数，扩大了高等级和低等级工人之间标准的差额，借以刺激工人积极学习技术，提高技术水平。

应当说，1956 年工资改革根据各产业的特点，按产业分别规定不同的工资标准，在同产业中同类型设备的企业执行统一的工资制度，对贯彻同工同酬、纠正厂矿之间同工种不同工资的不合理现象有一定积极作用，这比之前不分产业混在一起按人员多少制定标准的办法有较大改进。但对所有产业笼统要求实行统一的八级（或七级）工资制也产生了一些不容忽视的问题，在一些生产单一产品或产品较固定的企业，对进行专业化生产和实行计件的

① 河北省工资改革委员会:《关于工资改革工作的总结报告》，1957 年 1 月 10 日，河北省档案馆藏，档案号：933-1-573。

工种也要按八级制的要求，在等级线上划分若干个等级，实行后并未能起到刺激工人生产积极性的效果。如石家庄针织厂漂染车间工人技术差别不大，有的工人评为四级，有的评为二级，工资改革之前，工人要完成工作后才下班，改革后，到下班时工人把未完成的工作一放就走；406厂制鞋底工人实行计件，也划分了等级，二级工与六级工做同样的工作，按同样的单价支付工资，有的二级工比六级工做的还多，但是到停工或请假时，才按等级支付工资，类似情况在一些产业，特别是轻工业尤为突出。[①] 对此，周恩来指出："目前实行的是八级工资制，级别少，而级差较大，好处是可以鼓励学习技术，但是，在不同的产业和不同的工种中，普遍实行八级工资制，是不合适的。"[②] 河北省工资改革委员会反思道：对于这种性质的产业和工种应考虑进一步进行改革，根据其产业和工种的特点，推行岗位工资制，不必机械地采用八级（或七级）制，应对这种类型产业的工资制度继续进行研究和改革，使之更符合于各该产业的特点，更能起到刺激生产的积极作用。[③]

二、职员及技术人员职务工资制问题

1956年工资改革前，国营企业中领导人员、工程技术人员和职员的工资制度一般按照干部条件和技术称号来规定工资，这就形成如工资和职务脱节、职务名称笼统、工资标准不分职责繁简等诸多弊端。如科员中有几十种职责繁简不同的职务，很多担任职责繁重工作和担任职责简易工作人员在工资上没有差别。故此，此次改革中央采取了职务工资制，要求企业职员和技术人员的工资标准，应根据其所担任的职务统一规定。如河北省根据企业的性质、规模、设备等情况，将企业职务工资标准划分为五类，分别规定了不同等级的工资；同时又在每个企业中根据职员和技术人员职务的重要性、责任大小、职责繁简等因素，对各种职务统一划分了几类，分别规定了不同的

① 河北省工资改革委员会：《关于工资改革工作的总结报告》，1957年1月10日，河北省档案馆藏，档案号：933-1-573。

② 周恩来：《关于劳动工资和劳保福利政策的意见》（1957年9月26日），中共中央文献研究室编：《建国以来重要文献选编》（第10册），中央文献出版社，1994年版，第583页。

③ 河北省工资改革委员会：《关于工资改革工作的总结报告》，1957年1月10日，河北省档案馆藏，档案号：933-1-573。

工资标准，并对每一类职务工资标准又划分了几个等级，而且为了照顾当时实际情况，规定高一级职务和低一级职务的工资等级线可以有交叉。[①] 但从执行情况来看，此次工资改革在制定职务工资方案及在实行过程中产生了一些偏差。

其一，因级差较大导致副级大量出现。此次改革为纠正平均主义倾向，减少了等级，增大了级差，一般职员有的只三个等级，每级相差八九元，但在厂矿里这些职员的工作差别并不大，改革前工资只相差十几分（折两三元），改革后如同样的记录员，工作任务相差无几，却有八九元的级差。[②] 因此，评级时很多企业采取了添加副级的变通办法，但副级并未体现在工资标准中，有些企业因此出现了新的平均主义现象。这一问题在各地工资改革中有较多反映。唐山市反映在干部工资方面由于现行工资较低，为了解决一次增资过多，按国务院一般不超过 20% 的原则，各厂一般在原工资标准的基础上增加了副级，少数人不好按原等级安排的即定为副级，个别人员还定在高级线以下。但有的单位由于过多地照顾了现行工资的情况，按现行工资定级，以致出现了副级过多的现象，如启新水泥厂一般职员级与级之间有的竟加了 6 个副级，平均主义仍然存在。[③] 又如武安县反映在炊事员等级标准方面有的差数较大，特别是炊事员人数多的单位，有个别人的等级是从上高从下低，很难确定，如良棉厂有一个执行 42 元的，既不是 6 级也不是 7 级。故此，该县认为除饭店做细饭较多，其他在工作上无太大差别，等级差额大执行中有些困难，同时也影响了炊事员之间的团结。[④]

其二，制定职务工资方案时各类人员的职责范围划分不清。承德市反映在执行工资等级标准上，职务工资制存在等级多、级差大、职务名称笼

① 河北省工资会议秘书处印：《胡开明副省长在河北省工资会议上的报告》，1956 年 7 月 20 日，河北省档案馆藏，档案号：933-1-558。

② 河北省工资改革委员会：《关于工资改革工作的总结报告》，1957 年 1 月 10 日，河北省档案馆藏，档案号：933-1-573。

③ 唐山市工资委员会：《关于工资改革工作的报告（初稿）》，河北省档案馆藏，档案号：932-3-138。

④《武安县工资改革工作总结》，1956 年 11 月 21 日，河北省档案馆藏，档案号：933-1-555。

统、缺少职责条例、体现不出生活与物价水平因素等问题。[①] 沧县反映发电厂的职务工资制不够合理，如配电盘工人，应高于司炉工人，但职务标准一样，一个四级配电盘工人比面粉厂八级制的四级司炉工人在工资系数上少 3.5 元。[②] 又如文安县粮食系统，企业里的业务级和卫生技术新工资等级标准与原等级标准有较大的差距，在此次工资改革中，有的卫生技术人员和粮食业务人员的工资按本人的条件应原级不动，但在新工资标准上没有相当原来工资水平的级别，如果定在上一格则增加工资较多，如定在下一格则减少工资较多，由此出现很多问题。[③] 河北省工资改革委员会反思说：有许多职名在职务登记表上没有列入，人员和科室分类多少不一，有的划分为五类，过于细致，以致难于区分；也有的划分为两类，除了计划科与生产科划为一类以外，其他如劳动工资、安全技术等科和总务、人事、保卫划在一起，又过于笼统，一些企业意见应划分为三类比较合适。[④] 因此，在企业评级时，有的人放到上一级有些高，增加工资过多，也影响别人，放到下一级又低，增加工资极为有限，虽然采取了加副级的办法，但并未体现到工资标准里面，也仅仅是暂时变通的办法。

其三，厂矿企业干部的工资与机关干部的工资等级差距加大。尤其是厂矿领导干部由于照顾到企业领导与被领导的工资关系，增资较大，与机关干部比较相差更大。如唐山发电厂厂长李某相当机关 14 级，原工资 129.33 元，比机关 14 级工资高 11.94%，新定工资 180 元，比机关新 14 级工资高 33.83%，即按升为 13 级比较，尚高于同级 19.21%；启新水泥厂科长田某相当国家机关 16 级干部，其原工资 100.50 元，比国家机关高 7.31%，新定工资 140 元，比国家机关高 30.23%。[⑤] 这也增加了企业与机关之间干

① 《承德市工资改革工作总结》，1956 年 12 月 30 日，河北省档案馆藏，档案号：933-1-558。

② 《沧县工资改革委员会关于工资改革工作的总结报告》，1956 年 11 月 24 日，河北省档案馆藏，档案号：933-1-555。

③ 《文安县工资改革工作总结》，1956 年 12 月 9 日，河北省档案馆藏，档案号：933-4-349。

④ 河北省工资改革委员会：《关于工资改革工作的总结报告》，1957 年 1 月 10 日，河北省档案馆藏，档案号：933-1-573。

⑤ 唐山市工资委员会：《关于工资改革工作的报告（初稿）》，河北省档案馆藏，档案号：932-3-138。

部调动的困难。对此，河北省工资改革委员会总结说：一方面，在企业与国家机关和非工业部门之间工资关系问题上，为了发展工业，鼓励干部到工业企业中去工作，使工资发挥其杠杆作用，对工业企业的生产管理人员规定较高一些的工资是必要的；另一方面，企业内部领导与被领导之间的工资关系问题，应该逐渐求得合理地解决，在工资上需要保持一定的比例关系，但是绝不能相差太多，更不能采取机械论的办法生搬硬套。①

总体而言，1956年推行的职务工资制度，在新中国初期以按劳分配为原则的社会主义工资制度构建中具有重要意义，但同时这一制度也存在诸多亟待解决和完善的地方。对这一问题河北省工资改革委员会《关于工资改革工作的总结报告》中说：“无论在制定标准上，还是在实行过程中，都有过高过急、急躁冒进的情况，特别是事先缺乏足够的思想准备，指导思想不明确，结果各搞一套，相当混乱，并且规定的标准都很高（尤其是国营企业），而对我国的工资历史情况和当前的现实条件考虑很少，以致脱离了工人也脱离了干部，影响了团结，弄得各方面都很被动，给工作造成许多困难。中央决定对这一问题进行纠正是非常必要的、正确的。但是经过一番变动之后，势必要产生比原来职务工资更加混乱的现象。”② 故此，河北省工资改革委员会提出今后还必须要有计划、有步骤地采取积极稳妥的办法加以改进。

三、国家机关工作人员晋级问题

国家机关工作人员调级是此次改革较为关注且颇有争议的问题。以石家庄市为例，先了解地方国家机关工作人员晋级的一般情况。该市根据局、科长级干部在职务等级线以下低两级以上的尽量达到等级线的精神一般的提两级。执行结果有两个副局长级干部越格升级达到了等级线（16级），市级副科长在等级线以下低两级以上者21人，越格升级者17人（22级升20级者14人，23级升21级者2人，24级升22级者1人），调整后有7人仍在等级

① 河北省工资改革委员会：《关于工资改革工作的总结报告》，1957年1月10日，河北省档案馆藏，档案号：933-1-573。

② 河北省工资改革委员会：《关于工资改革工作的总结报告》，1957年1月10日，河北省档案馆藏，档案号：933-1-573。

线以外，区级副科长越格升级者2人（23级升21级）。对等级线以外科员掌握的精神是一般的升一级，个别工作有显著成绩者可以升两级（但23级的科员只能升一级）。这是考虑到科员和办事员在工作上不易区分，同时科员在等级线以外者数字较大，若越格升级的人数增多必然会缩小调级面，同时影响面较大。所以，市级科员越格升级者仅有8人（24级升22级3人，25级升23级5人），市委、妇联干事24级升22级3人，25级升23级1人，办事员由28级升26级者1人，由29级升27级者1人，公安分局副股长由24级升22级者1人，区委干事23级升21级者1人，28级升26级者1人，厨师6级升4级者1人。总共越格升级者39人，占此次升级人数的3.7%。①

通过石家庄市国家机关工作人员晋级情况可知，该市根据工作人员的不同情况分类采取了不同的晋级原则，虽然很大程度上解决了部分人员长期未晋级的问题，但1952年以来长期未晋级者仍有276人，级职不称（在等级线以外）者95人，提职未提级者103人。② 具体而言，此次改革国家机关工作人员晋级遗留问题主要有以下两个方面：

第一，关于长期未晋级者升级问题。1952年后长期未升级人员的升级问题是这次调级的重点之一。应当说此次改革对这部分人员颇为照顾，各地区尽可能地扩大晋级面，不过仍有部分人员未能升级。石家庄市2270人中，据不完全统计自1952年以来未调级者624人（其中在职务等级线以外者61人）。此次石家庄调整348人，占自1952年以来长期未晋级人数的55.8%，占此次晋级总人数的33.2%，未调者276人，占总人数的12.1%。据监察、粮食、建设、财政、文化、教育、民政、税务、统计、建筑工程局、市委会、人事处、法院、检察院、团市委等16个单位的调查，共有干部1254人，经此次调级后，自1952年以来未调级者还有172人，占总人数的13.7%。③ 又如保定市国家机关行政开支的1102名干部中有190人自1952

① 石家庄人民委员会人事处：《关于1956年国家机关工作人员工资改革工作总结报告》，1957年1月21日，河北省档案馆藏，档案号：933-4-349。

② 石家庄人民委员会人事处：《关于1956年国家机关工作人员工资改革工作总结报告》，1957年1月21日，河北省档案馆藏，档案号：933-4-349。

③ 石家庄人民委员会人事处：《关于1956年国家机关工作人员工资改革工作总结报告》，1957年1月21日，河北省档案馆藏，档案号：933-4-349。

年评级后至1956年工资改革未能提级，[1]不过这部分人员未能升级的原因颇多，如石家庄市16个单位172名未调级者，其不能升级的原因除调级经费所限之外，有政治历史问题尚未结论者18人，长期脱职休养14人，有严重的个人主义不断犯错误的1人，级职相称者139人。[2]故此，该市认为考虑到有些干部的级别已达到职务等级线最高栏，或者虽非最高栏而若调整级别对其他人影响较大者不宜调整。总体而言，自1952年河北省职工干部普遍调级后，很多地区不曾再调级，由此也形成了一个较为庞大的长期未晋级人员群体，这一群体对工资改革的诉求也最为迫切。

第二，关于职级不称问题。解决长期积累的国家机关工作人员级职不称问题是1956年工资改革主要任务之一，不过受到增长指标的限制，此次改革中，级职不称问题并没有得到根本解决。如保定市1956年工资改革受省分配工资指标的限制，国家机关和商业部门等一些部门偏低，加之国家机关一般掌握“着重从面上解决问题”的原则，改革后国家机关行政开支的1102名干部中虽然45.19%的人员晋级，但升级者都是升一级。故此许多级职不称者升级问题并未完全解决，仍有86名干部在中央规定的职务等级线以下。[3]武安县也反映少数单位因受指标限制，仍存有达到晋级条件未能晋级的现象，以及晋级后仍没达到等级线的情况。[4]又如石家庄市在此次调级中因调级经费所限，采取按照“根据现职、结合德才、适当照顾资历”的原则，结合本单位同职务干部的级别情况进行全面考虑的办法，执行结果是提职提级者73人，占此次调级总人数的6.9%，有103人虽职务提升但没有升级，职级不称问题仍未完全解决。[5]正因为如此，这一问题也造成一些地方部分干

①《保定市工资改革委员会关于1956年工资改革工作总结》，1956年11月30日，河北省档案馆藏，档案号：932-3-138。

② 石家庄人民委员会人事处：《关于1956年国家机关工作人员工资改革工作总结报告》，1957年1月21日，河北省档案馆藏，档案号：933-4-349。

③《保定市工资改革委员会关于1956年工资改革工作总结》，1956年11月30日，河北省档案馆藏，档案号：932-3-138。

④《武安县工资改革工作总结》，1956年11月21日，河北省档案馆藏，档案号：933-1-555。

⑤ 石家庄人民委员会人事处：《关于1956年国家机关工作人员工资改革工作总结报告》，1957年1月21日，河北省档案馆藏，档案号：933-4-349。

部的情绪波动。如保定市反映，该市国家机关工作人员职级不称的问题比省直机关国家工作人员更为突出，由于同处一域，由此产生一些很难解决的思想问题。[1]唐山市在非工业部门国家机关中因受增资指标的限制，一些应晋级人员在这次工资改革中也未得到晋级，有的从1952年以来长期未能晋级。该市对这部分人员进行了说服教育，并以福利费适当补助了生活上有困难的人员，但仍未能彻底解决他们思想上的问题。[2]

第二节　工资关系的完善及遗留问题

调整工资关系是1956年工资改革重要任务之一。经此次改革，工资关系有很大改善，更为符合国民经济发展的需要。不过在不同产业、地区及人员工资关系上也仍存在一些遗留问题。

一、国民经济各产业及部门工资关系

（一）产业间工资关系问题

根据国民经济发展需要调整各产业及部门间的工资关系是此次改革的重要任务及目标之一。中央指示，此次改革应根据各产业在国民经济中的重要性、技术复杂程度和工作条件的差异，使重工业企业比轻工业企业、直接生产部门比其他部门的工资有较大的提高。据此，河北省工业厅工资改革初步方案测算，1956年重工业的平均工资增长16.37%，轻工业的平均工资增长10.5%，在不包括教育和供销合作社系统的非工业各部门中，职工平均工资增长为11.2%。[3]

从改革效果来看，基本改变了旧制度遗留的轻重工业工资关系倒置的问

---

①《保定市工资改革委员会关于1956年工资改革工作总结》，1956年11月30日，河北省档案馆藏，档案号：932-3-138。

② 唐山市工资委员会:《关于工资改革工作的报告（初稿）》，河北省档案馆藏，档案号：932-3-138。

③ 河北省工资会议秘书处印:《胡开明副省长在河北省工资会议上的报告》，1956年7月20日，河北省档案馆藏，档案号：933-1-558。

题，调整后的各产业间工资关系与国民经济发展的关系更趋于合理，不过一些产业及地区仍存在许多问题。如石家庄市反映，产业间工资关系虽大体上合理，但细致分析仍有不足，该市认为货车工厂一级工资率 32.5 元，高于电业局、动力厂 0.5 元，406、402 工厂机修工一级工资率执行 32 元，与电业局工人相同，工业局木器厂、机砖厂一级工执行 30 元标准，低于土建工人 2.64 元，药厂生产工人一级工资率 30 元，以及美术社和日报社执行同一标准，皆不妥当。石家庄市根据产业的性质、在国民经济中的作用及原规模大小提出意见：电业局、动力厂、货车厂执行同一标准，或电业局、动力厂执行标准稍高于货车，406、402 两厂机修工人一级工资标准应执行 31 元标准，河北药厂一级工资率提为 21 元，木器厂、机砖厂一级工资率应执行 31 元标准，美术社一级工资率应稍高于报社工厂。① 又如文安县反映农业、水利技术级别和卫生技术级别的工资关系没有理顺，特别是同等专业学校毕业的农林、水利干部和卫生技术干部，在报考条件和学习期限都相同的情况下，分配工作实习 6 个月后定级，卫生技术人员定为卫生技术 17 级（42.5 元三类地区），而农业、水利技术干部定为国家技术人员 15 级（39 元）。该县认为按工作繁简和工作量来说，农业、水利干部比卫生技术干部更为艰苦和劳累，故这一工资关系不合理，同时提出一般卫生技术干部和其他系统的工资关系也应理顺。②

（二）国营工业和地方工业工资关系问题

1956 年工资改革在同类性质、规模相同的厂矿单位中，地方工业生产管理人员的工资标准均较国营为低，这一工资关系引起一些地区的不满。如石家庄市有些地方工业的干部认为：有亲娘，有后娘，不同等看待。另据中央规定国营企业职员最高工资为国家机关 10 级，省规定地方国营企业为 12 级，而从石家庄市各厂厂长条件看（国营厂级领导最高 12 级，地方国营厂级领导最高 13 级）这一规定较高。因此，在掌握国务院规定技职人员增加工资幅度不超过 20% 原则时遇到了很大困难，对国家机关也有很大

①《石家庄市工资改革总结》，1956 年 12 月 16 日，河北省档案馆藏，档案号：933-4-349。

②《文安县工资改革工作总结》，1956 年 12 月 9 日，河北省档案馆藏，档案号：933-4-349。

影响。石家庄市认为一般国营厂矿职员最高工资标准定为11级，地方国营厂矿最高定为12级为宜。[①] 对这一问题河北省工资改革委员会提出："地方工业的工资标准已经相当高了，石纺厂长最高工资188元，比国家机关省一级的厅长最低等级线还高两级多（较11级高2.5元），动力厂厂长最高工资196元就更高了，这两个厂都受省工业厅的各专业局领导，这些专业局的局长最高只到12级，他们自然就不能再赶国营了。"不过河北省工资改革委员会同时提出根据中央新的精神，这一问题会进一步改善，"今后制定国营工业生产管理人员的工资时，应该适当照顾地方，同时，也还必须与国家机关取得一个大体上相适应的水平，不然影响相互调动干部，从非工业部门一调去来个连升三级，回来又得降；或者保留。有人说：这样调上几调就飞上去了。这样的关系问题，是值得考虑研究的。"[②]

（三）非工业部门间工资关系问题

非工业部门工资关系上，1956年工资改革中也存在一些问题。如国营商业与合作社营商业的工资标准各自制定了一套标准，结果同一地区两个部门中经营售卖同样商品的营业员，工资不一致，此高彼低。虽然工资标准上差别不多，营业员的意见却不少，认为都是一样的营业员，不同样的看待，厚此薄彼。此外，在商业营业员的分类上也有值得商榷之处。如此次改革将经营仪器的营业员划为第一类，经营蔬菜、民用五金电料、煤炭等营业员划为第三类。这引起经营蔬菜等三类营业员的不满，提出仪器营业员虽然需要有一些专业知识，但顾客不多，每天的工作量比较少，同时所经营商品易于保管，而三类营业员也需要具有一定的业务知识，且每天的工作忙碌、繁重，工作环境亦脏，对一些商品还需加意进行保管，付出的劳动量较大，给企业创造的价值较多。故此，许多经营蔬菜等三类营业员情绪不稳，不愿再继续干这一工作，纷纷要求去做"又轻又闲又不脏"的工作，认为经营仪器的营

①《石家庄市工资改革总结》，1956年12月16日，河北省档案馆藏，档案号：933-4-349。

② 河北省工资改革委员会：《关于工资改革工作的总结报告》，1957年1月10日，河北省档案馆藏，档案号：933-1-573。

业员不劳或者劳动量少，而工资高不合理，不符合按劳取酬原则。[①] 此外，唐山市反映，在商业系统由于行政人员与业务人员执行两个工资标准，形成基层（门市部）领导人员与业务人员的工资关系不相称的问题，出现了业务人员工资高于门市部经理的情况。但大部分经理是由较优秀的业务人员提拔而来，如业务人员评为二类，其中二类二级（售货员）工资为51.6元，二类一级为60.5元，而门市部经理一般为22级干部，其工资仅54.5元。[②]

对以上问题，河北省工资改革委员会认为，除没有国营商业的县以下基层合作商业应单定标准外，在商业方面也应不分经济类型，凡条件相当者均应制定统一的标准，以避免相互间的影响，且工资标准上的级差大也应适当改进。同时河北省工资改革委员会提出，商业营业员分类问题尤应注意，如果不能激发他们对本身工作的兴趣，不能在工资上很好地稳住这部分人员，不能很好地鼓舞他们的积极性，将会影响广大群众的日常生活问题，故需加以研究改进。该委员会主张各类营业员的工作标准，按照现实情况一般不应相差过多，或者可以大体相同，对有特殊技术者则应定得高一些，给这些人规定高一些的工资，群众能够心服口服，并且还可以鼓励群众向这部分人员学习，而提高自身的技能。[③]

（四）国家机关与非工业部门间工资关系问题

1956年工资改革中国家机关与非工业企事业部门的工资水平相差不多，非工业企业、事业部门行政人员的工资与国家机关执行相同的标准。应当说这一工资关系是可行且恰当的，因为在工作性质上、干部配备上国家机关与非工业企事业部门大体上相差不多，故此一般来说，在工资标准上也不宜有所差别。但是1956年工资改革中有人提出要“工业高于非工业，非工业高于国家机关”。对此，河北省工资改革委员会认为：这种非工业高于国家机

① 河北省工资改革委员会：《关于工资改革工作的总结报告》，1957年1月10日，河北省档案馆藏，档案号：933-1-573。

② 唐山市工资委员会：《关于工资改革工作的报告（初稿）》，河北省档案馆藏，档案号：932-3-138。

③ 河北省工资改革委员会：《关于工资改革工作的总结报告》，1957年1月10日，河北省档案馆藏，档案号：933-1-573。

关的意见是不恰当的。“因为要建设社会主义工业化国家，就鼓励干部在工业企业去工作，工业中的工资高一些是可以的，但是非工业企业、事业的情况不同，它与国家机关并没有什么两样的特殊情况，而国家机关是国家政权机关，领导并管理一切企业、事业，在国家机关中同样是集中了比较优秀的干部，他们的工作任务和担负的责任，有着更大的重要性，因此规定低的工资标准是不合理的。”① 此外，石家庄市对于企业干部高于国家机关一级左右这一原则提出异议，认为这一原则规定不符合职务工资的精神，给工作带来困难，更重要的是这样做的结果会出现新的不合理。②

不过从1956年河北省工资改革的实际结果看，虽然非工业部门的工资水平较全国低，但高于省内各级国家机关的工资增长。比较起来，国家机关增长水平最低，晋级指标最少，升级面也最小，以致许多同样条件的干部，在非工业部门升级，而在国家机关却升不了，甚至条件比较好的也得不到升级。全省许多地区还有一批国家机关干部受指标的限制应该升级而没有升级，仍有相当数量人员在职务等级线以下。比如此次改革中，国家机关工作人员工资增长9.26%，晋级指标5.5%，升级面30%~40%，而各个企业、事业部门晋级指标和升级面均在这个数字以上，而且国家机关中级职不称现象仍然存在，如保定市、天津专区还有10%左右的人员未纳入该职务的等级线以内，其他地区也有类似情况。③ 此外，在工资标准上基层干部和勤杂人员偏低，实际增加工资则更少，所以，有不少人反映国家机关的工资是“压在最底层”。

二、地区间工资关系问题

1956年工资改革取消了工资分及物价津贴制度，但我国经济发展不平衡所造成的地区之间物价、生活水平差异又是客观现实，而在规定企事业和

---

① 河北省工资改革委员会：《关于工资改革工作的总结报告》，1957年1月10日，河北省档案馆藏，档案号：933-1-573。

②《石家庄市工资改革总结》，1956年12月16日，河北省档案馆藏，档案号：933-4-349。

③ 河北省工资改革委员会：《关于工资改革工作的总结报告》，1957年1月10日，河北省档案馆藏，档案号：933-1-573。

国家机关工作人员的工资标准时，如何体现地区之间物价和生活水平差异问题上，1956 年工资改革中央采取了工资标准地区分类的办法，根据各地区生活水平、物价因素和现行工资状况，把国家机关和非工业部门的企事业单位的工资划分为 11 个工资区，即规定了 11 种货币工资标准。如河北省国家机关和非工业部门的企事业单位的工资共执行 4 种工资区的工资标准：张家口专区所属尚义、张北、崇礼、沽源、康保、商都 6 县实行六类标准；唐山、张家口、汉沽、通州 4 市和承德市及承德专区所属各县实行五类标准；保定、秦皇岛、石家庄、峰峰 4 市和良乡、丰润、静海 3 县的城关镇及杨柳青镇实行四类标准；其他地区均实行三类标准。[①] 此外，在所有地区工资水平都有所提高的前提下，此次改革较多地提高了重点建设地区的工资水平。

但从实际执行效果来看，此次改革所采取的工资标准地区分类办法并不理想，各地区为争取自身利益最大化在执行时各自强调一点，结果改革之初即纷争不断。以河北省为例，如石家庄与保定专区提出应照顾山区；沧县专区提出应照顾沿海；邢台市则强调物价不低于石家庄、保定，执行的工资标准类别亦应提高。[②] 而全省工资会议之后，虽经国务院批准提高了承德市、秦皇岛市、北京、天津、唐山周围一些县的工资类别，但问题并未完全解决，即便工资改革结束后一些地区仍提出异议。这些问题主要集中在两个方面：一是唐山市地区工资类别问题，石家庄、保定市认为物价水平、生活水平均不低于唐山市，甚至某些物价比唐山还高，要求与唐山一样划为五类；二是张家口专区的赤城、龙关、沙岭子镇，以及通县专区的平谷和唐山专区的昌黎等县，有的接邻高工资区，有的夹在高工资地区之间，地区条件、生活条件和物价水平均不相上下，要求提高类别。[③]

应当说工资标准地区类别的争议其实质是国家、地方及国民经济各部门间利益博弈的过程。究其根源，一个重要因素即是地区分类的原则和条件

① 河北省人民委员会:《关于工资改革的实施计划（草稿）》，河北省档案馆藏，档案号：933-1-558。

② 河北省工资会议秘书处编:《工资改革简讯》第 4 号，1956 年 7 月 23 日，河北省档案馆藏，档号：932-2-245。

③ 河北省工资改革委员会:《关于工资改革工作的总结报告》，1957 年 1 月 10 日，河北省档案馆藏，档案号：933-1-573。

不明确，致使各地方在执行时没有统一的衡量标准，而且无论是物价、生活水平或现行工资情况所划分的地区工资标准分类只能是寻求地区间相对的平衡。如河北省即主张以物价作为划分地区类别的主要条件与依据，而生活水平及现行工资只作照顾因素，以避免毗邻地区差距过大。① 中央也提出随着国民经济的发展，在全国范围内用以体现地区之间物价和生活水平差别的形式和办法应逐步趋向统一。② 河北省工资改革委员会认为，确定地区类别的原则应该将当地的生活条件（居住、饮食、交通、地区环境等）和物价水平统一进行考虑，不能单从生活水平或某一个条件出发来解决这个问题，如保定市、石家庄市和唐山市基本相同，应该一样，一些毗邻的县、市也应该大体平衡不要差距过大。③

三、各类人员工资关系问题

为了适应国民经济发展的需要，此次改革重要原则之一即是调整各类人员工资关系，如为了鼓励工人提高技术水平，较多提高了高技术工人的工资标准。李富春要求："通过工资这个武器来调配劳动力向重要部门、重要地区去，根据中国当前实际情况，应该有所区别，应该有所分析，就是说：调动技术工人、技术人员到重要地区走，必须适当地增加工资；调动一般工人，可以酌量增加工资；对劳动就业人员、失业人员、失业工人，可以稍增加工资或者不增加工资。"④ 据此，河北省要求一级工人一般提高 7.8% 左右，八级工人则提高 14.75% 左右，为了鼓励干部到企业中去，在干部条件相当的情况下，企业管理人员工资高于国家机关工作人员工资一级左右。⑤ 另根据

①《对劳动部"关于 1956 年工资改革工作的总结和 1957 年工资工作的安排的意见（提纲稿）"的意见》，河北省档案馆藏，档案号：932-1-180。

②《关于 1956 年工资改革工作的总结和 1957 年工资工作的安排的意见（提纲稿）》，河北省档案馆藏，档案号：932-1-180。

③ 河北省工资改革委员会：《关于工资改革工作的总结报告》，1957 年 1 月 10 日，河北省档案馆藏，档案号：933-1-573。

④ 河北省工资改革委员会翻印：《李富春副总理在全国工资会议上的报告（记录）》，1956 年 5 月 20 日，河北省档案馆藏，档案号：933-1-558。

⑤ 河北省工资会议秘书处印：《胡开明副省长在河北省工资会议上的报告》，1956 年 7 月 20 日，河北省档案馆藏，档案号：933-1-558。

中央关于“知识分子特别是高级知识分子的劳动报酬，应该根据按劳取酬的原则，适当地加以提高”的指示精神，河北省规定企业工程技术人员的实得工资一般高于同级管理人员的工资；对于工程师以上的技术人员，除了按照他们担任的职务实行职务工资以外，还要按照他们的技术能力和实际工作经验，加发技术津贴、特定津贴，或另定较高的工资标准。[①]

应当说，此次工资改革以按劳分配为原则对各类人员的工资关系作了进一步调整，一方面确实起到了刺激职工生产积极性的作用，但另一方面严格的等级划分也产生了诸多问题。1956 年工资改革后许多工人的工资水平已有相当提高，如河北省地方重工业的八级工人最高工资达到 107.2 元，从标准上来比较，重、轻工业间的工资关系轻重倒置现象一定程度上得到改善，但实际工资收入方面却仍然存在一些问题。[②]沧县反映邮电系统的生产管理人员工资系数太高，原平均工资 60.3 元，新平均工资 68.9 元，县局的代理局长 102 元，保卫干部 60.5 元，主任会计 73 元，会计员 65 元，而其他各公司和工厂企业的保卫干部工资，调整后一般为 40 多元，个别的为 50 元，工厂的总会计较高的 54 元，低的 40 多元，邮电管理人员的这一工资水平远高于其他单位，故此认为不够合理。[③]对此，河北省工资改革委员会《关于工资改革工作的总结报告》中认为：“一些产业（如纺织、建筑、邮电系统等）的工资水平已经比较突出，现在不但还继续影响重工业，而且也还影响着非工业部门、国家机关和农民，尤其是新建的纺织工业，一个新招收的普通纺织女工，工作三四个月之后，工资就达五六十元，而许多重工业的工人和国家机关干部工作了十几年了，也不过五六十元。”[④]因此，该委员会主张之后一个时期在这类企业应力求改善计件和奖励工作，随着生产的发展，保证工

---

① 河北省工资会议秘书处印：《胡开明副省长在河北省工资会议上的报告》，1956 年 7 月 20 日，河北省档案馆藏，档案号：933-1-558。

② 河北省工资改革委员会：《关于工资改革工作的总结报告》，1957 年 1 月 10 日，河北省档案馆藏，档案号：933-1-573。

③《沧县工资改革委员会关于工资改革工作的总结报告》，1956 年 11 月 24 日，河北省档案馆藏，档案号：933-1-555。

④ 河北省工资改革委员会：《关于工资改革工作的总结报告》，1957 年 1 月 10 日，河北省档案馆藏，档案号：933-1-573。

人工资有相应增加，而在工资标准上，除某些劳动工、低等级工的工资标准偏低者还可适当提高一些外，不宜再像此次工资改革不加区别的提高。

此外，根据国民经济发展需要对国民经济中各类人员工资关系的调整也产生了一些新的矛盾与冲突。如新中国成立初期为了发展工业，历次工资改革对工程技术人员照顾颇多，而财经人员工资标准相对偏低。1956 年工资改革在工业企业实行职务工资制度后，该问题虽得到一定程度的改善，但对财经人员的考虑依然不够。这也引起这部分人员的不满情绪，有些人常常说："男学工，女学医，学了财经没出息。"① 这一问题同样反映在国家机关、非工业企业及事业单位中工作的大学和中等专业学校毕业生的待遇上，技术干部的工资高、升级快，而财经干部的工资低、升级慢，社会上普遍认为搞财经没出息，同时这种情况也影响到在校学生不愿学财经工作。故此，河北省工资改革委员会认为："在国家机关、非工业企业、事业的工资上适当改变这种关系，对国家建设是会有好处的，应该逐步地加以解决。"②

第三节　待调整的工资水平及遗留问题

普遍增加职工工资是 1956 年工资改革的重要任务之一。从改革的效果来看，虽然职工工资得到普遍提高，但是也出现了如货币工资与实际工资非对称性增长、劳动生产率与工资增长率不相称等遗留问题。

一、职工工资非对称性增长

新中国成立后，中央进行了一系列的工资改革与调整，职工生活状况得到很大程度的改善。但其间因为工资工作的一些偏差，致使 1954 年后职工实际工资下降，"特别是 1955 年，一些重要经济部门（工业、建筑、交通运输）职工的实际工资下降，生活没有得到应有的改善，妨碍了劳动积极性

① 李唯一：《中国工资制度》，中国劳动出版社，1991 年版，第 40 页。

② 河北省工资改革委员会：《关于工资改革工作的总结报告》，1957 年 1 月 10 日，河北省档案馆藏，档案号：933-1-573。

的提高和巩固，在经济上和政治上都造成了不利”[①]。正是“由于两年来工资增长率的速度过于慢，这次工资改革多增加一些工资，无论对于改善职工生活，鼓舞职工群众社会主义劳动热情，在更大程度上改进工资制度，都是必要的和合理的”[②]。故此，普遍增加工资是1956年工资改革的主要任务，也是改革的直接动因之一。在这一原则下，1956年全国职工的平均工资增长14.5%，增加工资12.55亿元；河北省据初步确定指标的单位计算，1956年全省职工（不包括交通运输、国家机关、银行、保险公司）预计共增加工资3725万多元，总增长速度将达到17.66%。其中工业为13%，城市公用事业为10%，非工业部门的事业、企业单位为11.2%，供销合作社为18.75%，教育为25.87%。[③]由此可见，1956年工资改革后职工工资标准已有相当提高。但是，很多地区仍反映改革后部分人员实际工资下降，出现了职工货币工资与实际工资的非对称性增长。改革后工资非对称增长现象及部分职工实际生活水平下降，究其原因：

其一，新旧工资制度中如工资计算方法及执行标准等因素差异而造成职工实际工资降低。通州市商业系统业务人员原执行的是企业级别和行政级别，而此次工资改革中业务人员都改为执行业务人员工资标准的级别，致使改行业务级别后，部分人员的工资比原来企业级别新工资标准低了一些，或比原企业级别旧工资标准有所降低。又如通州市酒厂制酒工人工资改革后出现工人实际收入降低问题，因为原来制酒工人执行的是交叉累进制度，按粮食淀粉出酒率计算工人工资，不算曲子的淀粉出酒率，因而工人工资收入较多。而工资改革后是按粮食、曲子两种淀粉出酒率计算工人工资，增加了曲子、淀粉出酒率，所以，工人工资收入有所降低。如6级工人月生产同等数量的酒按交叉累进方法计算可得工资71元，按工资改革后的计算方法得工资63元，减少8元左右。从工资标准来看是提高了，但工人的实际

① 河北省工资改革委员会翻印：《马文瑞部长在全国工资会议上的发言（记录）》，1956年4月6日，河北省档案馆藏，档案号：933-1-558。

② 河北省工资改革委员会翻印：《马文瑞部长在全国工资会议上的发言（记录）》，1956年4月6日，河北省档案馆藏，档案号：933-1-558。

③ 河北省工资会议秘书处印：《胡开明副省长在河北省工资会议上的报告》，1956年7月20日，河北省档案馆藏，档案号：933-1-558。

收入却降低了，这也引起制酒工人的不满，虽经教育解释也没有解决工人思想问题。[①]

其二，职工福利制度的缺失亦是造成非对称增长的重要原因。河北省文安县反映国家工作人员的级别标准有的地区规定不够合理，特别是勤杂人员的等级线和工资标准规定得很低（27~30 元）。经过其详细核算，26 级以下干部从 1955 年 7 月的供给制改革到 1956 年年底虽然经过 3 次工资改革，不但没有增加工资，相反减少了实际收入。如 26 级以下的干部从 1955 年 7 月实行工资制，1956 年工资改革后才增加 2.8 元，但同时他们必须支付房租、家具、水、灯、书刊等费用，这就超过了 3 次工资改革所增加的工资数额，使其生活水平难以得到相应的提高。[②] 这也说明有些问题是职工的社会福利问题，由于改革前有关方面注意不够，没有得到及时妥善的解决，职工对此有些意见，如有些人要求以增加工资的办法来解决因子女多等原因而造成的生活困难。对此，河北省工资改革委员会提出：只有在加强工资工作的同时，注意做好职工的生活福利工作，才能使职工的物质生活得到更大的改善，从而更好地发挥职工的劳动热情，完成与超额完成生产建设任务。[③]

其三，受晋级面及晋级指标等限制。此次改革中国家机关工作人员等很多单位职工未能晋级，这也影响了部分职工实际收入的增加。如通县专区人民银行留用晋级指标较大，分配给市银行晋级指标较少，因而形成专区银行在解决晋级问题后尚有富余，而市银行根本解决不了干部晋级问题，之后又向专区银行申请资金，才基本得到解决。[④] 河北省文安县合作社附属的醋酱厂系轻工业系统，该厂技术工人由于上级指标的限制，改革后平均工资才 37.48 元，仅相当于一般售货员的工资。[⑤]

---

①《河北省通州市工资改革委员会关于 1956 年工资改革工作总结报告》，1956 年 11 月 17 日，河北省档案馆藏，档案号：933-1-555。

②《文安县工资改革工作总结》，1956 年 12 月 9 日，河北省档案馆藏，档案号：933-4-349。

③ 河北省工资改革委员会：《关于工资改革工作的总结报告》，1957 年 1 月 10 日，河北省档案馆藏，档案号：933-1-573。

④《河北省通州市工资改革委员会关于 1956 年工资改革工作总结报告》，1956 年 11 月 17 日，河北省档案馆藏，档案号：933-1-555。

⑤《文安县工资改革工作总结》，1956 年 12 月 9 日，河北省档案馆藏，档案号：933-4-349。

值得注意的是，这种非对称增长现象在低收入群体职工中表现得尤为突出。1956年工资改革前，低等级工人和一般劳动工人的工资很低，许多人工资只有20多元，每月除去伙食费用后所剩无几。农村高级合作化高潮后，各地普遍出现这部分工人情绪波动，不安心工作，甚至发生工人回农村的劳动力倒流现象。1956年工资改革对这部分职工工资标准有所提高，工资收入随之增加，但仍然较低，特别是在物价波动、供养人口增加等因素的冲击下，生活状况依然窘迫，虽竭力通过调节消费结构以应对危机，但甚感乏力。这对稳定其在企业安心工作影响颇大，而随着工农业生产的迅速发展，农民生活水平的提高，这一群体的工资问题越来越凸显。改革后职工工资非对称性增长现象也主要集中在这部分群体职工当中，某种程度上也反映出工资改革后职工工资等级分化问题。如石家庄市反映勤杂人员工资标准偏低：根据406，402，货车厂，国棉一、二、三厂调查，改革前现行平均工资为35元左右，省规定石家庄市勤杂人员最高工资为35.5元，实际执行不通，按勤杂人员工作性质以及勤杂与生产工人工资关系，该市意见最高为45.5元。① 沧县反映工资改革后有个别单位的工人工资偏低，如农场工人平均工资34元，面粉厂运输工执行中粮部三级标准，各级款数尚未明确规定，如按原一至五级的三级款数计算，工资很低，影响今后的生产。此外，沧县酒厂因生产不固定，由此影响制酒工人的正常收入，1954年该厂接到省厅2472号令规定，做什么活儿按什么工种发放工资，因而有时制酒技工做零活按勤杂人员发工资，三级工每月少得工资10多元，此次工资改革时这一问题未得到解决，很多制酒工人怕停产而造成思想负担。②

针对改革后职工货币工资与实际工资非对称性增长问题，中央及各地方都采取了积极的应对措施。而对低等级工人和一般劳动工人的工资问题，河北省工资改革委员会提出：应先帮助他们提高技术，同时也需要考虑他们的工资水平问题，应使其工资随着整个社会生活水平的提高而有相应的增加。当然决定工资水平的基础是社会生产的发展，制定工资标准的根本原则是按

①《石家庄市工资改革总结》，1956年12月16日，河北省档案馆藏，档案号：933-4-349。

②《沧县工资改革委员会关于工资改革工作的总结报告》，1956年11月24日，河北省档案馆藏，档案号：933-1-555。

劳取酬，但同时也必须考虑到整个社会的生活水平和工人基本生活必需的消费水平，应规定最低工资水平的起点，以保障这些人员的生活。对此，省工资改革委员会认为城市应在30元左右，农村应在27元左右。此外，对长期从事非技术性或技术性不高的工作和劳动强度较高的一些劳动工人，省工资改革委员会也提出应为其单定工资。此次工资改革后，许多单位这部分工人有意见，不愿干本职工作，认为“自己没奔头，一辈子算完了”，要求学技术、调工作，在生产上不积极。鉴于此，省工资改革委员会认为对这一部分工人的工资问题需要进行很好的研究，对处在农村为农村服务或与农村联系密切的企业工人和农场的农业工人，其工资应与农民的劳动收入大体上相适应。[1]

二、工资波浪式增长现象

工资的增长必须和劳动生产率的增长相适应，同时还必须考虑到成本、国家财政承受能力、社会购买力和商品供应等情况，唯有如此才能保证国家资金的积累，使生产得到进一步发展；反过来又在生产发展的基础上逐步提高职工工资，改善职工生活。故此，在增加工资的同时，中央也强调工资增长的速度应与劳动生产率相适应。而1956年全国工资改革时劳动生产率与工资增长率测算分别为15.4%、14.5%，从两者增长速度比较来看已经达到饱和的程度。因此，时任劳动部部长马文瑞强调：“在最后平衡方案时，各部门、各地区应把工资增长与劳动生产率增长的关系再好好计算一下，要考虑到今年和明年工资增长的关系，避免产生过大的波浪现象。”[2]河北省工资改革实施计划中更明确提出：应在完成提高劳动生产率计划、降低成本计划、上缴利润计划这“三条保证”的前提下适当地提高职工工资水平。[3]时任河北省副省长胡开明着重指出：这“三条保证”是涉及国家财政的战略问题，没有“三条保证”就会使财政收支不平衡而影响国家建设，中央对此亦非常

① 河北省工资改革委员会：《关于工资改革工作的总结报告》，1957年1月10日，河北省档案馆藏，档案号：933-1-573。

② 河北省工资改革委员会翻印：《马文瑞部长在全国工资会议上的发言（记录）》，1956年4月6日，河北省档案馆藏，档案号：933-1-558。

③《河北省人民委员会关于工资改革的实施计划（草稿）》，河北省档案馆藏，档案号：933-1-558。

重视，不能不顾“三条保证”还要多增加工资。[①]

但是，从改革最终结果来看，受新职工的增加及工资标准变动等因素的影响，部分地区及国民经济部门突破了原工资增长指标，造成工资增长率与劳动生产率的失衡，致使工资再次出现波浪式增长，原计划1957年工资平稳增长的目标亦未能实现。如河北省文化局系统总的增长率由12.1%增长至13.49%，而全省总的平均工资增长较全国14.5%高了1.42个百分点。[②]故此，劳动部认为此次工资改革一个严重缺点即是“工资总额增加得多了一些”[③]。唐山市认为，由于1956年工资改革前若干年工资水平落后于劳动生产率的提高，故此具体到一个市或企业单位在年度之间出现工资水平的增长略高于劳动生产率的增长应该是允许的。但对这一问题也应采取积极措施，加之工资改革后的有利条件有助于力争超额完成劳动生产率，以维持工资水平和劳动生产率的一般正常关系。[④]此外，从“三条保证”的执行效果来看，有些地区并没有很好地完成，这在某种程度上也加重了工资增长与劳动生产率的失衡。如承德市反映有的系统对全面完成“三条保证”工作重视不够，表现在完成不够平衡，未能很好保证国家财政收支平衡和积累。如三季度末，运输公司虽总额完成了上缴利润计划，但在劳动生产率上只完成了61%，成本超过计划23.81%；劳改企业系统完成了上缴利润283.5%，而劳动生产率只完成88%，成本超过计划5.5%；基建工程公司三项计划都没有完成。[⑤]又如保定市因第四季度产值较大的面粉厂、油厂等突然停工减产，以及第三季度严重的水灾影响，给全面均衡地完成生产任务造成了很大困难，在提高劳动生产率和降低成本、完成上缴利润方面也受

① 河北省工资会议秘书处编:《工资改革简讯》（会议简报）第13号，1956年8月4日，河北省档案馆藏，档案号：932-2-245。

② 河北省工资改革委员会:《关于召开全省工资会议和当前工资改革方案定案情况的报告》，1956年8月25日，河北省档案馆藏，档案号：933-1-558。

③《关于1956年工资改革工作的总结和1957年工资工作的安排的意见（提纲稿）》，河北省档案馆藏，档案号：932-1-180。

④ 唐山市工资委员会:《关于工资改革工作的报告（初稿）》，河北省档案馆藏，档案号：932-3-138。

⑤《承德市工资改革工作总结》，1956年12月30日，河北省档案馆藏，档案号：933-1-558。

到一定影响。[①]

三、关于保留工资问题

1956年工资改革，各企业、事业单位及国家机关中的绝大多数职工的新工资标准较原来的工资标准均有适当的提高，但由于个别单位或少数职工原工资标准较高，为了照顾这一小部分职工在实行新的工资标准后，不至于减少收入，新旧工资标准的差额一律保留了下来。因此，1956年工资改革中产生了一批新保留工资。如通州市工资改革后保留工资者18人，占总人数的1.02%，其中地方国营工业12人，占职工总数的1.13%；商业6人，占职工总数的0.86%。[②]唐山市全市33个厂矿单位在工资改革后有5683名职工保留工资，占职工总数的8.62%。[③]不可否认保留工资推行的意义，但同时这一政策也产生了诸多问题。如沧县工资改革后现存的保留工资多是转业军人，如纺织品部门3名转业军人都有保留工资，该县反映转业军人因不熟悉地方工作，再过几年也提不了级，致使情绪不安。如县社一名转业军人因保留工资扬言说:“我不干了，我回部队去。”[④]石家庄市认为：国务院规定“这次工资改革，少数职工现行工资高于新定工资标准部分予以保留”，少数职工原有保留工资应结合这次工资标准提高和本人升级抵消一部分或全部，“原有保留工资没有抵消的部分，以及在这次工资改革中新保留工资，今后随着提高工资标准和升级逐步取消”是正确的。但该市认为河北省拟关于处理保留工资问题暂行办法“对原有保留工资仍增加一部分工资的精神”与国务院处理保留工资规定有抵触，同时也不合理，影响了这次改革增加工资少和没有增加工资的人，总之不符合按劳付酬的精神。另外该市还认为调入国家机

---

①《保定市工资改革委员会关于1956年工资改革工作总结》，1956年11月30日，河北省档案馆藏，档案号：932-3-138。

②《河北省通州市工资改革委员会关于1956年工资改革工作总结报告》，1956年11月17日，河北省档案馆藏，档案号：933-1-555。

③ 唐山市工资委员会:《关于工资改革工作的报告（初稿）》，河北省档案馆藏，档案号：932-3-138。

④《沧县工资改革委员会关于工资改革工作的总结报告》，1956年11月24日，河北省档案馆藏，档案号：933-1-555。

关不保留工资也存在问题。①

对此，河北省工资改革委员会认为："对1956年工资改革中采取给这些人员再增加一些工资的办法，经过实行的结果并不见得是稳妥。"1956年河北省工资改革规定：原有保留工资者如标准工资提高以后仍达不到原工资的时候，只冲掉其标准提高部分的85%（也就是实际所得增加了标准提高部分的15%），如新工资标准低于现行工资标准时，增加新标准工资的3%，这样规定是希望做到"皆大欢喜"，但这种做法确有一些原来工资较高的职工这次增加工资还增长不到本人工资的3%，而出现了新的不合理；也有些职工这次增加工资刚刚抵消保留工资，还不如冲掉标准提高部分的85%者增得多，有保留工资的人员认为增加新标准工资的3%，相当有限，是象征性地增加工资，但对保留工资本来就有意见的职工却更有意见，这样做并未达到"皆大欢喜"的目的。另外在贯彻执行新的技术等级标准时，对达不到原来技术等级的工人采取保留原等级，执行新工资标准的办法也有问题。在地方工业中技术标准简单，对工人评定等级时，亦不是严格按照技术标准的要求，并且有的企业因急需用人或者在农忙季节用人，就根据工人的要求定了高的等级，按新技术标准衡量有的相差两三级之多，执行保留原等级按新工资标准支给工资的办法，这部分人增资很多是不合理的，不仅在本企业工人之间有产生不平衡，意见很多，增加了调动工作的困难，同时部门之间也发生了一些意见分歧。河北省工资改革委员会认为"按照（国务院）在这次工资改革中少数职工现行工资高于新工资标准的部分予以保留"的精神，给这部分工人保留原工资就可以了；最大限度的照顾亦只能规定在一定条件下（新旧等级相差不多、确因技术标准提高、一定时间内的熟习期等）采取这种暂时的过渡办法，不加区分地保留原等级执行新工资标准并不妥当。②正因为如此，1957年工资改革结束后，河北省各地组织了保留工资的调查研究，并纷纷提出保留工资的处理意见。

①《石家庄市工资改革总结》，1956年12月16日，河北省档案馆藏，档案号：933-4-349。

② 河北省工资改革委员会：《关于工资改革工作的总结报告》，1957年1月10日，河北省档案馆藏，档案号：933-1-573。

第四节　改革后遗留问题形成的根源

1956 年工资改革在改进工资制度、调整工资关系、普遍增加工资等方面采取了诸多措施。这些举措为新中国初期工资制度的构建起了积极作用，通过改革激发了职工生产的积极性，增强了对社会主义制度的认同，也标志着我国以按劳分配为原则的社会主义工资制度基本确立。不可否认此次改革在我国工资制度史上具有重要意义，但新制度在新环境下也产生了新的矛盾、冲突及遗留问题。如工资等级制推行中级差问题，改革后职工货币工资与实际工资非对称性增长等问题，以及为了适应国民经济发展需要而调整的各部门、地区及人员间工资关系也引起新的矛盾与冲突。究其原因主要有以下几个方面。

一、组织机构不完善与经常性工资工作缺失

劳动工资工作对推动生产发展、保证国家经济建设起着巨大的杠杆作用。健全的劳动工资制度对顺利完成社会主义建设和社会主义改造起着重要的保障作用。因为“如果离开了掌握技术的‘人’，就根本谈不到‘生产’；如果没有参加生产的人对其个人劳动成绩的无限关心，就无法谈到生产的发展。而劳动工资工作的中心任务就是通过‘合理组织工资’这样一条纽带，把生产者的个人物质利益同他自己的劳动成果密切地连接起来，凭借按劳付酬工资制度对劳动量和消费量的客观监督作用，使每一个生产者经常不断地以最大关心去从事他的生产劳动，从而生产的质量和数量得以不断提高，国家经济建设得以迅速发展”[①]。但总体而言，新中国初期工资工作仍处在起步阶段，组织机构不完善，专职工资工作人员更为缺乏，且劳动工资工作的重要性尚没有被普遍重视起来。保定市反映各市、各单位劳动组织机构小，力量薄弱，与繁重的工作任务很不相称，不仅对经常的劳动保护和劳力调配领

① 天津市劳动局:《关于举办工资训练班的初步总结》，1956 年 4 月 17 日，河北省档案馆藏，档案号：932-3-138。

导执行不力，且影响了此次工资改革更好地进行。如工业局系统所属 35 个厂中有 20 个单位没有专设劳动机构，设有劳动机构的单位干部配备也不到位，不少单位虽设有劳动组织，但行政上分配的各种事务很多，有的把户口也交劳动科来管。故此，工业局主张省、市有关领导应按照胡开明副省长在全省工资会议上的讲话精神逐步健全起各级劳动组织机构。① 从石家庄市这次工资改革看，工资干部业务水平不高，为了适应企业各项管理工作提高的迫切需要，该市建议省劳动局成立劳动干部学校，以培养劳动工作干部。②

此外，由于新中国初期经常性工资工作的缺失，加之 1956 年工资改革时间紧、任务重、力度大，改革明显有仓促之感，这也导致此次改革组织机构不完善、力量薄弱等问题。如承德市反映在督促检查全面完成工资改革工作方面做得不够，致使有些系统和单位的领导对工资改革重视不足，缺乏经常性的领导，工资改革前轰轰烈烈，工资改革后就冷冷清清，还有的单位领导认为工资工作复杂难办而不过问，因而使这一工作不能很好地全面地开展，有的单位工资改革工作未正式结束就撤销了办公室。③ 又如河北省武安县反思道：由于改革工作中对工业工资的改革领导方面力量薄弱，缺乏具体指导和深入细致的检查，因而有部分职工直接跑到办公室反映问题和意见，给工作造成了被动，而且由于时间较短，又是普遍开花，在工作中及时推广经验和指导方法投入不够，所以，少数单位在贯彻政策和讨论方面简单而不够深刻。④

二、政策法规缺乏系统性与完整性

1956 年工资改革时中央颁布了一系列工资制度法规，初步建立起了我国社会主义工资制度，但不可否认改革的仓促和紧迫，这些法规缺乏系统性。如保定市通过这次工资改革，各企业、事业单位都建立起了比较正规和统一的工资制度，但是关于干部的升级制度，以及各类人员调动工作后的工资待

①《保定市工资改革委员会关于 1956 年工资改革工作总结》，1956 年 11 月 30 日，河北省档案馆藏，档案号：932-3-138。

②《石家庄市工资改革总结》，1956 年 12 月 16 日，河北省档案馆藏，档案号：933-4-349。

③《承德市工资改革工作总结》，1956 年 12 月 30 日，河北省档案馆藏，档案号：933-1-558。

④《武安县工资改革工作总结》，1956 年 11 月 21 日，河北省档案馆藏，档案号：933-1-555。

遇等都未明确确定，也没有制定出办法，这些问题已经出现了不少，但却不能解决，市一级政府也无办法解决这一问题。[①]对此，河北省工资改革委员会批评说：“这一问题从总的方面来说是工资改革以后，整个的组织建设工作由于1956年的工资改革改变了往年的常规，在保留工资问题上，调动工作的工资问题上，工资支付问题上，均改变了过去的原有办法，而这些新的办法，却都不是系统完整的，而是个别的、零碎的，今天发一个、明天又一个，使得厂矿基层单位对这些问题的处理，感到无头绪，缺乏明确的原则和方针，在思想上和制度上引起了一些混乱，各地迫切要求明确对处理这些问题的方针原则和具体办法。关于职工的升级制度、计件工资制度、奖励工资制度、高温工资问题和各种津贴制度等，还都缺乏统一的方针原则、规定、办法和具体措施，而这些问题如不解决，则经常性的工资工作就不能更好地开展，迅速地解决这些问题是当前工资工作上的关键问题。”[②]因此，河北省工资改革委员会要求各有关部门必须对这些问题引起高度重视，积极采取措施，有效地解决以上问题。

三、制度构建与完善的长期性

制度的构建与完善势必是一个长期的过程，不可能一蹴而就。如关于工资水平增长问题，河北省为了避免造成工资的波浪式增长，在工业、基本建设、交通运输企业中对工人的工资分别规定了1956年、1957年两年的工资标准，采取了分两步走的办法，预想多数工人的工资在1957年还要适当提高。[③]但由于此次工资改革中的一些偏差，以及之后国家工资政策的调整，1957年工资增长预想并未实现，改革后出现了货币工资与实际工资非对称性增长以及工资水平波浪式增长等问题。对此次改革中的不足与问题，中央及各地方政府也进行了及时的反思与总结，并提出了改进的方案。如关于产业

①《保定市工资改革委员会关于1956年工资改革工作总结》，1956年11月30日，河北省档案馆藏，档案号：932-3-138。

② 河北省工资改革委员会：《关于工资改革工作的总结报告》，1957年1月10日，河北省档案馆藏，档案号：933-1-573。

③ 河北省工资会议秘书处印：《胡开明副省长在河北省工资会议上的报告》，1956年7月20日，河北省档案馆藏，档案号：933-1-558。

工人工资等级制，河北省工资改革委员会主张：应根据其产业和工种的特点，推行岗位工资制，不必机械地采用八级（或七级）制；应对这种类型产业的工资制度继续进行研究和改革，使之更符合于各该产业的特点，起到刺激生产的积极作用。[①] 周恩来亦认为："应该是根据不同产业、不同工种具体规定不同的工资等级，有的需要增加等级（如技术复杂的工种），有的需要减少等级（如技术比较简单的工种），不宜强求统一，级差系数也应该做到适当修改。"[②] 但遗憾的是，之后国家经济政治生活的大起大落，能为它的进一步完善提供机会。

小　结

1956 年工资改革在社会的各个方面引起了广泛、深刻的影响。经过此次改革，职工工资水平普遍提高，许多部门的工资形式和工资制度发生了根本性的改变，工资关系作了较合理的调整，按劳取酬原则进一步得到深入贯彻。此次改革初步确立起了我国社会主义工资制度，但同时也产生诸多遗留问题。

第一，工资制度方面。此次改革初步构建起了以按劳分配为原则的社会主义工资等级体系，但这一新构建的工资制度体系并不完善，仍存在一些亟待解决的遗留问题。如此次工资改革对所有的产业笼统一律要求实行统一的八级（或七级）工资制，在一些地区与企业未能达到刺激工人生产积极性的改革初衷。工人技术等级标准在制定和推行过程中也出现了技术等级标准要求全面化和工人工作专业化的矛盾等问题。而职务工资制推行过程中出现了制定职务工资方案时各类人员的职责范围划分不清，因级差较大导致副级大量出现，形成新的平均主义等问题。此外，因受到增长指标的限制，长期积累的国家机关工作人员级职不称问题未能得到根本解决。

① 河北省工资改革委员会：《关于工资改革工作的总结报告》，1957 年 1 月 10 日，河北省档案馆藏，档案号：933-1-573。

② 周恩来：《关于劳动工资和劳保福利政策的意见》（1957 年 9 月 26 日），中共中央文献研究室编：《建国以来重要文献选编》（第 10 册），中央文献出版社，1994 年版，第 583 页。

第二，工资关系方面。国民经济各部门、各地区及人员工资关系上也产生一些新的矛盾与冲突。调整产业工资关系是1956年工资改革重要内容与目标之一，从改革效果来看很大程度上实现了产业工资关系调整与改善，但一些地区仍存在许多不合理现象。如出现了国营工业和地方工业、工业与非工业部门、非工业部门之间工资关系中新的问题。而此次改革所采取的工资标准地区分类的办法并不理想，各地区为争取自身利益最大化而在执行时各自强调一点，结果改革之初即纷争不断。此外，根据国民经济发展需要对国民经济中各类人员工资关系的调整也产生了一些新的矛盾与冲突。

第三，工人工资水平方面。1956年工资改革后职工工资标准已有相当提高，但职工福利制度的缺失、新旧工资制度中工资计算方法及执行标准差异等众多因素的影响，很多地区反映改革后部分人员实际工资下降，改革后出现了职工货币工资与实际工资的非对称性增长。值得注意的是，这种非对称增长现象在低收入群体职工中表现尤为突出。另外，受到新职工的增加及工资标准变动等因素的影响，部分地区及国民经济部门突破了原工资增长指标，造成工资增长率与劳动生产率的失衡，致使工资再次出现波浪式增长。

此外，保留工资政策未达初衷，也成为改革一大重要遗留问题。

以上诸多遗留问题，究其原因，与此次改革组织机构不完善、力量薄弱、政策法规缺乏系统性与完整性，以及制度构建与完善本身的长期性密切相关。

结 语

本书主要内容在绪论及各章小结中已有论述，笔者不再赘述。在此仅探讨新中国初期工资改革与制度构建的三个问题：一是工资制度构建的理念追求；二是改革中国家、地方与民众关系问题；三是制度何以贯彻落实。这亦是本书的主旨所在。

第一个问题，新中国初期，何为社会主义工资制度构建的目标。这是理解改革的动机、改革方案制定与测评定级中各方矛盾，以及改革后搬运工群体工资、保留工资、新公私合营工资等问题何以争议的关键。

翻阅这一时期历次工资改革文献，我们会发现“合理”一词是出现最为频繁的词汇之一。比如工资标准地区分类、工资指标分配、测评定级，以及改革后保留工资等问题争议中，人们执着地追求着“合理”。“合理”是一种价值判断，形成合理与否的判断，也意味着有评价的标准，并进行了理念与现实之间的比较与衡量。不理解“合理”一词，就难以理解改革中各种繁杂问题与争议的根源。那么，何为“合理”？符合或者趋向理念追求标准即为“合理”，反之则为“不合理”。从新中国初期工资改革实践来看，“合理”的标准，一是按劳分配的原则，二是符合国民经济发展的需要。这也是新中国初期社会主义工资制度合理化构建的理念追求。1956 年推行的第二次全国性工资改革，其意义便在于构建起新中国以按劳分配为主要原则，有着各行业技术标准及工资等级标准的符合当时国民经济发展需要的社会主义工资体系。这一工资体系的构建涉及工资水平、工资制度、工资关系等方方面面的问题，但如果我们抽丝剥茧，最终核心问题还是工资关系问题。因为无论是新制度的推行、工资水平的调节，最终追求与呈现的是一种理想化的工资关系。也就是要依据按劳分配与国民经济发展的需要打造一个各地区、各国民经济部门、各行业、各类人员之间工资关系井然有序的等级体系。

如果我们进一步解读改革后各项争议问题形成的根源，可以归结为理念追求与现实考量之间的矛盾。或者说改革本身就是理念与现实之间的权衡，核心问题是如何平衡理想目标与现实条件之间的差距。这是改革最原始的动机，同时也是改革中问题与矛盾产生的根源。不过也正是因为这一矛盾，在执着的理念追求下才推动了改革不断的深化。比如，改革后搬运工人群体的工资收入争议、新公私合营企业工资问题，以及历次工资改革遗留问题的保留工资等，均经历了从“合理”到“不合理”的认知演变。即从新中国成立之初的被认同，到1956年工资改革后社会主义工资体系基本确立，按劳分配的原则深入人心的新社会背景下，其问题日渐突显。比如，搬运工群体工资收入争议，从表象上看，原因在于改革后，搬运工群体工资收入偏高，对其工资收入的调整与改革的主张，是要缩小或拉平工资之间的差异。但问题的症结并非如此，政府与民众并非不能接受工资差异，而是不能接受社会主义工资体系之外的工资差异。保留工资以及新公私合营企业工资问题争议的根源都在于此，改革的最终目标是将其纳入社会主义工资体系内。因为只有在同一标准与体系内才谈得上“合理”与“公平”的比较与衡量。综观新中国初期社会主义工资制度合理化构建一个突出特征即是，自上而下推行由多元逐步趋向统一的过程。谈到新中国成立前三十年的历史，平均主义、大锅饭常为人诟病。但是新中国初期，在工资改革领域并非如此，历次工资改革的主要任务即是克服平均主义，即便在搬运工群体的工资改革中也提到这一目标。应当说，在当时社会主义工资制度合理化构建的理念追求下，对搬运工群体、新公私合营企业等工资问题的改革深化，最终结果是不断强化与扩大了1956年社会主义工资等级体系。

第二个问题，改革中国家、地方与民众关系问题。改革意味着程度不同的除旧布新，改革无法避免各方之间的利益冲突。应当说改革本身即是各方利益博弈与平衡的过程。关键的问题是如何平衡各方利益，实现各方的良性博弈。这也是改革成功与否，制度最终能否落实的关键。1956年工资改革亦是如此，其实质是国家、地方与民众互动的过程。

以工资改革方案的制定为例。1956年河北省工资改革方案中诸问题并未全面得到解决，可以说它并非完美的方案。如因时间上的紧迫造成了部分地区及部门测算方案中因测漏问题而突破了工资增长指标，这在某种程度上也加深了全省工资改革实施方案制定中工资标准、增长指标诸问题上各地区及部门间的分歧与争议。但是，最终定案虽非完美，却是最大程度兼顾了各方利益所达成的最佳方案，此亦是各方利益博弈的结果。国家在自上而下制度推行的过程中，地方及各经济部门亦自下而上予以回应。一方面，地方制定改革实施方案是以国家的政策方针为依据；另一方面，各地区及经济部门之间在工资标准地区分类、国家工作人员升级等问题上的利益争取又常常造成中央所分配增长指标上的突破，从而形成国家与地方间的利益冲突。而这一矛盾的化解需要各方相互协调、彼此包容，寻求其最佳利益平衡点。这一过程，国家虽很少直接参与到地方工资改革之中，但省政府进行工资改革也是直接代表国家履行职能，可以说地方工资改革实施方案的制定是国家、地方及国民经济各部门间互动的过程，其实质即是各方利益的博弈。此外，面对改革后出现的货币工资与实际购买力之间的非对称性增长，部分职工生活水平下降这一困局，国家、地方与民众积极应对。国家采取诸多措施加强市场调控与价格管理，并对居民消费合理引导，民众亦积极回应，有效缓解了改革后的各项社会问题。

简言之，改革的整个过程无不充满国家、地方与民众的互动，各方既有利益冲突，又有利益上的统一性。其博弈的原则，一方面，国家要在考虑自身财政承受能力、职工生活水平和农民生活水平相适应、工资增长率与劳动生产率相适应，以及适当保持年度增长的平衡、生活消费品的生产供应等各方面情况的基础上，平衡各方利益，而地方与民众亦从各自立场出发努力寻求自身利益的最大化，由此而形成各主体方不同利益诉求表达上的冲突；另一方面，国家、地方与民众从根本上说具有利益统一性，各方之间不存在本质上的利益冲突，所有问题的争议其本质是寻求各方利益的最佳结合点，这一过程中，国家、地方与民众之间彼此包容兼顾，国家会在自身财政承受范围内尽可能平衡各方利益，而地方间的利益争取及民众的利益诉求亦会以国家根本利益为底线，由此以实现一种良性博弈。

第三个问题，制度何以贯彻落实。改革是一个新制度推行与构建的过程。新制度的构建既是各项新政策逐级推行落实的过程，同时也暗含另一条线索，即民众心理认知层面对新制度的接受。而如何推进两条线索的平衡发展，是改革各项制度落实的基础。从各地实践策略来看，思想政治宣传教育在其中发挥着关键作用。

应当说，社会主义工资制度构建是一个系统工程，贯彻机制环环相扣。一方面，新制度的构建有赖于如组织、会议、宣传动员、人员培训等一套贯彻的机制，而且新中国初期，这套贯彻机制已相当成熟：如组织领导机制，既追求组织纵向的严密性与延伸性，亦追求横向的延展性与代表性；会议机制既有偏重刚性的政策制定与贯彻性会议，也有偏柔性的座谈会议；在宣传动员机制方面，既有大众性媒介传播，也有形式丰富的基层传播动员方式；同时也形成一套完善有效的人员培训的机制。另一方面，新制度的贯彻落实远非政策体制层面的任务，同时也面临民众心理认知层面的构建，评价新制度贯彻落实成功与否最终亦体现在民众对新制度、新理念接受与认同的程度上，而实现心理认知层面构建这一目标最重要的途径即是思想政治宣传教育。

前面我们说改革是国家、地方与民众利益博弈的过程，而思想政治宣传教育在协调各方利益中也扮演着重要角色。工资改革和民众切身利益密切相关，因此，国家在自上而下的新制度推行过程中充满各主体间的不同利益诉求的表达与纠葛：一方面，干部职工因身份地位、生活境遇以及所处改革微环境上的差异，故其对改革的态度不尽相同，也存在个体心理与行动为上的冲突与纠结，特别是测评定级环节在组织领导及职工认知与心理层面出现了如主观主义、本位主义、争闹级别待遇、消极抱怨等诸多问题；另一方面，国家通过长期革命实践中形成的一套成熟有效的贯彻机制推行新制度的同时，也会积极回应民众的关切，并以强有力的政治思想宣传教育为主要手段去协调平衡各方利益纠葛，化解各项矛盾，最终实现新工资理念的深入人心以及新工资制度体系的构建。通过1956年工资改革我们可以看到，从改革之初人员培训到方案制定以及测评定级中的问题与应对，思想政治宣传教育贯穿了改革的始终，且在协调平衡各方利益，推动改革的顺利进行方面发挥了重要作用。这也是黄道炫序言："许多贯彻机制，都不为中共所独有，何以中共能够将其力量充分发挥"[①]的重要原因。

---

① 黄道炫：《如何落实：抗战时期中共的贯彻机制》，《近代史研究》2019年第5期。

后 记

时光荏苒，从博士学位论文完成至今已近十载。博士论文“致谢”开头一句即是“时光荏苒”，如今“后记”提笔不自觉又以此开篇。想想“时光荏苒”区区几字，平日里我们谈起来轻巧，可每到人生的重要节点，回首自顾方知它的分量，人生有多少时光终究要无声无息消溶于这寥寥数字里！几分伤感，几分遗憾，又略带几分淡淡的欣喜与憧憬，可无论何种情感，最终都化作一声冗长的叹息。

中国传统文化中，情感的表达向来含蓄，而自己又拙于此道。无论是对恩师还是家人，似乎都不曾直言内心的感恩之情。如今书稿出版在即，在自己学术生涯中重要的节点，故借此机会，对一路走来给予我帮助的恩师、亲朋再次表达感激之情。

首先感谢戴建兵教授、范铁权教授两位导师。戴建兵教授是我的博士后合作指导教师。在这一课题的研究中，戴老师给予了极大的帮助和指导，不仅赠送我很多图书资料，还邮寄了工资改革的最新研究成果。尽管他身居要职，但在繁忙的行政事务中仍心系晚生，感激之情无以言表。戴老师是一位真正的学者，尽管平时行政事务极为繁忙，但他仍在工作间隙忙于查阅整理文献。想来时常感到惭愧，有时向他倾诉自己不惑之年的感慨与迷茫，每次老师都给予勉励，教导我要不断积极进取，增长自己的能力与本领。吾当谨记戴老师的教导，在学术研究上奋力前行。范铁权教授是我的博士导师和硕士导师，他治学严谨，平易近人，我的博士论文能够顺利完成，全靠老师的督促与悉心指导。从论文选题到写作，老师常询问进展，督促论文的写作。范老师十分关心我的成长，总能在我人生迷茫时指点迷津。

此外，在论文撰写与书稿出版之中亦得到诸多老师的帮助与指导。杨学新教授无论在我的学业，还是生活工作中都给予了极大的帮助，特别是工作方面让老师颇为费心，每想至此总感内疚。杨老师不仅对我本人十分关心，还对我的家庭给予过莫大帮助。杨老师的恩情，学生当终生铭记。李金铮教授是我非常敬重的一位老师，在我攻读硕士学位、博士学位以及博士后进修等各阶段，都给予了无私帮助。李老师学识渊博、治学严谨，是我为人、为学、为师的楷模。肖红松教授是我的硕士导师，印象最深的是肖老师对学生极为认真负责。记得硕士论文交肖老师审阅时，不多日即予以回复，提出了许多中肯建议，更为惊讶的是从主题至论文章句规范都做了详细的批注。

时光如梭，静下心来回忆自己求学之路，从小学、中学到大学，从青涩懵懂的少年到如今亦为教师，一路走来离不开每一位授业恩师的陪伴与扶持。所有老师的恩情，学生终身难忘；对老师，我也始终心存敬畏与感恩。老师们给予的学识与谆谆教诲，我终身受用不尽，而我的回报却微乎其微，能做的唯有心存感恩，在求学治学之路上奋力前行。正如初读研时，一位恩师所言：你们做好学问，就是对老师最好的回报。

在此也感谢我的家人，在我求学与工作中对我的支持和鼓励；感谢河北师范大学吴乾、申艳广两位学长，在书稿出版与博士后科研工作中给予我诸多帮助与关怀；感谢廊坊师范学院时培磊、王荣芳、李建武等领导与同事，为我提供了良好的工作环境，使我能够最终完成这项研究工作；感谢本书责任编辑潘婕老师，以及所有审阅拙作的编辑老师，为书稿的出版付出了大量心血。

书稿的部分内容多以论文形式发表在《中国经济史研究》《当代中国史研究》《河北学刊》《江西社会科学》《中国经济史评论》《保定学院学报》。当然，书稿很多篇目虽已发表，但并非简单的论文集合，而是在原文稿基础上增补了大量内容与史料。记得在博士论文答辩时我曾提到，因一些问题没有完成而略感遗憾。如今书稿即将出版，仍有不甚满意之处。不过想来，还是决定出版，既是对这一课题一个阶段性总结，也是新课题研究的起点。电视剧版《西游记》最后一集有这样一个桥段，唐僧师徒四人取经返回途中，因经文被河水浸湿晾晒时，不小心弄破了几卷，唐僧甚是懊悔，孙悟空说：

“天地本不全，经文残缺也应有不全之理，非人力所能为也！”人生亦是如此，我们竭力追求尽善尽美，但人生哪有尽善尽美之事。这并不是为拙著的不完美寻找借口，只是想表达任何研究成果都具有阶段性。之前论文致谢中，我曾引用“离骚”中的名句作结，这里也以此结尾吧。

“路漫漫其修远兮，吾将上下而求索。”

2023 年 7 月 16 日